나이키의 위기 돌파 경영 전략

시라쓰치 다카시 지음

NIKE'S STRATEGY OF DIGITAL TRANSFOR- MATION

나이키의 위기 돌파 경영 전략

세계 최대 스포츠 브랜드,
디지털 전환의 기록

현익출판

- 본문 중 등장인물의 발언과 미디어 보도, 광고 내레이션 등은 역자명을 기재한 것 외에는 모두 필자가 번역한 것이며 인물에 대한 경칭은 생략했습니다.

서문

제가 나이키와 깊은 관계를 맺기 시작한 것은 바르셀로나 올림픽이 개최된 1992년의 일입니다. 대규모 신발 체인점의 직원으로 근무했던 이 무렵에 나이키에 관심을 가지기 시작했고, 실제로 제가 매장에서 직접 나이키 신발을 판매했습니다. 하지만 저의 관심은 신발 그 자체가 아니라 이 회사의 매우 독특한 비즈니스 방식과 마케팅 기법이었으므로, 나이키에 관련된 여러 가지 간행물을 미국에서 주문해서 읽었습니다. 그중 한 가지 성과로 1998년에 《스우시 : 나이키 '이면의 역사' : 도전과 위기와 혁신의 '진실'スウッシュ：NIKE-「裏社史」：挑戦と危機と革新の「真実」》(쇼덴샤)이라는 번역서를 출간했습니다.

이듬해 저는 이 번역서에 나오는 오리건주 곳곳을 여행했고, 도중에 나이키에 근무하는 지인을 통해 비버턴Beaverton에 위치한 나이키 본사를 방문했습니다. '월드 캠퍼스'라고도 부르는 나이키 본사는 매우 광활한 부지에 마이클 조던을 비롯한 운동선수들의 이름을 딴 빌딩들이 들어서 있고, 곳곳에 정원과 잔디밭이 정비되어 있었는데 그 규모에 압도되었던 것을 기억합니다. 방문했을 당시에 저는 아직 신발 체인점 직원에 불과했기 때문에 전설적인 필 나이트와 약속을 잡는 일 따위는 전혀 할 수 없는 입장이었습니다.

하지만 나이키와는 인연이 있었는지, 점심시간에 직원 식당을 방문

나이키 본사에서 필 나이트와 함께

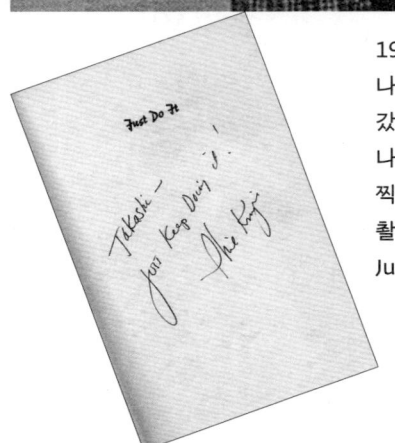

1999년 필자는 오리건주 비버턴에 소재한 나이키 본사에 방문했다. 구내식당에 갔더니 그곳에 우연히 창업자인 필 나이트가 있었다. "다카시, 같이 사진을 찍읍시다"라고 말해 줘서 정원에서 기념 촬영을 했다. 왼쪽 사인에는 "Takashi - Just Keep Doing it!"이라고 적혀 있다.

했다가 놀랍게도 클램차우더를 먹고 있는 필 나이트를 보게 되었습니다. 나는 그의 앞으로 달려가 엉겁결에 "You're my hero(당신은 나의 영웅입니다)"라고 말해 버렸습니다. 그러자 그는 고개를 들어 상냥하게 웃어 주었습니다. 그리고 그가 "함께 사진을 찍읍시다"라고 말해 줘서 정원으로 나가 나이키 직원들이 둘러싼 가운데 사진 촬영을 했습니다. 나중에 듣게 된 지인의 말에 따르면, 그는 일주일에 한 번꼴로 회사에 나오는데, 정말로 제가 운이 좋았다고 했습니다.

이 오리건 여행에서 저는 또 한 명의 히어로이자, 나이키의 공동 창업자이며 조깅 붐을 일으킨 빌 바우어만을 만나고 싶었습니다. 오리건 대학이 있는 유진Eugene에 가면 어떻게든 되겠지 하는 생각으로 대학을 방문한 후 저녁 무렵에 호텔 전화번호부에서 그의 이름을 찾아 전화했습니다.

전화를 받은 여성은 부인이었던 것 같은데, 제가 일본에서 왔으며 그를 만나 사인을 받고 싶다고 말했더니 "지금 어디 계신가요?"라고 물었습니다. 유진이라고 대답하자 가볍게 웃으며 이렇게 말했습니다. "우리가 있는 곳은 포실Fossil이에요. 거기서 몇 시간 걸리는 줄 아세요? 너무 멀어요. 게다가 오셔도 빌은 병상에 누워 있어서 만나실 수 없어요"라고 말했습니다. 하지만 친절하게도 "사인은 꼭 보내 드릴 테니 주소를 알려 주세요"라고 말해 준 덕에 일본의 주소를 알파벳으로 전달했던 일을 마치 어제 일처럼 기억하고 있습니다. 귀국 후 몇 주 만에 실제로 그에게서 편지와 사진이 도착했고, 거기에는 그의 병환 상태를 느낄 수 있는 떨리는 글씨로 적힌 사인이 있었습니다.

바우어만의 이 편지는 제 인생 최고의 감동적인 편지가 되었습니다. 부인을 통해 사인을 부탁할 때, 저는 번역서에서 익히 읽었던 그의 말, "2등은 아무도 기억하지 못한다"라는 문구를 함께 써 달라고 부탁했습니다. 하지만 그의 편지에는 이렇게 적혀 있었습니다.

빌 바우어만이 보낸 편지

나이키의 공동 창업자 빌 바우어만의 자택으로 전화를 걸었다. 부인에 따르면 바우어만은 병상에 있다고 했다. 훗날 필자에게 바우어만의 사진과 편지가 도착했다. 그로부터 4개월 후, 그는 세상을 떠났다.

> "친애하는 다카시 씨! 당신이 아내에게 부탁한 말은 일부분에 불과합니다. 전문은 이렇습니다. '2등 선수를 기억하는 사람은 거의 없습니다. 하지만 팀을 짊어지고, 스포츠를 짊어지고, 나라를 짊어지고, 최선을 다하기 위해 출발선에 서는 사람은 모두 승자라고 생각합니다.' 아쉽게도 당신이 오리건에 있을 때 우리는 만나지 못했습니다. 하지만 아마 당신은 다시 한번 와 주겠지요."
>
> — 빌 바우어만

 이 편지는 모든 운동선수에 대한 경의와 존경이 나이키 기업 문화의 뿌리에 있음을 다시 한번 느끼게 해 주었습니다. 이 편지를 보내고 4개월 후, 크리스마스이브에 그는 세상을 떠났습니다. 향년 88세. 떠나기 불과 몇 달 전에 부인과 통화를 하고 사인과 편지를 받을 수 있었던 것 또한 저와 나이키의 특별한 인연을 느끼게 하는 사건이었습니다.
 새로운 디지털 시대의 나이키를 바우어만이 천국에서 어떻게 보고 있을지 짐작할 수 없지만, 제 인생에서 나이키를 창업한 두 명의 위대한 인물과 접촉할 수 있었던 것은 평생의 보물 같은 추억이 되었습니다. 이 보물에 대한 답례로 적어도 저만의 방식으로 이 시대에 나이키가 어떻게 변화하고 어떻게 발전하고 있는지를 한 권의 책으로 정리하고 싶어서 책을 쓰게 되었습니다.

시작하며

나이키는 전 세계적으로 잘 알려진 미국의 스포츠 브랜드입니다. 특히 브랜드의 핵심 제품인 신발은 대부분 한 번쯤 신어 본 적이 있으리라 생각합니다. 젊은이들이나 스니커헤드sneaker head(운동화 수집 마니아)에게는 '나이키 슈즈'가 특별한 존재라는 것을 아는 분도 많을 것입니다. 하지만 브랜드의 인지도에 비해 나이키라는 기업이 어떤 전략으로 그 영향력을 계속 확대해 왔는지는 잘 알려지지 않은 것 같습니다. 이 책은 그 점에 착안하여 나이키의 비즈니스 모델을 설명하고, 이를 특히 디지털 전환DX의 측면에서 경영 전략의 참고로 삼을 수 있게 하려는 목적으로 집필하게 되었습니다. 저와 나이키의 인연은 현재로서 약 30년이 되었습니다. 저는 지금까지도 업계 신문의 칼럼 집필 등을 하면서 계속해서 이 회사를 지켜봐 오고 있습니다.

미국에서 나이키는 단순히 유명한 스포츠 브랜드 이상입니다. 우선, 놀랍게도 나이키는 뉴욕 다우지수의 구성 종목 중 하나입니다. 뉴욕 다우존스 산업평균지수는 미국의 주요 주가지수 중 하나로 주식 투자 시 가장 주목하는 지수에 속합니다. 이 지수를 구성하는 대형 우량주 단 30개 종목 중 하나가 나이키라는 것은 신발을 중심으로 한 스포츠 용품 기업으로서는 상당히 놀라운 일입니다.

다우존스의 구성 종목에는 뉴욕 증권거래소뿐만 아니라 테크 기업

(첨단 기술에 기반을 둔 사업을 주로 하는 기업)이 많은 나스닥 시장의 종목도 포함되는데, 그 30개사의 주가를 단순 합산한 후 특별한 제수로 나누어 평균 주가를 산출합니다. 다우의 구성 종목은 그때그때 상황에 맞게 교체되는데, 나이키는 2013년 9월에 비자, 골드만삭스와 함께 구성 종목에 포함되었습니다. 다우지수보다 S&P500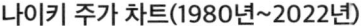(미국 주요 500대 기업의 주식 시가 총액으로 산출되는 지수)이 주가 지표로서 중요하다고 흔히 말하지만 그래도 매일 보도되는 것은 역사가 긴 다우 평균 주가이므로, 그 종목 중 하나라는 것은 경제 지표를 구성한다는 의미에서도 성장에 대해 매우 무거운 책임을 진 거대 기업이라고 할 수 있습니다. 즉, 나이키는 단순한 스포츠 신발 회사가 아닙니다.

나이키 주가 차트(1980년~2022년)

참고로 기업의 실력은 주가에 발행 주식 수를 곱한 시가 총액으로 표현되는데, 이것은 기업 가치와 동의어로 간주됩니다. 다우 종목에 포함된 대표적인 기업은 나스닥에 상장하는 애플과 마이크로소프트로, 2022년 3월 기준 그 시가 총액은 각각 2.7조 달러와 2.2조 달러입니다. 도쿄증권 1부 및 2부, 자스닥JASDAQ 시장 등을 합산한 일본의 주식 시가 총액이 6.1조 달러 정도이므로, 단 2개의 회사 가치가 일본의 JPX(일본 거래소 그룹) 시장을 합한 시가 총액의 80%에 상당하는 것입니다.

게다가 다우존스 30개 종목 전체의 시가 총액은 11조 달러를 넘어, 미국의 30개 종목만으로 일본 상장 기업의 시가 총액 합계를 가볍게 웃도는 규모입니다. 물론 수많은 기업이 상장하는 뉴욕 시장 전체의 시가 총액은 규모가 더욱 커서 2022년 1월 기준 약 28조 달러로 세계 1위, 나스닥 시장은 약 22조 달러로 세계 2위이므로 미국 자본 시장의 거대함은 실로 압도적입니다.

그렇다면 나이키는 다우 구성 종목의 시가 총액 순위 중에서 과연 몇 위일까요? 2022년 3월 3일 시점에서는 랭킹 20위이며 시가 총액은 1,732억 달러(약 233조 232억 8,000만 원)입니다.

이를 일본 상장 기업과 비교하면 나이키를 앞지르는 것은 일본 시가 총액 1위인 도요타 자동차의 2,870억 달러뿐입니다. 2위 소니는 1,300억 달러로 나이키의 뒤를 따랐고, 여기에 3위 키엔스Keyence는 1,130억 달러로 훨씬 못 미칩니다(2022년 3월 3일). 더구나 현재 나이키에 대한 성장 기대치로 보면 도쿄 시장과 뉴욕 시장이라는 기반의 차이가 있다고는 해도, 신발 회사가 세계 정상급 자동차 회사를 시가 총액에서 앞지를지도 모릅니다.

신발 회사와 자동차 회사의 기업 가치가 거의 동등하다는 것을 상상하기는 어렵지만 이는 명백한 사실입니다. 현재의 다우 구성 종목에는 자동차 회사가 한 곳도 없습니다. 한편 세계 시가 총액 순위를 살펴보면 나이키는 59위(2022년 3월 3일 기준)입니다. AT&T와 넷플릭스보다 시가 총액에서 상위에 있습니다.

잘 알려져 있다시피 나이키는 원래 일본 오니츠카(현 아식스)의 수입 판매 대리점으로 출발한 회사입니다. 창업자는 필 나이트Philip Knight와 빌 바우어만Bill Bowerman으로, 이 두 사람은 오리건 대학에서 육상 선수와 코치의 관계였습니다. 그들이 1964년에 최초로 사업을 시작했을 때 출자금은 각각 500달러였습니다. 겨우 1,000달러의 자금으로 가볍게 출발한 그들은 자금 조달에 어려움을 겪으면서도 나이키 브랜드를 시작했고, 1970년대의 조깅 붐을 타고 사업 범위를 확대하여 마침내 1980년에는 주식 상장을 완수할 정도로 성장했습니다.

하지만 그 후의 길도 평탄하지 않았습니다. 상장 후 몇 년이 지나자 급성장한 리복에 매출 선두 자리를 빼앗기고 나이키 주식은 크게 하락합니다. 조깅 붐이 쇠퇴하고 대신 에어로빅 붐이 도래했기 때문입니다. 리복은 그 붐을 타고 '프리스타일'이라는 에어로빅 슈즈로 세계를 석권합니다.

이러한 위기 속에서 다음 성장 모델을 찾는 능력이야말로 나이키의 독특한 강점입니다. 나이키는 과거의 성공 체험을 부정하고 새로운 비즈니스 모델로 전환하여, 불과 5년 만에 선두의 자리를 탈환했습니다. 이후 나이키는 일관되게 스포츠 신발 업계의 선두에서 계속 군림하고 있습니다.

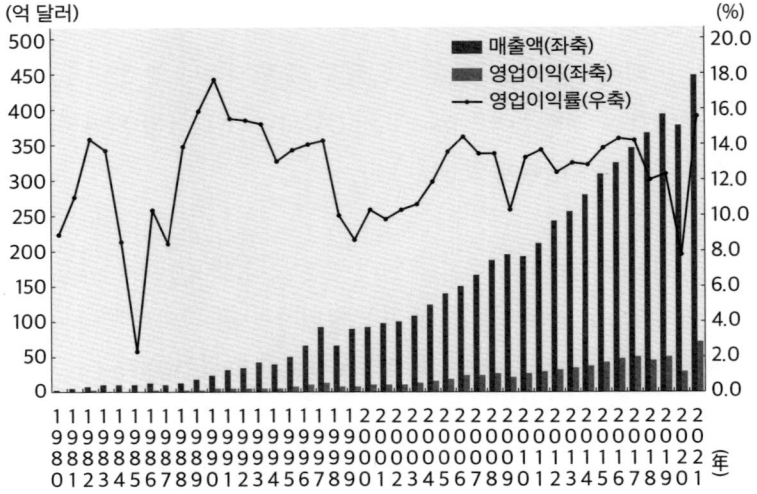

출처 : FORM 10-K(미국의 상장 기업이 증권거래위원회에 제출하는 연례 보고서)

    코로나19로 인한 위기도 나이키에게 큰 역풍이었지만, 나이키는 이 역풍을 통해 디지털 시대의 새로운 비즈니스 형태를 구축하고 계속 성장했습니다. '경영학의 아버지'로 불리는 피터 드러커Peter Drucker는 "과거에 성공했던 방법을 계속 고수하면 미래는 반드시 실패한다"고 말했습니다. 아마도 나이키만큼 이 말을 제대로 증명하는 기업은 그리 많지 않을 것입니다. 나이키는 위기 때마다 과거의 성공을 부정하고 더욱 강해져 온 기업입니다. 주식 시장이 평가하는 나이키의 기업 가치는 그러한 기업 문화도 포함한 것이라고 할 수 있습니다.

    어떻게 나이키는 사상 초유의 재앙인 팬데믹 위기를 넘길 수 있었을까요? 그리고 어떻게 디지털 전환을 도입해서 매출과 이익을 성장시킬 수 있었을까요? 이 책에서는 나이키의 디지털 전환 전략, 운동화 리셀 시장이라는 독특한 세계, NFT(비대체성 토큰)와의 관계, 마지막으로 나이키가 가진 힘의 핵심인 운동선수 기반의 스포츠 자본 및 메시지 광고의 특이한 모습을 따라가 볼 것입니다. 거기에는 많은 비즈니스와 기업 경영의 힌트가 있습니다. 이러한 부분들이 독자 여러분에게 참고가 되기를 기대합니다.

시라쓰치 다카시 白土 孝

목차

서문 5
시작하며 10

제1장
사상 초유의 위기와 나이키

암흑기의 시작 20
CEO 교체와 예상치 못한 2020년 3분기 24
적자로 전락 29
경이로운 디지털 침투 33
마케팅 4.0 38
위기 속에서 성공한 기업의 공통점 41

제2장
경이로운 리바운드

CDO에서 CDA로 46
아마존과의 결별 49
월스트리트는 나이키를 어떻게 평가했을까 54
카리스마 애널리스트의 예언 57
부활의 시작 60
선별되는 소매 채널 65
슈퍼 브랜드를 목표로 70

두 가지 문제, 디지털의 도약 74
지속적인 성장 예측 79
최초로 매출 400억 달러 돌파 83

제3장
DX 전략의 길

스티브 잡스와 나이키 94
성공한 방침 변경 97
나이키 디지털의 여명 101
진화하는 앱 106
테크 기업 인수 전략 110
현실과 디지털의 융합 113
본격화되는 디지털에 대한 투자 116
생산 방식의 디지털 전환 122
급여 격차를 허용하다 126
매장의 존속 가능성 129
소매점의 미래 '하우스 오브 이노베이션' 133
실험이 계속되는 디지털 연결 매장 136

제4장
리셀 시장과 NFT 운동화

짝퉁 운동화의 암시장 142
60억 달러 규모로 성장한 리셀 시장 149
이베이에서 GOAT로 154

운동화가 '주식'이 된다	160
HTM 프로젝트	164
일본 브랜드와의 협업	167
미국 브랜드와의 협업	170
래퍼나 럭셔리 브랜드와의 협업	172
나이키의 NFT 특허와 새로운 리셀 시장	176
310만 달러의 매출을 올린 NFT 운동화	181
게이미피케이션으로 판매되는 가상 운동화	184

제5장
스포츠 마케팅과 메시지 전략

스포츠 마케팅의 시작	190
테니스와 농구	197
스포츠 전체를 나이키의 자산으로	203
육상 경기	209
청소년에게도 투자	211
변화하는 광고	214
'헬로 월드'와 조던의 '실패' 광고	219
사회 문제에 대한 또 다른 접근법	223
'Black Lives Matter'과 인종 차별에 대한 메시지	229
팬데믹에 대하여	231
일본을 다룬 광고는 왜 악플이 쇄도했을까	235
사회적 메시지와 중국 문제	243

마치며	247

제1장

사상 초유의 위기와 나이키

암흑기의 시작

2022년 초, 신종 코로나19 바이러스는 전염력이 더 강한 오미크론 변이로 돌아와 세계를 다시 위협했습니다. 다양한 변이 바이러스가 유행하면서 사람들의 생활과 경제 활동이 크게 제한을 받았고, 많은 기업이 어려움을 겪었습니다. 그러나 그런 위기 상황에서도 나이키는 성장했습니다. 하지만 그 길은 평탄하지 않아, 큰 매출 감소를 겪다가 다시 크게 반등하는 드라마틱한 과정을 거쳤습니다. 먼저 팬데믹의 발단이 된 2019년의 이야기부터 시작하겠습니다.

미국 질병통제예방센터CDC에 따르면 신종 코로나바이러스는 2019년 12월 중국 후베이성 우한시에서 최초로 확인되었습니다. 12월 초에 '원인 불명의 폐렴'에 대한 정보가 있었고, 중국은 12월 31일 세계 보건기구WHO에 클러스터(감염자 집단)가 확인되었다고 보고했습니다. 보고된 감염자는 44명으로, 이 중 11명이 중증, 나머지 33명은 경증이었습니다. 바로 이 아주 적은 수치의 감염자 보고가 세계적인 팬데믹의 공식 기점이 되었습니다.

재앙은 조용히 다가와 순식간에 퍼져 나갔습니다. 중국에서 바이러스로 인한 사망자가 17명이라고 발표된 2020년 1월 23일, 중국 당국은 우한시를 봉쇄했습니다. 다음 날인 1월 24일이 마침 국내외를 막론하고 중국인들의 대규모 이동이 시작되는 최대 명절인 춘절(음력 설)이었으므로 이로 말미암아 우한에서 중국 전역으로 바이러스가 확산되는 것을 경계한 조처를 내린 것입니다. 이 시점에 중국 전역의 감염자 수는 571명이었습니다. 세계로 눈을 돌려 보면 태국이 4명이며 한국과 대만, 일본, 미국은 각 1명이었습니다. 하지만 지금 생각해 보면 우한을 봉쇄한 바로 이날이 암흑기의 시작이었습니다.

2020년 2월 11일, WHO는 이 감염증의 공식 명칭을 'COVID-19'라고 정했고, 테드로스Tedros Adhanom Ghebreyesus 사무총장이 'COVID-19'를 '팬데믹(감염병의 세계적 유행)'으로 선언한 것은 그로부터 한 달 뒤인 3월 11일입니다. 하지만 존스 홉킨스 대학교의 집계에 따르면 그로부터 11일 후인 3월 22일, 중국의 누적 감염자 수는 이미 8만 명을 넘어섰고, 중국 외의 감염자 수는 22만 명으로 그중 이탈리아, 미국, 스페인, 독일, 이란의 누적 감염자 수는 각각 2만 명을 돌파했습니다.

게다가 불과 4일 후인 3월 26일에는 미국이 중국을 제치고 누적 감염자 수 1위가 되었고, 이후 일관되게 누적 감염자 수 1위라는 최악의 상황에 봉착하게 됩니다. 참고로 2021년 4월 기준으로 미국의 누적 감염자 수는 3,100만 명 이상, 누적 사망자 수는 57만 명이었습니다. 당시 전 세계 누적 감염자 수가 1억 4,000만 명, 사망자 수가 313만 명이었으므로 감염자의 22%, 사망자의 18%를 미국이 차지한 것입니다.

그 원인 중 하나는 당시 트럼프 대통령이 "대부분의 미국인이 감염증에 노출될 위험이 매우 낮다"고 언급하고, "현 단계에서 미국에서 확인된 사망자는 32명에 불과하다. 다른 나라의 사망자 수와 비교하면 미국은 놀라울 정도로 적다"고 단언하는 등 초기 단계에서 줄곧 이 감염증에 대해 경시하는 듯한 발언을 반복했기 때문입니다.

4월에는 전 세계적으로 봉쇄 조치가 내려진 인구가 39억 명으로 증가하여, 전 세계 인구의 절반이 팬데믹으로 발이 묶이게 됩니다. 그런 상황에서 초강대국의 수장이 팬데믹을 경시함에 따라 단기간에 압도적인 감염 폭발을 겪게 되고, 이후에도 지속적으로 사태를 악화시키는 배경이 되었다고 해도 과언이 아닐 것입니다.

암흑기의 시작을 감지한 것은 대통령보다 주식 시장이 먼저였습니다. 2월 12일에 종전 사상 최고가 2만 9,551달러를 기록한 다우존스 산업평균지수가 2월 28일에는 1주일 만에 12% 이상 하락했습니다. 2008년 세계 금융 위기 이후 가장 큰 하락률을 기록한 셈입니다. 대통령이 무슨 말을 하든 주식 시장의 판단은 매우 냉철했습니다. 2월 하순에 유럽에서 감염자 수가 증가함에 따라 위험 회피risk-off 모드가 단숨에 확산되면서 폭락하기 시작한 것입니다. 이때부터 바닥이 보이지 않는 세계적인 주가 하락이 시작되었고, 3월에 테드로스 사무총장이 팬데믹을 선언하자 각국의 주가 하락이 가속화되었습니다.

미국 주식의 공포탐욕지수(투자자의 주식 시장 전망에 대한 심리 상태를 0부터 100까지의 수로 수치화한 것으로, 수치가 낮아질수록 불안 심리가 커지며 주가가 하락하는 경향이 있음)는 유례를 찾아볼 수 없는 수준까지 떨어졌습니다. 3월 23일에는 미국 다우존스 산업평균지수도 팬데믹 사태의 최저가인 1만 8,591달러를 기록했습니다.

이후의 추이는 알려진 바와 같습니다. 전 세계적으로 봉쇄 조치가 내려져 외출 금지령과 이동 제한, 그리고 자택 대기stay-at-home와 사회적 거리 두기가 시행되었습니다. 음식점과 관광업을 중심으로 경제가 위축되고 실업률이 급상승할 것이라는 우려로 인해 선진국의 재정 당국과 중앙은행은 대규모 국채와 회사채 등의 매입 및 대량의 화폐 공급을 통해, 팬데믹 위기가 경제 위기로 확대되지 않도록 정책을 운용했습니다.

참고로 국제통화기금의 2020년 6월 보고서는 각국의 양적 완화 및 재정 지출 확대에 따라 일본과 유럽, 미국 등 선진 7개국 중앙은행의 대차대조표 규모가 급격히 확대되어 자산 규모가 총 6조 달러 이상 증가한 것으로 분석했습니다. 이 자산 증가액은 7개국의 GDP 대비 15%에 달해, 리먼 브라더스 사태 2년간 확대된 폭의 2배 이상입니다.

풍부한 자금 공급을 통해 각국 정부는 국민에게 코로나 관련 재난 기금과 임차료 지원, 고용 지원을 했습니다. 또 이 양적 완화 자금이 주식 시장으로 유입되면서 3월 후반부터 전 세계 주가가 급속히 상승하기 시작했습니다. 2020년 11월에는 뉴욕 다우 지수가 사상 처음으로 3만 달러를 돌파했습니다.

해가 바뀐 2021년에도 상승장이 이어져 뉴욕 다우 지수는 5월 7일에 정규 매매(거래 시간 내의 매매)에서 사상 최초로 3만 5천 달러를 돌파했습니다. 실물 경제가 바닥을 치는데 주식 시장이 상승곡선을 그리는 것은 거품이라는 지적도 있지만, 전례 없는 세계적인 팬데믹 상황에서 이처럼 주가 상승이 일어났던 가장 큰 요인은 세계 중앙은행이 주식 시장을 떠받치고 있었기 때문일 것입니다.

하지만 이 주가 상승에는 또 하나의 키워드가 있습니다. 바로 디지털화입니다. 사람의 접촉을 피해야 하는 감염병이 확산되는 가운데 인류는 과거 스페인 독감 시대와는 달리 유용한 도구를 가지고 있었습니다. 컴퓨터와 스마트폰을 사용하여 원격으로 업무를 지속하고 쇼핑도 할 수 있었던 것입니다. 이런 디지털 기기가 경제를 뒷받침함에 따라 디지털 관련 기업의 주가는 강력한 수요를 업고 크게 상승했습니다.

CEO 교체와 예상치 못한 2020년 3분기

2020년에 들어서자, 나이키는 14년 만에 최고경영자CEO가 교체되는 큰 변화를 맞이했습니다. 1월 13일, 오랜 세월 나이키의 CEO를 지낸 마크 파커Mark Parker는 이커머스e-commerce(전자 상거래)와 디지털 테크놀로지에 밝은 존 도나호John Donahoe에게 자리를 물려주고 이사회 의장직은 유지하기로 합니다. 그는 직원들에게 보낸 메시지에서 제품 설계와 마케팅에 계속 밀접하게 관여할 것이라고 언급하면서 직원들의 동요를 막기 위해 이렇게 말했습니다.

"저는 아무 데도 가지 않을 것이고 아프지도 않습니다. 모든 문제를 도나호와 공유하고 있으며, 회사가 진화하고 성장하기 위한 최선의 방법은 도나호라는 놀라운 재능을 받아들이는 것이라고 굳게 믿습니다."

파커는 64세, 도나호는 59세로, 나이로 봐서는 별로 큰 차이가 없습니다. 하지만 코로나 위기 속에서 이커머스와 디지털 전환 전문가인 인물을 CEO로 영입한 것은 나이키에게 엄청난 행운이었습니다.

나이키가 중국에서 발생한 신종 코로나19 영향에 관한 최신 정보를 제공한 것은 2020년 2월 4일입니다. 새 CEO 존 도나호는 중국에서 나이키가 소유한 매장의 약 절반이 일시적으로 폐쇄되었으며, 중국 소매 파트너 매장 전체에도 영향을 미칠 것이라고 발표했습니다. 도나호

14년만의 수장 교체

2020년 1월, 나이키의 CEO를 오랜 기간 지낸 마크 파커(왼쪽)는 존 도나호(오른쪽)에게 자리를 물려주고 이사회 의장직은 유지하기로 했다. 사진은 나이키 수장이 교체되는 이유를 전하는 블룸버그 뉴스 유튜브 자료

의 발표에 따르면, 운영 중인 점포의 영업시간 또한 단축되면서 고객 수가 대폭 감소하고 있어, 단기적으로 중화권 사업에 '심대한 충격'이 예상된다고 밝혔습니다.

경제 분석 기관인 포커스이코노믹스FocusEconomics에 따르면, 중국 매장의 소매 판매액은 1월과 2월 두 달 동안 전년 대비 20%로 급감했습니다. 2020년 1월 23일, 중국 당국은 인구 1,100만 명의 우한뿐만 아니라 후베이성 전체를 봉쇄하여, 이 지역을 통한 감염을 철저하게 막으려고 했습니다. 이런 조치만으로도 총 약 5,700만 명이 영향을 받았는데, 2월 2일 이후 중국의 많은 주요 도시에서 철저한 이동 제한 조치가 실행되자 소매점과 음식점은 사실상 영업이 불가능하게 되었습니다. 국제 앰네스티 등은 봉쇄에 회의적이었지만 결국 이 방법이 세계적인 대책의 표준이 되었습니다.

3월에 들어서면서 마침내 유럽과 미국에서 코로나 위협이 현실화되기 시작했고, 3월 2일이 되자 나이키는 주말에 오리건 본사를 폐쇄하고 소독하겠다고 발표합니다. 그 주에 오리건주에서 코로나 양성 환자가 나왔으며, 더욱이 인접한 워싱턴주에서 코로나바이러스에 의한 미국 최초 사망자가 나온 것에 대한 대응이었습니다. 그다음 주에는 암스테르담의 유럽 본사를 소독했습니다. 참고로 미국의 대기업 중 본사를 일시적으로 폐쇄한 것은 나이키가 처음이라고 합니다.

이틀 뒤인 3월 4일, UBS(스위스 최대 금융기관)는 코로나의 영향을 예상하여 나이키의 주가 목표를 136달러에서 123달러로 낮췄습니다. 이미 나이키의 주가는 2월 4일의 중국 관련 성명 이후, 101.38달러에서 3월 3일 장 마감 시 10.3% 하락하여 90.93달러로 떨어졌기 때문에 UBS의 목표 주가가 하락하기는 했지만, 중장기적으로는 '매수'로 판단되었습니다.

나이키의 3분기는 전년도 12월부터 2월 말까지 3개월간입니다. 이 중 2개월 동안 전체 매출의 약 20%를 차지하는 중국 매출에 막대한 영향이 있었다면 3분기 실적이 매우 심각하다고 보는 것이 당연합니다. UBS는 "단기적으로는 나이키의 주가가 뉴스의 헤드라인과 흐름을 같이할 것이라고 생각한다. 따라서 주가는 상승하기 전에 계속 하락할 가능성이 있으며, 헤드라인이 언제 긍정적으로 변할지는 알 수 없다"고 했습니다. 이상한 표현이지만, 쉽게 말해서 일시적으로는 주가가 하락할 수 있지만 장기적으로는 오를 것이라는 뜻입니다.

당시 뉴욕 다우 지수는 23일의 최저치를 향해 폭락을 반복하고 있었습니다. UBS가 지적하는 뉴스란 팬데믹의 영향과 이를 둘러싼 트럼프 대통령과 중앙은행의 대응을 말합니다. 이 회사의 애널리스트는 이를 뒷받침하는 취재도 병행하며, 공급 사슬supply chain(제품의 원재료 및 부품의 조달로부터 판매에 이르는 일련의 과정)의 개선을 통해 나이키가 바이러스의 영향을 상쇄할 수 있는 가능성에 대해 언급했습니다.

이 보고서가 나온 날, 나이키는 영국에서 신종 코로나바이러스가 확산됨에 따라 소호Soho에 있는 런던 본사를 소독하기 위해 일시적으로 폐쇄했다고 발표했습니다. 이어 3월 15일, 신종 코로나바이러스 확산에 따른 대책으로 16일 월요일부터 27일 금요일까지 미국, 캐나다, 서유럽, 호주, 뉴질랜드의 모든 매장을 폐쇄한다고 발표했습니다. 성명을 통해 나이키는 이렇게 말했습니다.

"우리는 직원들과 소비자의 행복을 최우선 과제로 생각하기 때문에, 팬데믹 확산에 대한 대책으로 미국, 캐나다, 서유럽, 호주, 뉴질랜드를 포함한 몇 개 나라에서 매장을 폐쇄하기로 했습니다. 매장은 3월 16일 월요일부터 3월 27일 금요일까지 폐쇄됩니다. 고객님께서는 계속해서 나이키 닷컴과 나이키 앱에서 쇼핑하실 수 있습니다. 저희는 직원들을 보호하고 지원하기 위해 집에서 근무할 수 있는 선택권과 시차출퇴근, 사회적 거리 두기, 그리고 위생 절차를 진행하고 있습니다. 한국과 일본, 중국의 매장 대부분과 그 외 다른 많은 나라에서 나이키가 소유한 매장은 현재 영업 중입니다."

이 성명의 내용을 통해 3월 감염증의 발생원으로 보이는 중국에서 바이러스 봉쇄 정책이 이미 효과를 발휘하여 중국 내 매장이 재개된 반면, 북미와 유럽에서는 더욱 심각해졌음을 알 수 있습니다. 실제로

CNN 홍콩은 시진핑 중국 국가주석이 3월 10일에 후베이성 우한시를 방문했다고 보도했는데, 이는 중국이 팬데믹 봉쇄에 성공했음을 상징적으로 말해 주었습니다. 결국 중국 전역에서 10일까지 감염이 확인된 80,754명 중 67,760명, 사망자 3,136명 중 3,024명이 후베이성 주민이었습니다. 즉 중국은 거의 후베이성에 감염을 봉쇄했다고 할 수 있습니다. 국제 앰네스티가 인권 문제를 지적했지만, 철저한 사권 제한을 통한 봉쇄가 감염병에는 상당히 효과적으로 작용한 것입니다.

그 결과 중국에서는 나이키뿐만 아니라 애플과 이케아 등 많은 유럽과 미국 브랜드의 매장이 영업을 재개했고, 자국에서 매출 침체로 힘들어하는 글로벌 브랜드에게 중국의 소비 열기는 전망이 매우 밝은 시장이 되었습니다.

바이러스 확산 지역이 중국에서 전 세계로 이동하는 가운데, 2020년 3월 24일에 나이키는 3분기 실적을 발표했습니다. 심각한 결과가 나오지 않을까 하는 주식 시장의 우려 속에서 놀랍게도 매출은 전년 동기 대비 5% 증가한 101억 달러로, 당초 계획을 5억 3,000만 달러나 웃돌았습니다. 그 이유를 살펴보면, '나이키 다이렉트'라는 직판 부문의 성장, 특히 디지털 부문의 36% 증가가 크게 작용했습니다.

나이키의 예상치 못한 분기 매출에 주식 시장은 크게 반응했습니다. 팬데믹 쇼크로 급락하기 전인 2월 14일에 나이키의 주가는 103달러였습니다. 3월 23일에는 한때 60달러까지 내려가 약 40%나 떨어졌지만, 결산 발표 후인 3월 25일에는 한때 80달러를 넘어서면서 급등세를 보였습니다. 3월 16일 이후 중화권, 일본, 한국 이외의 나이키 매장이 팬데믹 사태로 폐쇄되었고, 3월 26일에는 무기한 휴업을 선언했는데도 이처럼 주가가 상승했다는 것은 매우 놀라운 일입니다. 트럼프 정권의 2조 달러 규모 팬데믹 대책 지원에 따라 시장 전체가 상승했는데, 이후에도 나이키의 주가는 지속적으로 다우존스 산업평균지수의 상승률을 웃돌았고, 테크 기업이 많은 나스닥 지수에 가까운 상승세를 이어 갔습니다. 이는 시장이 나이키의 급속한 디지털 전환을 평가한 결과, 스포츠 용품 기업으로서가 아니라 브랜드 파워를 가진 테크 기업에 가깝다고 판단한 것으로 볼 수 있습니다.

결산 발표에서 도나호가 "엔드 투 엔드end-to-end 디지털 혁신을 가속화하기 위한 데이터와 분석, 그 외 혁신 이니셔티브에 투자했습니다"라고 말하자, CFO(최고 재무 책임자)와 디지털 전환 총괄을 맡은 앤디 캠피온Andy Campion은 다음과 같이 덧붙였습니다.

"3분기에 나이키의 브랜드 리더십과 사업 추진력은 그 어느 때보다 강력해져서 전 세계적으로 비교할 수 없는 존재가 되었습니다. 나이키는 강력한 재정 상태, 업계의 가치 사슬value chain 전체에서 가장 강력한 파트너십과 주요 디지털 기능을 활용하여 수익성과 자본 효율성이 높은 성장을 향한 복귀를 가속화하고 있습니다."

적자로 전락

하지만 나이키의 상황은 4분기(3월부터 5월까지)에 급변하여 큰 폭의 수입 감소와 적자를 겪게 됩니다. 이러한 수익 감소는 팬데믹 위기가 본격화된 미국과 유럽의 많은 매장이 폐쇄되었기 때문인데, 디지털 판매로 감당할 수 있는 한도를 훨씬 넘는 수준이었습니다. 6월 25일에 발표된 4분기 매출은 전년 동기 대비 38% 감소한 63억 달러이며, 순손실은 7억 9,000만 달러로 막대한 적자를 기록했습니다.

2000년대 나이키가 적자를 기록한 것은 2018년 3분기와 2003년 1분기 두 번뿐입니다. 하지만 이 두 분기 모두 영업상의 이유로 인한 적자는 아니었습니다. 2018년에는 트럼프 정권의 세제 개편에 따라 외국 소득에 대한 일시적인 과세 증가의 결과였으며, 2003년 1분기에는 하키 브랜드 바우어BAUER 등의 인수로 발생한 영업권 손상을 계상했기 때문입니다. 즉 어디까지나 대차대조표에서 비롯된 순손실이었습니다.

나이키가 사업 활동의 결과에서 순손실을 계상한 것은 지난 세기인 1998년 4분기 이후 처음이었습니다. 이때는 아시아 금융 위기로 인한 아시아 경제의 마이너스 성장과 마이클 조던의 두 번째 은퇴, 젊은이들의 패션 트렌드가 스포츠화와 운동화에서 워크 부츠로 전환한 것 등이 요인이었습니다. 하지만 한편으로는 그 전 3년간의 '나이키 버블'로 일컬어지는 급성장의 반동이라는 견해도 있습니다. 이 당시의 분기 적자는 13년 만에 처음이었는데, 이번 적자액은 당시보다 규모가 크고 무엇보다도 22년 만의 사업 활동 부진으로 인한 손실이었으므로 나이키로서도 충격적이었을 것입니다. 아무리 팬데믹 위기라고 해도 이제 막 교체된 CEO인 존 도나호에게는 분명 끔찍한 일이었을 것입니다.

하지만 1998년 4분기의 적자와 이번 적자의 내용이 결정적으로 다른 것은 디지털 혁신의 존재였습니다. 해당 분기에 나이키의 디지털 매출은 75%나 증가했습니다. 게다가 이러한 경향은 전 세계 모든 지역에서 나타났으며 디지털 매출이 분기 총매출의 약 30%를 차지했습니다. 북미, EMEA Europe, Middle East, Africa(유럽, 중동, 아프리카), APLA Asia Pacific & Latin America(아시아 태평양, 라틴 아메리카)에서 도매처의 많은 매장이 폐쇄되었고, 나이키 직판 매장은 이 분기 내 약 8주 만에 90% 폐쇄되었습니다. 꼬박 2개월 동안 매장에서 나오는 매출이 전혀 없는 상태가 되었다는 뜻입니다. 도매 고객에 대한 제품 출하는 절반으로 줄었지만, 한편으로는 앱이나 온라인을 통한 직판 매출이 폭발적으로 증가했습니다. 참고로 총매출의 30%를 차지한 나이키의 디지털 매출은 19억 달러를 기록했습니다.

    나이키 핵심 브랜드의 지역별 매출만 보면, 북미 지역은 46.5% 감소한 22.3억 달러, EMEA 지역은 46% 감소한 13.3억 달러, APLA 지역은 41.9% 감소한 8억 100만 달러였습니다. 비교적 매출이 견실한 것은 빠른 대처로 코로나19 봉쇄에 성공한 중화권이었는데, 그럼에도 2.9% 감소한 16.5억 달러였습니다.
    주목해야 할 것은 신발류와 의류의 매출 감소폭 차이로, 신발류는 35.4% 감소한 42억 달러인 데 비해, 의류는 42.4% 감소한 16.4억 달러였습니다. 신발류의 점유율이 의류 대비 큰 데 비해 하락폭이 작았던 것은 어떤 의미에서는 놀라운 일입니다. 왜냐하면 신발은 온라인 판매에 적합하지 않다고 여겨졌던 아이템이기 때문입니다. 사이즈 교환 같은 반품 프로그램이 있기는 해도 착화감이나 발을 넣었을 때의 느낌 같은 미묘한 문제를 극복한 것은 주목할 만한 지점입니다.
    팬데믹 사태로 집에서 하는 홈 트레이닝이나 집 근처에서 하는 달리기용 스포츠 슈즈의 수요가 새롭게 발생하면서 소비자들은 신발을 인터넷으로 구입하기 시작했습니다. 게다가 온라인 한정판 아이템의 잇따른 출시는 스니커헤드들의 왕성한 구매욕을 자극했습니다.
    존 도나호는 다음과 같이 말했습니다. "매우 불확실한 환경에서도 나이키 브랜드의 온라인 사업은 모든 시장에서 가속화되고 있으며 전 세계 소비자들의 공감을 불러일으키고 있습니다. 지금이 바로 나이키의 강점과 독자적인 기능을 강화할 때입니다. 우리는 리더십을 확장하고 장기적인 성장을 촉진하기 위해 연결성이 높은 디지털 시장을 포함한 가장 큰 기회에 계속 투자할 것입니다."

결국 2020 회계 연도(2019년 6월부터 2020년 5월까지) 결산 매출은 전년 대비 불과 4% 감소한 374억 달러가 되었고, 디지털 매출은 연간 47% 증가했습니다. 순이익은 매출과 매출총이익 감소, 판매관리비 증가로 인해 36% 감소한 25억 달러에 그쳤습니다. 참고로 연간 매출이 전년도 매출을 밑돈 것은 2010 회계 연도 이후 처음인데, 이 기간은 매출이 감소한 반면 이익은 증가했으므로 매출과 이익이 모두 감소한 결산은 1998년 5월 이후 22년 만이었습니다.

나이키의 주가는 마이너스 결산 발표 다음 날에 100달러대에서 93달러 부근까지 소폭 하락했습니다. 하지만 그 후 이 수준을 맴돌면서 9월 15일에는 최고가 120달러까지 꾸준히 상승했습니다. 마이너스 결산에서도 주가가 계속 상승한 이유는 두 가지입니다.

첫 번째는 결산 발표 시점에 이미 나이키가 운영하는 북미 매장의 약 85%에서 영업을 재개했으며, EMEA에서는 약 90%, APLA에서도 약 65%가 영업을 재개했기 때문입니다. 또 중국에서도 거의 모든 매장이 영업을 재개한다는 발표에 따라 안도감이 확산되었습니다.

두 번째는 미국의 소비자와 개인 투자자들이 이 최악의 결산에도 불구하고 나이키가 추진해 온 디지털 혁신을 알고 있었고, 그것을 높이 평가하고 있었기 때문입니다. 게다가 결산 발표 후 애널리스트들과의 컨퍼런스콜에서, 도나호는 팬데믹으로 전개가 가속화된 소비자 직접 공략Consumer Direct Offense, CDO의 '디지털화된 단계'로서 소비자 직접 판매 가속화 전략Consumer Direct Acceleration, CDA을 내걸었습니다. 시장이 이 의욕적인 전략을 높이 평가하여 나이키의 주가는 계속해서

견고하게 상승했던 것입니다.

경이로운 디지털 침투

도나호는 6월 결산 발표에서 나이키가 팬데믹 위기에 맞서 "디지털 생태계를 이용하여 소비자와의 연결을 더욱 강화했다"고 강조했습니다. 아마도 미국이나 유럽의 소비자들은 이 말이 무슨 뜻인지 바로 알아들었을 것입니다. 매장 폐쇄가 계속된 4분기의 팬데믹 위기 동안 나이키는 앱을 통해 소비자들에게 일관된 메시지와 혜택을 계속 전달했기 때문입니다.

나이키는 브라우저 기반의 이커머스 사이트 '나이키 닷컴'과 스마트폰 앱인 '나이키'를 비롯해 '나이키 런 클럽NRC', '나이키 트레이닝 클럽NTC', 그리고 스니커헤드들에게 한정판 스니커를 제공하는 '스니커즈SNKRS' 앱을 운영하고 있습니다. 이 앱들은 코로나 위기 상황에서 집 안에 있는 소비자와 스마트폰으로 연결될 수 있는 매우 강력한 도구로, 먼저 중심이 된 것은 나이키 트레이닝 클럽 앱이었습니다. 나이키는 이 앱을 통해 모든 운동선수(일반 스포츠 애호가 포함)를 지원하기 위해 다양한 형태의 트레이닝 클래스, 코칭, 동기 부여, 영양 지도, 트레이닝 콘텐츠를 무상으로 제공했습니다.

2020년 3월 21일 보도 자료에서 나이키는 '낙관주의와 용기는 스포츠 세계를 정의하는 두 가지 특징'이라고 언급하면서, 가장 힘든 시기에 사람들이 일상적으로 스포츠를 할 수 있도록 지원하고 이를 더욱 촉진하기 위해 정기 구독자를 대상으로 NTC 프리미엄 프로그램을 무

무료 스마트폰 앱

나이키는 스마트폰 앱으로 집에서 보며 운동할 수 있는 스트리밍 영상을 공개했다

디지털 판매량 추이

연도	판매량
2016년	17억 달러
2017년	22억 달러
2018년	28억 달러
2019년	38억 달러
2020년	55억 달러
2021년	90억 달러

출처: FORM 10-K

료로 제공한다고 발표했습니다. 이에 따라 스튜디오에서 실시하는 스트리밍 동영상을 통한 운동, 체중을 감소시키는 프로그레시브 트레이닝, 그리고 전문가인 엘리트 나이키 마스터 트레이너의 조언을 무료로 이용할 수 있게 되었습니다.

참고로 이 시점에 NTC 앱에는 15분에서 60분 사이로 할 수 있는 185개 이상의 운동 라이브러리가 있었는데, 모두 체중 전용 세션, 요가 수업, 집중 트레이닝 프로그램(복근, 팔, 둔근 등)과 같은 피트니스 수준의 트레이닝 콘텐츠입니다. 물론 앱 내에서 사용자에게 트레이닝이나 러닝용 신발 추천을 공지하기는 하지만, 이것이 이커머스로 직결되는 것은 아닙니다.

하지만 나이키는 무료로 운동 라이브러리를 제공하는 김에 앱을 통해 회원을 확보하겠다는, 그야말로 디지털 회사다운 목표를 설정합니다. 그래서 이 서비스를 폭넓게 알리기 위해서 'Play inside, Play for the World(나와 이웃을 위해 실내에서 운동하세요)'라는 동영상을 인스타그램과 유튜브, 트위터 등의 SNS에 올려 팬데믹 중에도 스포츠를 통해 소비자에게 용기를 주는 메시지를 전했습니다.

나이키가 보낸 메시지는 이렇습니다.

"전 세계의 수백만 명 앞에서 운동하는 것을 꿈꿔 본 적이 있다면 지금이 바로 기회입니다. 나와 이웃을 위해 실내에서 운동하세요."

팬데믹을 역이용한 이 소셜 미디어 메시지는 나이키 광고 대행사로 유명한 와이든앤케네디Wieden+Kennedy가 만든 것입니다. 업로드 1시간 만에 크리스티아누 호날두, 타이거 우즈, 칼리 로이드가 이 동영상을 공유했고, 마이클 조던, 세레나 윌리엄스 등도 뒤를 이었습니다. 모두 나이키와 계약한 유명 선수들입니다. 이후 이 메시지는 전 세계의 많은 운동선수와 일반인들이 올린 여러 운동 영상에 태그되면서 크게 확산되었습니다. 이 모든 과정이 바로 나이키가 의도한 바였으며, '소비자와의 강력한 연결'을 만들어 낸 SNS 활용의 좋은 예시로서 엄청난 수의 앱 다운로드와 회원 증대를 실현했습니다.

4월 5일 나이키는 거실에서 하는 '리빙룸 컵'이란 도전도 기획했는데, 누운 채 발을 위로 들고 45초 동안 손으로 발끝을 얼마나 많이 터치하는지 축구 선수 호날두와 겨뤄 보는 내용이었습니다. 전 세계 앱 사용자와 세계 최고의 운동선수가 경쟁할 수 있는 꿈같은 프로그램으로, 나이키는 이를 출시하면서 이렇게 말했습니다.

"전 세계 운동선수들이 실내 스포츠를 매일의 습관으로 만드는 용기 있고 긍정적인 실천을 시작하고 있습니다. 경쟁은 스포츠 세계의 특징이며, 최강의 자신과 경쟁하는 것은 물론 다른 사람들과의 우호적인 경쟁도 필요합니다. 4월 5일 시작되는 디지털 워크아웃 시리즈인 리빙룸 컵은 매주 피트니스 챌린지를 통해 나이키의 프로 스포츠 선수와 경쟁할 수 있는 새로운 공간을 제공합니다."

'리빙룸 컵'에서 가장 화제를 모은 것은 바로 워크아웃 챌린지로, 소셜 미디어 사용자를 크리스티아누 호날두와 대전시키는 '디지털 워크아웃 시리즈' 이벤트였습니다. 이벤트는 4월 5일 인스타그램을 통해 호날두가 복근 운동 영상을 게시하는 것으로 시작되었습니다. 동영상을 통해 호날두는 불과 45초 만에 동작을 142회 수행하는 모습을 보여주었습니다. 그리고 그는 팬들과 팔로워를 초대해 일주일 안에 자신의 기록에 도전해 달라고 요청했습니다. 이벤트에는 수천 명이 참가했고, 이후 이 인스타그램 게시물은 1주일 만에 1,000만 회 이상 열람되는 놀라운 성과를 거두었습니다.

참가자들이 챌린지 결과를 공유할 수 있도록 사용된 인스타그램 해시태그 '플레이인사이드#playinside'와 '더리빙룸컵#thelivingroomcup'은 엄청난 수의 트랜잭션을 생성했습니다. 나이키는 이 이벤트를 시리즈로 만들어 집에서 고립되어 있는 사람들이 유명 운동선수에게 도전하는 게임을 통해 힘든 상황에서도 '긍정적으로 살아가자'는 메시지를 계속 보냈습니다. NTC 앱에는 매주 챌린지에 대비해 게임 참가자들을 특별 훈련하는 트레이닝 메뉴까지 올라왔습니다.

이러한 기법을 광고 업계에서는 '게이미피케이션gamification(게임화)'이라고 합니다. 이것은 게임을 통해 인간의 뇌 속에 있는 보상 회로를 자극하여 브랜드와의 관계를 더욱 깊게 하고, 동시에 접속 시간을 늘려 비용 대비 큰 효과를 내는 홍보 수단으로 사용됩니다. 경제지 〈포브스〉 기사에 따르면 미국의 화이트 캐슬White Castle이라는 패스트푸드 체인이 실시한 게임 보상 쿠폰은 발행 쿠폰 전체의 36%가 사용되어 높은 효과를 보았다고 합니다.

나이키와 와이든앤케네디는 이 SNS 캠페인을 시작한 뒤, 일련의 메시지 캠페인 동영상 'You Can't Stop Us(누구도 우리를 막을 수 없다)'를 론칭했습니다. 이 캠페인은 운동선수들이 '좌절에서 부활한 경험'을 주제로 해서, 많은 소비자에게 코로나 위기에서 부활하리란 것을 믿고 긍정적으로 생각하자는 메시지를 보냈습니다. 특히 5월에 출시된 NBA 스타 선수 르브론 제임스와 세레나 윌리엄스, 타이거 우즈가 등장하는 'Never Too Far Down(반드시 머지않아 부활한다)'이라는 동영상은 1억 회가 넘는 유튜브 조회 수를 기록했습니다. 훗날 CNN은 다음과 같이 보도했습니다.

"나이키의 바이럴 광고(소셜 미디어를 활용한 광고)는 팬데믹으로 혼란스러운 시대에 조직화된 스포츠를 통해 포용과 인내의 메시지를 전달하면서 온라인상에서 찬사를 받고 있다."

그러나 나이키가 이 캠페인을 통해 얻은 것은 찬사 이상이었습니다. 나이키 회원 수와 앱을 통한 제품 구매가 증가했고, 그 결과 북미에서는 앱 내 구매가 세 자릿수 증가를 기록하며 큰 성공을 거뒀습니다. 도나호가 결산 발표에서 말한 '디지털 생태계digital ecosystem'의 의미는 SNS와 자사 앱을 조합한 디지털 전략을 뜻하며, 이를 통해 나이키는 많은 소비자와 강력한 연결 고리를 구축했습니다. 분명 분기의 적자는 심각했지만, 코로나 위기가 심각해지는 이 기간에 도나호는 방어가 아니라 비즈니스 내용을 바꾸는 치열한 공격으로 전략을 전환하고 있었던 것입니다. 그리고 그 공격은 일시적인 것이 아니라 디지털 회원의 급격한 증가를 통해 미래의 매출에 기여하는 지속성 있는 공격이었습니다. 도나호는 이 공격이 축적되면 향후 성장으로 이어지는 긍정적인 효과가 발휘된다는 것을 파악하고 있었을 것입니다.

마케팅 4.0

'현대 마케팅의 아버지'라고도 불리는 필립 코틀러Philip Kotler는 2016년 12월에 출판한 《필립 코틀러의 마케팅 4.0》이라는 저서에서, 소셜 미디어 전성시대에 마케팅은 어떻게 존재해야 하는지를 알려 줍니다. 코틀러는 1931년생으로 현재 아흔이 넘었습니다. 그는 1980년대부터 지금까지 마케팅의 최첨단을 걸으며 비즈니스 세계에 지침을 제공했는데, 노년에도 소셜 미디어라는 최첨단을 분석해서 가까운 미래에 대한 이정표를 제시하고 있다는 점에는 감탄할 수밖에 없습니다. "디지털 마케팅이 전통적인 마케팅을 대체할 수는 없다"라고 하면서도 전통적인 마케팅을 통해 브랜드 인지도와 관심이 조성된 기업에 그 다음으로 필요한 것은 디지털 마케팅이라며 그 중요성을 강조했습니다. 그는 저서에서 다음과 같은 데이터를 소개했습니다.

"전 세계 인터넷 트래픽(통신량)은 2000년부터 2014년 사이에 30배로 증가하여 전 세계 인구의 10명 중 4명을 연결하고 있다. 시스코 Cisco의 예측에 따르면 전 세계 인터넷 트래픽은 110억 대 이상의 휴대용 단말기를 통해 2019년까지 10배 더 늘어날 것으로 예상된다."

코틀러는 스마트폰의 보급에 따라 연결성이 그 어느 때보다 높아질 미래를 예측하고 "세계 인구는 시간이 지남에 따라 고령화가 될 것이므로 머지않아 디지털 원주민이 다수를 차지하게 되고 연결성이 '뉴 노멀new normal(새로운 기준)'이 된 시대를 맞이할 것이다."라고 말했습니다. 다시 말해, 연결성을 전제로 하지 않으면 마케팅이 성립되지 않는 시장이 출현한다는 뜻입니다. 신문은 물론 텔레비전이나 잡지가 정보 미디어의 중심이었던 시대는 끝나고, '연결된 소비자'는 소셜 미디어나 인터넷 미디어에 정보를 점점 더 의존하는 상황이 되어 갑니다. 정보의 양방향성은 점차 강화되고, 소비자는 브랜드의 옹호자가 될 수도 반대자가 될 수도 있습니다. 실제로 소비자 스스로 정보의 발신자가 되어 미디어로서의 성격을 가지는 상황이 이미 일상화되어 있습니다. 대표적인 예가 유튜버나 인스타그램의 인플루언서입니다. 그들은 때로는 강한 영향력을 발휘하여 브랜드에 대해 우호적이거나 적대적으로 활동합니다.

코틀러는 디지털 마케팅의 "가장 중요한 역할은 고객에게 행동과 추천을 재촉하는 것이다"라고 말하고 있는데, 이는 연결된 소비자가 브랜드에 대해 수직 방향의 관계뿐만 아니라 수평 방향의 관계를 맺는다는 뜻입니다. '좋아요'를 누르거나 호의적인 댓글을 남기는 고객이 적극적으로 브랜드의 팔로워, 팬, 친구가 되어 다른 사람에게 '추천하는 상태'를 만드는 것이 디지털 마케팅의 키워드입니다. 디지털 시대의 기업이라면 이런 디지털 마케팅을 무시하고서는 성장할 수 없습니다. SNS를 활용하면 중상 비방으로 인한 위험성이 증가하지만, 소비자가 추천자로 바뀌면서 이전보다 훨씬 높은 광고 효과를 볼 수도 있습니다. 이것이 바로 나이키가 팬데믹 위기 사태에 실행한 디지털 전략입니다.

또 한 가지 기억해야 할 것은 소셜 미디어처럼 스마트폰상에서 원활하게 연결되는 앱의 중요성입니다. 코틀러도 "가장 중요한 것은 앱에 의한 디지털 참여digital engagement다"라고 말했는데, 소비자가 브랜드에 연결되는 기점이 스마트폰이라면, 브랜드 앱의 다운로드 수와 액티브 유저 수(앱을 지속적으로 이용하는 사용자 수)는 기업이 성장하는 데 있어서 지극히 중요한 KPI$^{\text{Key Performance Indicator}}$(목표 달성을 위한 중요 업적 평가 지표)가 됩니다. 소비자를 소셜 미디어에서 자사 앱 다운로드라는 '행동'으로 유도하고, 그 소비자가 액티브 유저가 되면 단 몇십 초의 동작으로 판매가 이루어집니다. 이것은 이전 시대에서 소비자가 텔레비전 광고나 잡지를 보고 브랜드를 인지한 후 나중에 점포에 가서 상품을 구입하게 되는, 물리적 공간 기반의 '인지 구매 행동 시간'과는 비교할 수 없을 정도로 즉시성이 있습니다. 특히 소비재를 판매하는 브랜드 입장에서 앱의 존재는 말하자면 '시공간을 단축한다'라고 표현할 수 있을 만큼 혁명적인 가치가 있습니다.

디지털 전환은 주로 클라우드 기반 업무의 디지털화와 효율화, 재고의 가시화, 또는 AI를 통한 수요 예측 등에 중점을 두고 있습니다. 그런 점도 분명 디지털 혁신의 중요한 부분이기는 하지만 소비재를 판매하는 기업에 가장 중요한 것은 코틀러가 강조하듯 '연결된 소비자'를 어떻게 자신의 '추천자'로 변화시킬 것인가 하는 점입니다. 이를 위해서는 즉각적인 구입을 가능하게 하는 앱을 구축하는 것이 필수적입니다. 지난 팬데믹 위기의 나이키 사례에서 증명된 것처럼 앱의 콘텐츠가 충실할수록 새로운 수요와 매출이 생기고, 그에 따라 이익이 발생합니다.

위기 속에서 성공한 기업의 공통점

당연한 말이지만, 만약 스마트폰과 이커머스 플랫폼이 없었다면 지난 팬데믹 위기 상황에서 사람들의 생활은 더 우울해지고 GDP의 가장 큰 부분을 차지하는 개인 소비도 더 위축되었을 것입니다.

팬데믹 상황에서 성장한 세계 최대 소매 기업 월마트는 2020년 2분기(5월부터 7월까지)에 재택근무와 거리 두기로 인한 수요로 식료품 등이 호조를 보이면서 기존 매장의 매출이 2.8% 증가했습니다. 하지만 이 결산에서 주목할 것은 이 회사의 이커머스 매출이 37%나 증가했다는 점입니다. 이는 '커브사이드 픽업curbside pickup'이라는 구조가 소비자에게 환영받은 결과인데, 이 또한 앱 기반 서비스입니다. '커브사이드 픽업'이란 앱으로 주문한 상품을 차에 탄 채 받을 수 있는 서비스로 미국 소매업에서 활발히 도입되고 있는 'BOPIS^{Buy Online, Pick-up in Store}'의 월마트 버전이라고 할 수 있습니다. 라스트 원 마일^{Last One Mile}(최종 배송지까지 연결되는 마지막 구간)을 어떻게 할 것인가는 배송 비용의 문제 때문에 이커머스가 해결해야 할 과제로 남아 있습니다. 하지만 월마트는 미국 전역에 뻗어 있는 체인 점포망의 강점을 살려 앱으로 주문한 상품이나 식료품을 매장의 주차장에 와서 받을 수 있도록 함으로써 라스트 원 마일을 해결하여 감염 위험의 회피와 매장 매출을 양립시켰습니다.

위기의 압도적인 승자는 역시 이커머스의 대표 격인 아마존이었습니다. 2020년 7월 29일에 발표된 2분기(4월부터 6월까지) 매출은 전년도 동기 대비 40% 증가한 889억 달러, 순이익은 2배 증가한 52억 달러였습니다. 아마존은 자택 대기 명령에 따른 재택근무 수요를 추진력으로 삼아 분기 기준의 매출과 이익 모두 사상 최고의 수치를 기록했습니다. 그 후에도 미국의 감염 확산이 계속됨에 따라 아마존은 사상 최고의 실적을 쌓아, 주가는 종가 기준으로 2020년 3월 15일의 1,785달러에서 반년 후인 8월 31일에는 3,294달러로 80%나 상승해 사상 최고치를 갱신했습니다.

중국에서도 매장 대부분이 운영을 재개한 3분기(7월부터 9월까지)에 양대 이커머스 기업인 알리바바와 징둥그룹京東集団JD의 결산은 호조를 유지해, 두 회사 모두 매출이 30% 증가했습니다. 4분기(10월부터 12월까지)에도 각각 37% 증가, 31.5% 증가하면서 매장의 영업 재개에 따른 반작용으로 타격을 받기는커녕 오히려 트래픽이 가속화되었습니다.

이 사실을 통해 알 수 있는 것은 팬데믹 위기가 이전까지 물건을 앱으로 구입하지 않았던 소비자를 새롭게 디지털 이코노미 영역에 추가시켰다는 것입니다. 그리고 한번 앱을 다운받아 구매를 경험하면 그러한 구매 습관은 쉽게 이전으로 돌아가지 않기 때문에 팬데믹 이후에도 디지털 매출이 계속 성장한다는 것입니다. 이유는 간단합니다. 사람들의 인터넷 접속 습관이 PC에서 스마트폰으로 전환됨에 따라 인터넷 접근이 예전보다 훨씬 저렴하고 쉬우며 광범위해졌기 때문입니다.

나이키는 2020년 연간 결산 발표에서 자사 앱의 KPI를 몇 가지 보여 주었습니다. 트레이닝 앱인 NTC를 활용하여 워크아웃을 완료한 수는 연간 3배 이상 늘어났는데, 그 수가 팬데믹 최악의 시기인 4월 정점에 도달했으며, 같은 달의 주당 워크아웃 수는 약 500만에 달했습니다. 또 2월 이후 이커머스 앱인 나이키는 800만 회 이상 다운로드되었는데 이것도 그 전년 대비 3배였습니다.

여기에 연간 한정판 운동화를 판매하는 앱인 SNKRS가 처음으로 10억 달러(약 1,100억 엔)의 매출을 달성했습니다. 소셜 미디어 캠페인 "You Can't Stop Us(누구도 우리를 막을 수 없다)"는 20억 회 이상의 조회 수를 기록했다고 보고되었습니다. 나이키가 코로나19 최악의 시기에 추진한 디지털 전략은 코틀러 이론의 좋은 사례가 되었습니다.

원래 나이키는 마케팅 지향적인 회사로 알려져 있는데, 실제로 그런 쪽으로 방향을 전환한 것은 리복에 시달렸던 1980년대 후반부터입니다. 이때 창업자 필 나이트가 마케팅 1.0(제품 중심주의)에서 마케팅 2.0(소비자 중심주의)으로 전환하면서 나이키를 다시 성장 궤도로 돌려놓았던 것입니다. 1992년, 〈하버드 비즈니스 리뷰Harvard Business Review〉 지와의 인터뷰에서 필 나이트는 다음과 같이 말했습니다.

"수년 동안 우리는 스스로를 생산 지향적인 회사로 생각하고 제품 설계와 제조에 모든 중점을 두고 일했습니다. 그러나 현재 우리가 가장 중요하게 생각하는 것은 제품을 판매하는 것입니다. 나이키는 마케팅을 지향하는 회사이며, 제품은 우리의 가장 중요한 마케팅 도구입니다. 제가 말하고 싶은 것은 마케팅이 조직 전체를 연결한다는 사실입니다. 제품 자체의 디자인이나 기능은 마케팅 프로세스 전체 중 일부에 불과합니다. 예전에 우리는 모든 것이 연구실에서 시작된다고 생각했습니다. 하지만 이제 우리는 모든 것이 소비자로부터 시작되어야 한다는 것을 깨달았습니다. 물론 기술은 여전히 중요하지만, 혁신은 소비자의 지지를 받아야 가능해집니다. 우리는 특정한 이유로 혁신을 일으킬 필요가 있으며, 그 이유는 시장에서 비롯됩니다. 그렇지 않으면 미술관에 전시할 작품을 만들게 될 것입니다."

중거리 달리기 선수이며, 당시 조깅 붐을 타고 좋은 러닝슈즈를 만드는 것으로 나이키를 성장시켜 상장까지 하게 된 필 나이트가 그러한 과거의 성공 경험을 뛰어넘어 180도 방향 전환을 시도하기란 상당히 어려운 일이었을 것입니다. 하지만 나이키는 과거를 벗어던짐으로써 다음 성장을 이루게 되었고 스포츠 용품 업계에서 지배적인 지위를 구축할 수 있었습니다.

디지털 시대를 맞이하여 후계자 도나호 또한 마케팅 4.0으로 돌입해 도매 중심의 나이키에서 직판 중심의 나이키로, 매장 중시에서 디지털 중시의 나이키로 전략을 크게 전환했습니다. 이처럼 과거의 성공을 부정할 수 있는 기업 문화가 바로 나이키의 큰 강점이라고 할 수 있을 것입니다.

코틀러는 다음과 같이 말했습니다.

"강한 개성과 DNA를 가진 브랜드라면 특정 시장에서는 지지를 받지 못할 수 있다. 이런 브랜드가 확보해야 할 것은 최고의 세일즈 부대, 즉 디지털 세계에서 해당 브랜드를 기꺼이 옹호해 주는 애정을 가진 집단이다."

제2장

경이로운 리바운드

CDO에서 CDA로

'CDO(소비자 직접 공략)'는 마크 파커가 CEO였던 2017년 6월에 발표한 나이키의 사업 전략입니다. 이것은 문자 그대로 도매 사업을 전 세계 40개 채널에 집중하고, 자사의 직판 사업을 디지털 상거래digital commerce와 자사 매장을 중심으로 확대해 나가는 것입니다. 당시 파커는 애널리스트와의 컨퍼런스콜에서 이렇게 말했습니다.

"미래는 진화하는 소비자의 요구를 충족시키는 회사가 차지할 것입니다. CDO를 통해 우리는 디지털 시장에서 더욱 적극적으로 행동하며, 주요 시장을 타깃으로 그 어느 때보다 신속하게 제품을 제공할 것입니다."

그리고 제품의 혁신과 창의성을 높이면서 디지털 혁신을 추진함으로써 세계 주요 도시에서 소비자와 일대일의 깊은 관계를 맺는 것이 다음 성장을 지탱하는 기둥이 될 것이라고 했습니다. 나이키가 인식하는 주요 도시란 서울, 뉴욕, 런던, 상하이, 베이징, 로스앤젤레스, 도쿄, 파리, 베를린, 멕시코시티, 바르셀로나, 밀라노 12개 도시를 말합니다. 이러한 대도시에서 소비자와 깊은 유대 관계를 통해 성장을 촉진하고, 그 도시가 있는 나라에서 2020년까지 성장률의 80% 이상을 확보할 계획을 세웠습니다.

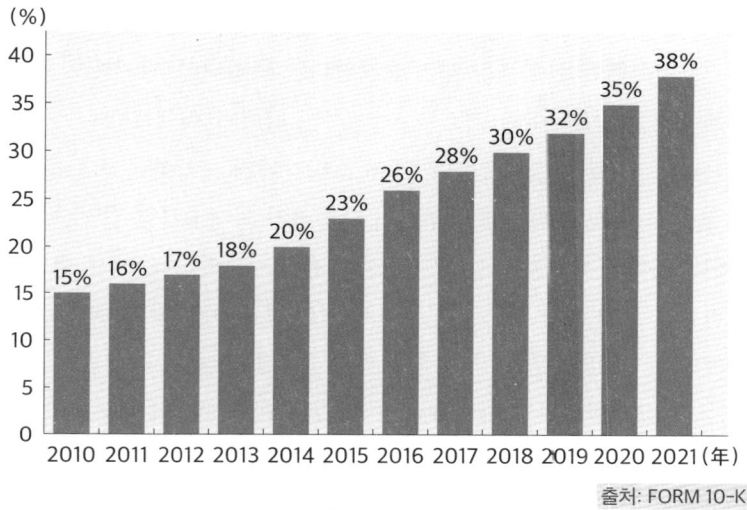

DTC(소비자 직접 판매) 매출 비율의 추이

출처: FORM 10-K

　나이키가 이 도시들에 집중하는 이유는 두 가지입니다. 첫 번째는 스포츠와 패션에 높은 관심을 가지는 젊은이들이 이 도시들에 집중되어 있다는 점, 두 번째는 디지털 시대에도 변화가(고급 명품 거리)에 위치한 매장이 가장 효율적인 광고탑이 될 수 있다는 점입니다. 나이키는 팬데믹 위기 속에서도 2020년에 '하우스 오브 이노베이션House of Innovation'이라는 디지털화된 신개념의 대형 플래그십 스토어flagship store(특히 중요한 위치를 차지하는 매장)를 파리에 오픈했습니다.

　파커는 CDO 전략에 연결되는 것으로 '트리플 더블 전략'도 발표했습니다. 트리플 더블이란 농구 용어로 득점, 리바운드, 어시스트, 스틸, 블록 숏 중 3개 부문에서 두 자릿수 성적을 달성하는 것을 말합니다. 여기서는 혁신, 소비자에게 전달하는 속도, 소비자와의 직접적인 연결

등 3개 항목을 2배로 늘리는 전략을 말합니다.

혁신을 2배로 늘린다는 것은 비인기 제품의 스타일 수를 줄이는 대신, 더 혁신적인 신제품을 계속 출시한다는 뜻입니다. 당시에도 몇 달 만에 줌X, 에어 베이퍼 맥스Air Vapor Max, 나이키 리액트Nike React 등의 신발을 잇달아 출시했습니다. 또 소비자에게 도착하는 속도를 2배로 늘린다는 것은 이전에 발주에서 납품까지 최대 9개월 걸렸던 제품 사이클을 절반으로 단축할 태세를 갖추겠다는 뜻입니다. 이를 위해 나이키는 수요에 따라 제품을 신속하게 생산 공급하는 '익스프레스 레인express lane'이라는 공급망 구축 도입을 서둘렀습니다. 2017년에는 북미, 서유럽, 상하이, 서울, 도쿄에서 '익스프레스 레인'이 가동되었습니다. 그리고 소비자와의 직접적인 연결을 2배 늘린다는 것은 소매업의 미래를 디지털 중심으로 전환하는 것을 목표로 한다는 뜻입니다. 이를 위해 파커는 나이키 다이렉트Nike Direct 부문을 새롭게 설치했습니다. 나이키 다이렉트를 통해 직판 매장뿐만 아니라 웹 기반의 나이키 닷컴과 나이키 플러스 같은 앱을 총괄함으로써 나이키 회원의 비약적인 확대를 도모하고자 한 것입니다.

그로부터 3년 후인 2020년 6월 결산 발표 후, 신임 CEO 존 도나호는 애널리스트들과의 컨퍼런스콜에서 팬데믹으로 인해 전개가 가속화된 CDO의 디지털화된 단계로서 'CDA(소비자 직접 판매 가속화)'를 새로운 기업 전략으로 내걸었습니다.

도나호는 결산 발표 후 다음과 같이 말했습니다.

"지난 몇 년 동안 우리는 기존 도매 유통 모델에서 소비자들에게 프리미엄 쇼핑 체험을 제공하는 모델로 전환했습니다. 우리의 소비자 직접 공격 전략은 코로나19 사태에서 전략적으로 건전하게 작동했습니다. 또 트리플 더블 전략은 전적으로 합리적이며, 우리 회사의 성장 동력으로써 핵심을 찌르는 방법입니다. 우리가 팬데믹에 빠져 있을 때도 이 두 가지 전략은 작동했습니다. 팬데믹은 여러 면에서 나이키의 사업 전략에 대한 스트레스 테스트Stress Test(위기 상황 분석)가 되었고, 결과적으로 나이키의 판단이 옳았음이 입증되었습니다."

실제로 팬데믹은 소비재를 취급하는 업계에서 디지털화를 추진하는 원동력이 되거나, 디지털화할 수 없는 사람을 냉철하게 도태시키는 역할을 했습니다. 나이키도 만약 2017년에 디지털 혁신으로 사업을 개편하지 않고 오프라인 매장의 도매 비즈니스에 의존하는 구조를 유지했다면 2020년 4분기 실적은 더 비참한 숫자가 되었을 것입니다. 도나호에게 있어서 암흑의 봄을 이겨 낼 희망이 자신이 가장 잘할 수 있는 디지털 분야였다는 것은 정말 다행스러운 일이었습니다. CFO(최고 재무 책임자) 매튜 프렌드Matthew Friend는 "보다 디지털적으로 연결된 나이키는 보다 가치 있는 나이키입니다"라고 말했는데, 이 말은 2017년에 마크 파커가 시작한 직접 판매 전략이 마케팅 4.0의 전환으로 이어져, 나이키의 미래 성장을 약속하게 된 것을 뜻합니다. 팬데믹의 시련이 나이키의 진화로 이어진 것입니다.

아마존과의 결별

그러면 CDO(소비자 직접 공략)의 '디지털화된 단계'인 CDA(소비자 직접 가속)란 도대체 어떤 것일까요. CDA란 도나호도 말했듯이, CDO를 부정하는 것이 아니라 CDO의 근저에 있는 '소비자가 생활의 모든 면에서 디지털을 선택하는 시대에 더 깊이, 더 직접적으로 소비자와 연결한다'라는 방침을 더욱 첨예화하는 것입니다. CDA는 지금까지처럼 디지털을 나이키의 성장을 촉진시키는 하나의 수단으로만 파악하는 것이 아니라, 디지털 자체를 사업의 중심에 두고 나이키를 디지털이 중심이 되는 회사로 철저히 혁신하는 것입니다.

이 결정의 배경에는 2019년 말에 1억 8,500만 명이던 나이키 앱의 회원 수가 팬데믹 위기가 지속되던 2020년 말에는 7,000만 명 더 늘어나 2억 5,500만 명에 이를 정도로 엄청나게 증가했다는 사실이 있습니다. 이로써 나이키는 더 이상 많은 소매 파트너를 가질 필요가 없고, 자사와 차별화된 전략적 소매 파트너만 있어도 성장할 수 있다고 생각하였습니다.

나이키는 디지털 판매에 대한 선진적인 대응을 전략적 소매 파트너의 최우선 조건으로 삼아, 분기별 애널리스트와의 컨퍼런스콜에서 나이키의 디지털 매출(직판 디지털 매출)과 전략적 소매 파트너가 전개하는 디지털 매출을 합산한 향후의 목표를 공개했습니다. 그것은 2021 회계 연도(2021년 5월 말까지)에 자사와 파트너의 합산 디지털 매출 비율을 나이키 매출 전체의 30%가 될 때까지 성장시키고, 가까운 미래에는 50%까지 높이겠다는 목표입니다.

사실 팬데믹 이전 나이키의 디지털 매출 목표는 2023년까지 30%로 설정되어 있었습니다. 하지만 팬데믹으로 인한 오프라인 매장의 폐쇄로 나이키 자사와 전략적 소매 파트너의 디지털 매출이 증가함에 따라 목표가 2년 이상 앞당겨졌고, 성장 목표가 상향 수정되었습니다. 세계 최대 통신사인 톰슨 로이터Thomson Reuters의 CEO 스티브 해스커 Steve Hasker는 "팬데믹이 기업의 디지털화를 3년에서 4년 앞당겼다"고 말했는데, 나이키가 바로 그 실제 사례입니다.

도나호는 CDA의 키워드로 '미래의 마켓플레이스', '새로운 소비자 구성', '엔드 투 엔드end-to-end의 기술 기반' 3가지를 들었습니다. 미래의 마켓플레이스란 디지털 공간과 물리적 공간(매장)의 융합을 말합니다. 그는 나이키의 비전은 소비자와의 '더 깊고, 더 의미 있는' 관계를 촉진하는 '명확하고 연결된 디지털 마켓플레이스'를 만드는 것이라고 하면서 '원 나이키 마켓플레이스One Nike Marketplace 전략'을 내세웠습니다.

원 나이키 마켓플레이스 전략이란 자사의 매장뿐만 아니라 소수의 전략적 소매 파트너들과 함께 소비자에게 일관된 프리미엄 레벨의 쇼핑 체험을 제공하는 것을 말합니다. 즉 나이키의 브랜드 메시지는 직영, 파트너를 불문하고 매장과 디지털 모두에서 일관된 모습을 지향한다는 시장 전략입니다. 나이키가 선별한 전략적 소매 파트너는 세계적으로 불과 40개에 불과합니다. 여기에는 미국의 풋락커FootLocker와 딕스 스포팅 굿즈Dick's Sporting Goods, 영국의 JD 스포츠 등 오프라인 매장 체인, 온라인에서는 나이키 브랜드의 위상을 명확히 해 주는 독일의 잘란도Zalando와 중국의 T몰 등 거대 이커머스 몰이 해당합니다.

도나호가 내세운 이 '미래의 마켓플레이스'라는 방식은 매우 중요합니다. 미래의 마켓플레이스가 추구하는 진정한 목표는 충분한 디지털 투자를 할 수 없는 소매점이나 가격을 교란시키는 할인점인 오프 프라이스 스토어off-price store를 배제하고, 가격 결정권을 소매로부터 빼앗아 시장 가격을 통제하는 것입니다. 그 결과로 이후 나이키의 정가 판매는 꾸준히 증가하여 ASP(평균 판매 가격)가 지속적으로 상승하였습니다. 즉, 나이키가 말하는 미래의 마켓플레이스란 본질적으로 시장 가격이 자사의 의사와 무관하게 교란되는 상황을 피할 수 있는 상태를 말합니다. 그리고 이를 가능하게 하는 것이 도매의 대담한 축소

나이키 회원 수와 아마존 프라임 회원 수

	나이키	아마존
2019년	1억 8,500만 명	1억 5,000만 명
2020년	2억 5,500만 명	2억 명
2021년	3억 명	-

나이키는 5월 결산, 아마존은 12월 결산이므로 연도별 단순 비교는 할 수 없음

출처 : FORM 10-K

와 앱 회원을 중심으로 한 나이키 멤버십 증대입니다.

앱 회원은 원래 나이키의 팬이므로 정가와 비슷한 가격에도 상품을 구입합니다. 또 나이키 자체 의지로 이 팬에게만 할인된 가격으로 상품을 제공할 수도 있습니다. 더 중요한 것은 나이키 앱과 매장을 연결함으로써, 디지털로 연결된 매장 체험을 통해 나이키의 기술을 활용한 프리미엄 세계관을 제시하고 사용자의 '공감'과 '추천'을 받을 수 있다는 점입니다. 도나호는 이렇게 말합니다.

"예전에는 성장의 추진력과 차별화 요인으로 멤버십에 대해 논의했지만 현재는 이 멤버십을 모든 업무의 중심에 두고 있습니다."

참고로, 이 전략적 소매 파트너에 세계 최대의 디지털 소매 기업 '아마존'은 포함되어 있지 않습니다. 2017년에 나이키는 한 번 아마존에 입점했었지만 2년 만에 철수하고 말았습니다. 그 이유는 아마존이 마켓플레이스에 범람하는 위조품과 병행수입품을 배제하지 못했던 점, 아마존에서는 프리미엄 브랜드로서의 위상을 발휘할 수 없었다는 점 때문이었습니다.

그런데 그보다 더 중요한 것은 아마존에서는 자사의 멤버십을 중심으로 '소비자와 더욱 직접적이고 긴밀한 관계를 구축'할 수 없다는 점 때문입니다. 아마존에서 구매하는 사용자는 아마존 회원일 뿐 나이키 회원이라고 할 수는 없습니다. 하지만 멤버십 관점에서 보면 아마존의 로열 고객인 아마존 프라임 회원이 2억 명을 돌파한 것은 2020년 말 경이며, 유료(아마존)와 무료(나이키)의 차이가 있다고는 해도 2020년 말 시점에서 나이키의 앱 회원이 아마존의 프라임 회원을 5,500만 명이나 앞질렀습니다. 나이키가 통제 불능의 아마존을 필요로 할 이유가 없는 것입니다.

'새로운 소비자 구성'과 '엔드 투 엔드의 기술 기탄'은 도나호가 말하는 '멤버십을 기업의 중심에 두는 것'에 따른 구체적인 시책을 말합니다.

'새로운 소비자 구성'은 소비자를 단순하게 남성, 여성, 어린이라는 3가지 분야로 나눕니다. 이전처럼 퍼포먼스 부문(본격적인 선수용 제품 부문)과 스포츠웨어 부문(스포츠 캐주얼 부문)으로 구분하는 것이 아니라 남성, 여성, 어린이로 분류를 단순화해서 상품 개발을 재정의한 것입니다. 이런 변화를 통해 나이키는 특히 여성과 어린이를 대상으로 한 사업에서 전문성을 높이고, 의류와 웰니스 분야를 성장시킬 수 있게 되었습니다. 도나호는 이렇게 말했습니다.

"새로운 소비자 구성을 통해 스포츠의 정의를 확장하면서 보다 구체적인 퍼포먼스를 제공할 수 있게 되었습니다. 이러한 접근 방식에 따라 우리는 개별 소비자에게 더 초점을 맞추고 그들의 정확한 요구에 더 신속하게 대응하기 위한 새로운 기회를 개척할 수 있습니다."

이처럼 단순화된 소비자 분류를 굳이 지침으로 삼은 중요한 이유는 원래 나이키가 남성에 편중된 브랜드였기 때문입니다. 도나호는 미개척지인 여성과 어린이를 대상으로 한 시장에는 새로운 성장의 여지가 있다고 생각했습니다. 특히 나이키에게 여성은 오랜 공략 과제였기 때문에 이 시장에서 성공한다면 나이키의 역사에도 획기적인 일이 될 수 있습니다.

'엔드 투 엔드의 기술 기반'은 일반적으로 언급되는 디지털 전환을 말하며, 수요 감지demand sensing, 데이터 수집 분석, 재고 관리를 단일 통합 플랫폼에서 시각화하는 것을 말합니다. 이를 통해 소비자에게 제품과 서비스를 제공하는 속도를 높여서 사업의 효율성을 높일 수 있습니다. 디지털에 의한 효율화는 도나호가 과거 CEO를 지낸 IT 기업 '서비스 나우ServiceNow'가 취급하는 분야로, 그의 전문 분야였습니다.

도나호는 CDA를 내걸어 향후 나이키를 지난 57년과는 전혀 다른 스포츠 브랜드 기술 기업으로 변화시키겠다는 매우 선진적이며 야심 찬 목표를 표명했습니다. 그리고 2020년 6월 결산 발표에서 이 새로운 전략이 발표되자 주식 시장에서는 그 가능성에 주목하고 나이키를 서서히 성장 기업으로 재평가하는 움직임이 확산되었습니다.

월스트리트는 나이키를 어떻게 평가했을까

애널리스트들은 새로운 기업 전략의 발표를 상당히 반깁니다. CDO에서 CDA로 업그레이드하면서 디지털이라는 새로운 성장의 축이 나이키의 중심에 놓이고, 2021년도에 디지털 매출 30%를 달성하고 가까운 미래에 50%를 달성하겠다는 목표를 밝히자 그들은 크게 흥분했습니다. 또 팬데믹 이후를 내다보고 북미와 EMEA에 150~200개의 모노 브랜드 매장mono brand store을 오픈하여, 여성과 의류 등의 부문을 확대하는 계획에도 높은 관심을 보였습니다. '모노 브랜드'란 '멀티 브랜드'의 반대 개념으로, 전략적 소매 파트너에게 나이키 브랜드를 단독으로 취급하는 매장을 오픈하게 하는 것을 말합니다.

금융서비스 대기업인 서스퀘하나 인터내셔널 그룹Susquehanna International Group은 나이키의 신용등급을 '긍정적positive'으로 평가하고 2020년 6월에 가장 높은 130달러의 주가 목표를 유지했습니다. 이 회사의 스포츠 용품 업계 애널리스트로 유명한 샘 도저Sam Poeser는 투자자에게 보내는 메모에서 이렇게 말했습니다.

"단기적인 역풍이 나이키의 장기적인 가능성을 가리고 있습니다. 투자자들은 나이키가 앞으로 두 분기 동안 직면하게 될 과제를 극복할 것이라고 믿어야 하며, 나이키 브랜드의 비길 데 없는 세계적인 강점, 디지털 기술, 최고의 고객 참여(고객과의 신뢰 관계 구축), 탁월한 제품 혁신, 철벽 같은 대차대조표에 주목해야 합니다."

포저는 나이키의 디지털 전환 가속화에 찬사를 보내며, 2017년 10월 투자자의 날(투자자를 위한 설명회)에서 나이키가 2023년까지 디지털 매출을 30%로 끌어올리겠다고 발표한 목표가 2020년 어느 시점에서 달성되기를 기대했습니다. 또 가까운 미래에 디지털 매출이 50%가 될 경우 나이키의 디지털 매출이 총매출의 25%에서 30%가 되고 나머지는 도매 파트너의 디지털 매출이 될 것으로 추정했습니다.

그가 일부러 나이키의 디지털 매출을 추정한 이유는 두 가지가 있습니다. 첫 번째는 나이키가 자사 디지털 상거래를 통해 판매할 경우, 상품 1개당 매출과 매출 총이익률이 도매 파트너에게 판매할 경우보다 최대 2배가 되어, 매출과 이익 양쪽에서 큰 성장 효과를 기대할 수 있다는 점입니다.

두 번째는 자사 디지털 상거래의 점유율을 높임으로써, 브랜드의 가치 및 가격 통제와 이 회사가 창업 이래 추진해 온 조달의 풀 모델 pull model(실수요에 기초한 수주 생산)을 더욱 치밀하게 제어할 수 있다는 점입니다. 그는 팬데믹 하에서 이 두 가지 사실에 주목해 높은 주가 목표를 유지한 도나호를 높이 평가하며 이렇게 말했습니다.

"이베이(미국 대형 경매 사이트)와 서비스나우(클라우드형 업무 효율화 IT 서비스) 등 디지털 네이티브 소비자 기업을 경영한 경험이 있는 CEO는 나이키를 디지털 진화의 다음 단계로 이끌 수 있는 이상적인 경영자라는 것을 믿습니다."

골드만삭스도 투자 의견을 '매수'로 평가하여 주가 목표를 96달러에서 110달러로 상향 조정했습니다. 이 회사의 애널리스트 알렉산드라 월비스Alexandra Walvis는 나이키의 4분기 실적이 골드만삭스의 예상을 웃돌았고, 중국에서 성장 궤도로 돌아와 '건강한(그리고 가속화된)' 온라인 성장을 기록했다고 평가했습니다. 4분기에는 적극적인 가격 인하를 하면서 매출이 예상을 밑돌았지만, 이로 인해 재고가 정상화되어 사업이 더욱 지속 가능한 성장으로 돌아갈 것이라고 했습니다. 물론 월비스도 나이키의 디지털 성장에 크게 주목하여, 특히 여성 상품과 의류 제품에 초점을 맞추는 자세를 보고 가능성을 감지하고 있었습니다. 월비스는 다음과 같이 메모를 마무리했습니다.

"팬데믹 위기는 특히 1분기에 매출과 이익을 지속적으로 압박할 것으로 인식하고 있지만, 그래도 장기적으로 보면 나이키 주식은 최고의 성장 자산이라고 생각합니다."

게다가 미국의 금융서비스 대기업 파이퍼 재프리Piper Jaffray(현 파이퍼 샌들러Piper Sandler)도 당시 나이키에 대해 '비중확대overweight' 의견을 제시하고 주가 목표를 112달러로 정했습니다. 이 회사의 애널리스트인 엘린 머피Erin Murphy는 4분기에 여성 상품이 남성 상품 성장률의 2배로 성장한 점, 나이키 회원이 2배로 증가한 점, 나이키 앱 이용률의 대폭 성장을 지적했습니다.

"나이키의 고객 참여 빈도가 디지털로 인해 가속화됨에 따라 고객의 구매가 더 높은 이윤 확보로 이어지고, 그것이 비즈니스 모델의 독특한 특징이 될 것이라고 믿습니다."

서스퀘하나, 골드만, 파이퍼 재프리, 이 3개 회사는 수익과 이익이 모두 감소한 결산을 확인하고도 나이키의 주가에 대해 낙관적인 견해를 보였는데, 이후 이들의 견해는 멋지게 적중했습니다. 나이키의 주가가 사상 최고치를 계속 경신하면서 1년 후에는 170달러에 육박하는 주가를 기록하게 된 것입니다.

카리스마 애널리스트의 예언

2020년 8월 19일, 개인 소비가 회복됨에 따라 앞서 언급한 서스퀘하나 그룹의 애널리스트 샘 포저는 나이키의 목표 주가를 130달러에서 150달러로 크게 상향 조정했습니다. 이유는 디지털화에 대한 집중과 DTC(소비자 직접 판매)에 대한 집중이 가속화됨으로써, 향후 나이키에 큰 수익이 발생할 것으로 전망했기 때문입니다. 포저는 투자자들에게 보낸 메모에서 8월에 종료되는 나이키의 1분기는 "어려울 가능성이 높다"고 언급했지만, 2분기 매출은 빠르게 개선될 것으로 예측했습니다. 그는 백 투 스쿨(신학기 판매 경쟁)의 구매 동향에 주목하여 이렇게 말했습니다.

"업계의 정보에 따르면 운동화 및 패션계 운동화, 스포츠 의류의 트렌드는 계속 강세를 보이고 있어 다른 상품 부문의 성장을 크게 웃돌고 있습니다."

또 나이키의 주가 밸류에이션valuation(기업 가치 평가)에 대해서도 언급했는데, 이 회사 주식이 '밸류에이션 프리미엄valuation premium'에 해당하며, 장기적인 톱 라인의 성장과 이윤 개선의 추세는 현시점에서 "투자자들에게 과소 평가되고 있다"고 했습니다. 업계에 대한 깊은 이해가 없다면 이런 대담한 목표 주가를 제시하지 못합니다. 실제로 그의 예측대로 2020년 말에는 나이키 주가가 150달러에 가까운 147달러까지 상승했습니다. 포저는 이 메모에서 다음과 같이 매우 흥미로운 말을 남겼습니다.

"우리의 견해로는 나이키 사업 전반에 대한 도나호의 신선한 시각이 그 자신에게도 유리하게 작용합니다. 도나호는 사외 이사로서 나이키 이사회에 5년간 소속되어 있었습니다. 이는 그가 CEO로서 어려운 결정을 내릴 때 장벽이 되는 과거의 레거시(영광)와 전혀 무관한 입장이라는 것을 의미합니다."

도나호는 7월에 미국 본사 직원 500명의 구조 조정을 발표했는데 이 중에는 베테랑 관리직도 포함되어 있었으며, 11월에는 추가로 200명을 해고하겠다고 발표했습니다. 구조 조정의 자세한 내용은 알 수 없지만, 후반기에는 중국 지사에서도 400명을 해고한다고 발표했습니다. 구조 조정은 항상 여러 가지 갈등을 야기하기 마련이지만, 도나호는 의연하게 "CDA의 추진을 위해 필요합니다"라고 말했습니다.

구조 조정은 도매 사업에 관여해 온 영업직을 주요 대상으로 했는데, 도나호의 의도는 단순한 경비 삭감을 위한 것이 아니라 사업의 변화에 맞추어 IT 인재를 대량으로 고용하기 위한 것이었습니다. 포저가 말하는 '과거의 레거시'는 과거 성공했던 경험을 가진 도매 부문의 직원을 말하는 것으로, 디지털 매출 50%를 목표로 하는 전략에서는 축소되고 있는 도매처를 담당할 직원이 필요 없기 때문입니다.

사실상 과거 성공 경험이 있는 도매 직원들에 대한 배려는 기업의 디지털 혁신을 저해하는 가장 큰 장애물이 될 수도 있었습니다. 디지털 혁신에는 우수한 IT 인재를 채용하는 것이 필수적인데, 그러한 인재의 급여 수준은 종종 레거시 사원의 급여를 크게 웃돌기 때문입니다. 과거의 공적을 감안했을 때는 레거시 사원을 구조 조정하는 것이 상당히 어려운 일이지만, 외부에서 온 CEO라면 일이 아주 쉬워집니다. 포저는 이런 점을 간파하고 나이키를 긍정적으로 평가했습니다. 아마 도나호는 전통적인 관리직이나 영업직의 포지션은 점점 줄이고, 창의성과 전문성을 가진 디자이너와 연구자, 마케팅 인재에 집중하려 했을 것입니다.

나이키는 7월 22일, DTC(소비자 직접 판매)와 디지털에 중점을 두고 업무를 합리화하기 위해 2억 달러에서 2억 5,000만 달러의 정리 해고 비용을 계상하겠다고 발표했습니다. 포저는 이 시점에서 나이키가 10월 말까지 직원의 7%에서 10% 해고를 목표로 하고 있다고 추측했지만, 그 정도까지는 아니었습니다. 10%가 되면 7,000명 이상이 구조 조정되기 때문에 10월 말이라는 예측은 너무 과격했습니다. 이 카리스마 분석가의 예언은 적중하지 않아 2022년 시점에 오리건 본사의 직원 수는 1만 1,700명으로, 2020년부터 1,100명 감원에 그쳤습니다.

부활의 시작

2020년 9월 22일, 나이키는 2021년도 1분기(2020년 6월부터 8월까지) 실적을 발표했습니다. 1분기 매출은 106억 달러로, 전년도 동기 대비 1% 감소했습니다. 월스트리트의 컨센서스consensus(실적 전망 평균치) 예상은 91.1억 달러였기 때문에 공개된 매출은 놀라웠습니다. 하지만 순이익은 전년도 동기 대비 10% 증가한 15억 달러를 기록해 월스트리트의 컨센서스 예상치에 비해 거의 두 배 증가한 결과를 보여, 더욱 놀라운 일이었습니다.

나이키 다이렉트(직판 부문)의 매출은 37억 달러로 12% 증가했습니다. 게다가 모든 지역에서 성장했습니다. 나이키 브랜드의 디지털 매출은 북미, 중화권, APLA에서 두 자릿수 증가, EMEA에서는 세 자릿수 증가를 보였고, 오프라인 매장이 재개되었음에도 디지털 매출이 83% 성장했습니다. 자사 사이트와 도매 파트너 사이트를 합한 디지털 매출은 비즈니스 전체의 30% 이상을 차지해, 전년도와 비교하면 10%p 이상이나 증가했습니다. 나이키 앱 회원은 약 200% 증가했으며, 월간 활성 사용자active user도 세 자릿수의 증가 추세를 보여 오프라인 매장의 재개로 디지털 매출이 감속하지 않았다는 것이 주목할 만한 지점이었습니다.

CEO 존 도나호는 결산 발표 후 다음과 같이 말했습니다.

"혁신적인 제품 출시, 당사 브랜드와 소비자의 깊은 관계 등의 강점들과 디지털 가속화가 나이키의 장기적인 성장 가능성을 열어 주었습니다."

결산 보고서에 따르면 1분기 매출은 도매 사업과 나이키가 소유하는 매장의 매출 감소를 나이키 브랜드의 디지털 성장으로 보충한 것으로 나타났습니다. 1분기에는 나이키가 소유한 거의 모든 매장이 영업을 재개했지만, 코로나19의 영향으로 고객 수가 계속 줄어들어 고전했습니다.

판매관리비는 30억 달러로 11% 감소했는데, 그중에서도 크게 감소한 것이 수요 창출 비용(마케팅 비용)으로, 33% 감소한 6억 7,700만 달러였습니다. 이는 팬데믹 사태로 인해 스포츠 생중계가 연기되거나 취소됨에 따라 텔레비전 광고 등의 비용이 감소했기 때문입니다.

팬데믹 위기는 텔레비전의 영향력을 약화시키고 유튜브와 틱톡 등의 동영상 사이트, 인스타그램과 트위터 등의 소셜 미디어 쪽으로 광고 매체의 주역을 변화시켰습니다. 실제로 나이키의 2021년도 1분기 결산을 보면 디지털 마케팅에 대한 투자가 텔레비전 광고보다 훨씬 효율적이었다는 것이 명확하게 드러납니다.

당시 애널리스트들과의 컨퍼런스콜에서 존 도나호는 나이키 브랜드와 조던 브랜드가 시장 점유율을 계속 확대하고 있다고 말했습니다. 또 주목해야 할 것은 팬데믹이 진행되고 있는 미국에서 전략적으로 초점을 맞추고 있는 여성용 제품과 의류의 점유율이 상승하여, 세계적으로도 남성용 대비 여성용 제품의 매출 상승세가 높다고 보고되었다는 점입니다. 나이키는 여성 참여율이 높은 소셜 미디어인 인스타그램에 특히 주력하여 여성 소비자를 대상으로 한 호소력 있는 마케팅을 본격화시켰고, 그것이 여성 매출의 증가로 이어졌습니다.

원래 나이키가 남성 중심의 브랜드가 된 이유 중 하나는 NBA를 중심으로 한 남성 프로 스포츠에 대량의 TV 광고를 내보냈기 때문입니다. 참고로 2020년 4분기까지도 주력인 나이키 브랜드 매출의 55%가 남성용이며, 여성용은 그 절반에도 못 미치는 23%였습니다. 그런데 미디어의 축이 SNS로 전환됨에 따라 젊은 여성층에 강력하게 다가갈 수 있는 수단을 얻게 되었습니다. 예전에는 여성 트렌드에서 리복에게 추월당했고, 이제 다시 룰루레몬lululemon 같은 요가계 브랜드의 진출에 직면하고 있지만, 나이키가 여성용 제품을 성장시킬 수 있다면 미래에 큰 기대를 할 수 있습니다.

여성용 제품의 상승세는 '애슬레저athleisure'(애슬레틱athletic과 레저leisure의 합성어. 스포츠웨어를 기반으로 한 활동적이면서 편한 일상복을 만드는 패션 트렌드)의 성장에 큰 영향을 받고 있는데, 이것은 '스포츠웨어 부문'의 대폭적인 성장과 연결됩니다.

'스포츠웨어 부문'은 운동뿐만 아니라 외출 시에도 신을 수 있는 캐주얼 운동화를 출시하는 부문으로, 정확하게는 예전 나이키의 스포츠 슈즈가 패션화된 레트로 운동화 부문을 말합니다. 이 매출은 다른 어떤 부문보다 규모가 커서, 2020년 4분기에는 나이키 브랜드 매출의 40%를 차지했고, 금액으로는 128억 달러에 달합니다. 전체적으로 크게 하락했던 직전 분기에도 불과 1% 감소하여 하락 폭이 가장 작았던 황금 부문입니다.

2021년도 1분기에 스포츠웨어 부문의 여성용 제품은 200% 가까이 성장하여 전체적으로도 거의 2배 증가했습니다. 1분기에 나이키 앱 사용자가 전년도 동기 대비 150% 증가하자, 이때부터 인스타그램을 중심으로 한 SNS에서 나이키의 모바일 앱으로 유입된 소비자들이 스포츠웨어 부문의 상품을 대량 구입하는 모습을 엿볼 수 있었습니다.

또 도나호는 나이키 매출의 약 70%를 차지하는 에어 포스 1, 에어 조던 1, 에어맥스 등에 대한 주요 플랫폼을 확대하는 데 성공했으며, 에어맥스 90이 분기 최고의 성장 모델이 되었다고 밝혔습니다. 매출을 견인한 것은 모두 30년 전의 스포츠화였습니다. 한편 성과 분야에서도 혁신이 이어져 2019년 케냐의 엘리우드 킵초게Eliud Kipchoge 선수가 인류 최초로 마라톤 풀코스를 2시간 이내에 완주한 비공인 기록을 냈을 때 신었던 러닝화 시판 모델 '에어 줌 알파플라이 넥스트%Air Zoom Alphafly Next%'가 많은 운동선수의 인기를 끌면서 구매자가 눈에 띄게 증가했습니다. 게다가 지속 가능한 신발sustainable shoes에 속하는 '스페이스 히피'와 '베이퍼맥스 2020'이 '믿을 수 없을 정도의 매상을 기록'했다고 말했습니다.

소셜 미디어 마케팅에서 도나호는 2020년 7월에 공개한 동영상 캠페인 'You Can't Stop Us(누구도 우리를 막을 수 없다)'를 언급하며 엄청난 반응에 대해 소개했습니다. 'You Can't Stop Us'는 팬데믹 초기에 실시된 일련의 캠페인 슬로건으로, 첫 번째 동영상은 5월 23일 유튜브와 소셜 미디어에 올라온 'Never Too Far Down'입니다. 이 영상은 NBA 스타 선수 르브론 제임스가 내레이션을 맡았으며, 타이거 우즈가 복귀했던 '더 매치The Match'의 라이브 스트리밍에서도 나왔습니다. 유럽에서도 5월 26일 독일 프로 축구 분데스리가의 도르트문트Dortmund 대 바이에른Bayern 경기와 그 외의 프로그램에서도 텔레비전으로 방영되었습니다.

캠페인의 크리에이티브를 담당한 것은 광고 에이전시 와이든앤케네디입니다. 타이거 우즈를 비롯해 좌절을 딛고 일어선 최고의 운동선수들에게 초점을 맞춰 구성된 이 동영상은, 모든 운동선수에게 용기를 주는 동시에 모든 사람에게 팬데믹을 극복할 수 있는 날이 머지않았다는 메시지를 보냈습니다.

도나호에 따르면, 이 동영상 캠페인은 소셜 네트워크에서 26억 회 이상의 임프레션impression(광고 노출)을 기록했으며, 8억 명 이상의 유니크 유저unique user(사이트에 접속한 사용자)에게 도달되었다고 합니다. 임프레션이기 때문에 동영상을 완전히 시청했는지는 알 수 없지만, 그래도 텔레비전 광고에서 같은 효과를 얻으려면 막대한 비용이 듭니다. 참고로 유튜브에서만 이 캠페인의 조회 수가 거의 반년 만에 1억 회를 훨씬 넘었습니다. 음악과 비교하는 것이 무의미할 수도 있겠지만, 유명 여가수 휘트니 휴스턴의 〈I Always Love You〉라는 곡은 조회 수가 11억 회 이상입니다. 영화 〈보디가드〉의 OST인 이 곡이 연평균으로 치면 조회 수가 약 1억 회가 되므로, 나이키 동영상 캠페인이 불과 반년 만에 1억 회를 넘겼다는 사실로 그 파급 효과를 짐작해 볼 수 있습니다.

2020년 7월에는 한때 무료였던 나이키 트레이닝 클럽 앱NTC을 '영구 무료'로 하겠다고 발표한 덕분에 이 앱을 사용해서 운동하는 회원은 당해 분기에 역대 최고를 기록했습니다. 도나호는 전 세계 나이키 트레이닝 클럽 회원의 50% 이상이 1분기 중에 운동을 시작했으며 오디오 가이드가 포함된 러닝 프로그램을 구현한 나이키 런 클럽 앱Nike Run Club, NRC은 4개월 연속으로 100만 회 이상 다운로드되었다고 말했습니다. 게다가 1분기에는 남성보다 여성의 다운로드 수가 많았습니다. 비용이 많이 드는 콘텐츠를 무료로 개방해서 회원을 확보함으로써 디지털 매출과 여성 매출을 늘린 도나호의 전략은 그야말로 일거양득이었다고 할 수 있습니다.

선별되는 소매 채널

도나호는 애널리스트와의 컨퍼런스콜에서 "디지털이 소매업의 미래를 창조한다"고 언급하며 "멤버십이야말로 진정한 차별화 요인이다"라고 언급했습니다. 나이키는 디지털 멤버십을 고객에게 제공할 수 없는 소매 기업은 차별화된 체험을 제공하지 않는다'고 분류하고 이들 기업과의 거래를 중단해 나갈 방침임을 거듭 밝혔습니다.

분기 결산 발표 한 달 전인 2020년 8월 24일, 카리스마 있는 애널리스트 샘 포저는 "나이키가 9개의 도매 채널을 폐쇄하기로 결정했다"고 말했습니다. 그 대상은 시티 블루City Blue, VIM, 에블렌스EbLens, 벨크Belk, 딜라즈Dillard's, 프레드 마이어Fred Meyer, 밥스 스토어스Bob's Stores, 보스코브스Boscov's 그리고 유명한 자포스Zappos입니다.

시티 블루는 1981년, VIM은 1977년, 에블렌스는 1949년, 밥스 스토어스는 1954년에 창업한 회사로, 이들은 50개에서 30개 정도의 독립적인 의류 소매점을 운영하고 있습니다. 반면에 벨크, 딜라즈, 프레드 마이어는 모두 백화점 매장입니다. 벨크는 1888년에 창업한 노포에서 300개 매장으로 성장했으며, 딜라즈는 1938년 창업하여 289개 매장을 운영하고 있습니다. 1931년 창업한 프레드 마이어는 미국 최대의 슈퍼마켓인 '크로거Kroger' 산하에 있는 회사로 130가 매장을 운영하고 있습니다. 보스코브스도 1914년 창업한 전통 백화점 매장입니다.

이들은 이른바 소규모 체인점이거나 쇠퇴하는 백화점 매장이지만, 나이키가 창업 초기에 도매업을 할 때부터 매출에 공헌해 온 소매점입니다. 하지만 이 소매점들은 더 이상 나이키가 기대하는 디지털 시대에 대응하지 못할 뿐만 아니라, 시간이 오래 걸리고 매출 성장을 기대하기 어렵다는 냉철한 판단이 작용한 것입니다.

하지만 자포스는 사정이 다릅니다. 자포스는 1999년 닉 스윈먼Nick Swinmurn이 설립한 온라인 신발 소매 벤처기업으로 한때 포춘지의 '일하기 좋은 100대 기업' 리스트에 올랐으며, 2015년에 이 잡지는 자포스가 '연간 20억 달러가 넘는 매출'을 올리고 있을 것으로 추측했습니다. 자포스는 디지털 성장 기업이며, 창업 당시부터 나이키 운동화를 대량 취급하고 있어 본래라면 중요한 파트너로 대우할 가치가 있는 기업입니다. 그런데 여기에 큰 문제가 하나 있었습니다. 그것은 2010년에 아마존이 이 회사를 12억 달러에 인수해서, 현재는 아마존의 자회사가 되어 있다는 점입니다.

아마존의 자포스 인수는 성장 기업의 싹을 빨리 제거함으로써 잠재적 위협을 없앤다는 시장 전략상의 의미가 컸는데, 한편으로는 아마존이 오랫동안 나이키로부터 상품 공급을 받지 못한 것과도 관련됩니다. 하지만 앞서 언급했듯이 2019년 11월에 나이키가 아마존에 대한 도매를 중단한다고 발표하면서 나이키와 아마존의 우호 관계는 불과 2년 만에 끝났습니다. 모회사와 거래를 정지한 것이므로 자회사와도 거래가 정지되는 것은 자연스러운 결과일 수도 있지만, 여기에서 아마존 경제권과 선을 긋고 싶다는 나이키의 강한 의지가 드러났습니다.

그렇다고 해도 제조사로서는 조금이라도 매출을 올리고 싶을 팬데믹 위기 상황에서 도매 사업의 채널 축소를 결단하는 강한 자신감에는 놀라지 않을 수 없습니다. 게다가 이듬해인 2021년 3월 26일, 윌리엄스 트레이딩으로 이적한 샘 포저는 투자자들에게 이메일을 보내 나이키가 추가로 7개 소매업체로부터 철수할 예정이라고 통보했습니다.

그 대상은 놀랍게도 DSW, 어반 아웃피터스Urban Outfitters, 메이시스 Macy's, 빅 파이브Big Five, 올림피아 스포츠Olympia Sports, 던햄스 스포츠 Dunham's Sports, 슈쇼Shoe Show였습니다. 모두 미국 소매 업계에서 손꼽히는 업체들입니다.

한편 메이시스의 매장 내에 운영하는 운동화 체인 매장 피니시 라인Finish Line과는 거래를 계속하겠다고 했는데 그 이유는 단순합니다. 이 회사가 영국의 전략적 소매 파트너 'JD스포츠'의 산하에 있기 때문입니다. 나이키의 전략적 소매 파트너는 전 세계적으로 40개 채널에 불과한데, 그에 대한 자세한 내용은 공개되지 않았습니다. 하지만 표면에 드러난 정보로 판명된 파트너는 미국의 풋락커Foot Locker, 딕스 스포팅 굿즈DICKS Sporting Goods, 히벳스포츠Hibbett Sports, 노드스트롬Nordstrom입니다.

특히 풋락커와 히벳스포츠는 나이키 브랜드와 나이키가 소유하고 있는 컨버스를 합친 매입 비율이 약 70%에 이르기 때문에, 나이키가 거래를 중단하면 기업의 존립이 흔들립니다. 따라서 두 회사는 나이키의 자회사와 다름없는 파트너라고 할 수 있습니다.

2022년 2월 말, '나이키가 풋락커에서 철수할 것인가'라는 포브스지의 보도가 운동화 소매업계에 충격을 주었습니다. '자회사나 다름없는 파트너'에게서 나이키 상품을 철수하겠다는 것입니다. 이 보도가 나가자 풋락커의 주가는 한때 30%나 하락했습니다. 필자도 '설마'라고 생각했습니다.

그런데, 이것은 포브스지의 어처구니없는 실수였는지 며칠 뒤 정정 기사가 게재되었습니다(2022년 3월 8일). 나이키가 풋락커에서 '완전히 철수하는 것은 아니다'라는 정보에 따라 제목과 첫머리 내용이 수정되었으며 '풋락커는 계속해서 나이키의 상품을 판매하고, 다음 연도 매입의 약 55%가 될 전망'이라고 밝혔습니다. 나이키와 풋락커의 파트너십에 대해서는 후술하겠습니다.

유럽에서는 유럽 최대의 온라인 패션 소매 기업 잘란도와 앞서 언급한 JD 스포츠가 나이키와 파트너십 관계에 있습니다. JD스포츠는 영국이 본거지이지만, 유럽과 미국, 아시아, 오세아니아까지 점포망을 확대했습니다. 중국에서는 톱스포츠와 파우첸$^{Pou\ Chen}$, 알리바바 그룹 산하 중국 최대 온라인 쇼핑몰 T몰^{天猫}이 전략적 소매 파트너입니다. 또 톱스포츠는 중국 최고 여성 신발 소매회사인 벨 인터내셔널$^{Bell\ International}$의 자회사이며, 중국 최대 스포츠화와 의류 소매 체인입니다. 또 파우첸은 나이키의 신발 제조 최대 위탁처인 대만의 파우첸 그룹 산하의 스포츠화 소매 체인인 YY스포츠라는 이름으로 중국 본토에 매장을 운영하고 있습니다.

이 채널들의 공통점은 나이키의 스토리텔링과 고객 참여를 지원하며 가격 호소에 의존하지 않고 나이키 브랜드의 위상을 특별하게 만들겠다는 자세를 보인다는 점입니다. 나이키에는 MAP$^{Minimum\ Advertised\ Price}$(최저 광고 가격) 정책이 있기 때문에 소매 파트너는 거래할 때 이 가이드라인을 준수해야 합니다. 선택된 파트너로서는 이 가이드라인에 의해 시장 가격이 통제되고 나이키 제품의 이익이 보호되는 것은 환영할 만한 일입니다.

반면에 MAP 정책을 지키지 않는 소매 체인은 나이키의 파트너로 인정받지 못하므로 항상 공급 중단의 불안을 안고 있습니다. 2019년 10월에 영국 스포츠 용품 체인 '스포츠 다이렉트'는 스포츠웨어 시장에서 나이키와 아디다스의 협상 우위성에 대해 영국과 EU의 정부 당국에 조사를 요구했습니다. 이 회사는 당시 성명에서 다음과 같이 말했습니다.

"스포츠 업계는 아디다스 등 '없어서는 안 될' 브랜드에 의해 오랫동안 지배되어 왔습니다. 이 브랜드들은 공급 네트워크 내 소매업체에 대해 매우 강력한 협상력을 유지하면서 시장 지배력을 활용하여 공급을 통제하고 궁극적으로는 제품의 가격 구속을 강제하고 있습니다."

마이크 애슐리Mike Ashley라는 강력한 창업자가 이끄는 스포츠 다이렉트는 2019년에 프레이저스 그룹Frasers Group으로 회사명을 변경한 후 확장세를 이어 갔습니다. 이 그룹은 메인인 스포츠 다이렉트, 백화점 하우스 오브 프레이저House of Fraser, 자전거 소매 체인 에반스 사이클스Evans Cycles, 패션 의류 소매업체 플란넬스Flannels 등 수많은 자회사를 산하에 두고 있습니다. 2020년 4월 기준 영국과 북아일랜드에서 769개, 유럽 511개, 말레이시아 31개, 미국 44개 매장의 스포츠 소매점을 운영하는 거대 체인점입니다. 하지만 예전부터 강력하게 할인을 요구하고 있어 나이키로서는 통제하기 어려운 대상이었습니다. 스포츠 다이렉트에게 나이키는 '없어서는 안 될' 브랜드이지만, 반대로 나이키에게 받는 대우는 전략 파트너와 거리가 멀었습니다. 나이키가 서서히 거래를 축소하려는 의도가 공급 중인 상품의 라인업에 배어 나왔습니다. 마이크 애슐리의 당국에 대한 반독점 조사 요구는 이후 큰 문제로 시끄러워지기도 전에 코로나 위기를 맞았습니다.

제조업체가 지정한 가격으로 판매하지 않는 소매업자에 대해 도매가격을 높이거나 출하를 중지해서 결국 지정한 가격을 지킬 수밖에 없도록 만드는 것을 '리셀 가격의 구속'이라고 합니다. 일본 등의 나라에서는 불공정한 거래로 규정되어 있습니다. 미국에서도 이전에는 '리셀 가격 유지 행위'가 위법으로 규정되었지만 2007년 대법원 판례에서 '합리의 원칙'에 따라 타당하다는 판단이 내려졌습니다.

'합리의 원칙'의 구성 요건은 제조업체와 그 외의 사람들에 의한 리셀 가격에 공모 및 협정이 성립되어 있어야 한다는 것입니다. 제조업체 단독의 일방적 행위, 예를 들면 '저가 판매업자에 대한 공급 정지 등'은 '거래처 선택의 자유'의 범위 내에 있으며, 위법으로 간주되지 않습니다. 이것은 이커머스가 보급됨에 따라 가격 파괴 저변의 경쟁을 파악할 수 없는 상황에 대한 대응으로, 말하자면 덤핑 대책이라고 해야 할 것입니다. 이 판례에 따라 미국에서는 제조업체가 MAP를 정할 수 있게 되었습니다.

나이키의 MAP 정책은 현재 연간 언제든지 25% 할인까지만 허용하는 것으로 공식적으로는 미국에서만 운용되는 규칙입니다. 하지만 일본, 영국, 유럽 등에서는 이러한 규칙이 문제가 될 가능성이 높아 보여 표면적으로는 할인의 강도를 이유로 유통 채널을 선별하기는 어려울 것입니다. 하지만 자유주의 경제 원칙으로 생각하면 MAP 정책은 그렇다고 해도 '거래처 선택의 자유'는 기업의 권리로 보호되어야 합니다. 그렇지 않으면 브랜드 자체가 유지될 수 없다는 것은 의심할 여지가 없으며, 브랜드를 지키기 위해 매출을 포기하는 것은 바로 기업의 근간이 되는 '자유'라고 할 수 있을 것입니다.

슈퍼 브랜드를 목표로

2020년 가을, 미국에서는 팬데믹의 확대와 트럼프 대 바이든의 대통령 선거에 얽힌 사회 혼란 속에서 나이키의 2분기(9월부터 11월까지) 3개월이 지나갑니다. 11월 20일, 나이키는 2분기 결산 발표를 기다리지 않고 갑자기 2분기 배당금을 12% 인상할 것이라고 발표했습니다. CEO 존 도나호는 "오늘 발표는 나이키의 재무 능력과 확실한 실적에 따라 주주에게 자본을 환원한다는 의미를 담고 있습니다. 나이키는 디지털 혁신을 가속화함으로써 수익성 높은 성장을 장기적으로 지속할 것입니다"라고 말했습니다.

기업의 배당금 증액은 좋은 성과에 따라 이루어지므로, 배당금 증액 발표는 좋은 결산의 메시지로 받아들여져 12월 10일에는 모건 스탠리와 금융 정보 서비스 회사 코웬Cowen이 나이키의 주가 목표를 즉시 올렸습니다. 모건 스탠리의 애널리스트 킴벌리 그린버거Kimberly Greenberger는 비중확대 평가를 유지하면서 나이키의 주가 목표를 152달러에서 165달러로 올렸고, 코웬의 분석가 존 커넌John Kernan은 아웃퍼폼outperform(약한 매수 의견) 평가를 유지하며 주가 목표를 150달러에서 165달러로 끌어올렸습니다.

화이자Pfizer와 바이오엔테크BioNTech의 코로나19 백신이 FDA(미 식품의약국)에 승인을 받은 다음 날인 12월 17일, 나이키는 2분기 실적을 발표했습니다. 매출은 112억 달러로 전년 대비 9% 증가했습니다. 여전히 중화권이 매출을 견인함과 동시에, DTC 매출과 디지털 매출이 증가했습니다. 이는 월스트리트의 컨센서스 예상치인 105.5억 달러를 웃돌아 시장을 놀라게 했습니다.

소비자 직접 판매 부문인 나이키 다이렉트의 매출은 43억 달러로, 무려 32% 증가했습니다. 게다가 모든 지역에서 두 자릿수 성장을 이루었습니다. 또 나이키 브랜드의 디지털 매출은 북미에서 세 자릿수의 성장을, EMEA와 중화권, APLA에서는 두 자릿수의 성장을 기록해 총 84% 증가라는 놀라운 성과를 거뒀습니다. 존 도나호는 결산에서 다음과 같이 말했습니다.

"격동의 환경에서 나이키의 대단한 성과는 공격을 계속할 수 있는 힘을 보여 줍니다. 매력적이고 혁신적인 제품과 세계적인 브랜드의 기세에 힘입어 우리는 리더십을 계속 확장하고 있습니다. 우리의 전략은 작동하고 있으며, 앞으로 전개될 모습을 기대하고 있습니다."

매출의 내용을 보면, 도매 사업의 축소와 팬데믹의 영향을 받은 나이키 소유 매장의 매출 감소를 디지털 매출로 충당하고자 했던 의도대로 나온 결과였습니다. 존 도나호는 애널리스트와의 컨퍼런스콜에서 다음과 같이 말했습니다.

"디지털, 운동복, 건강과 웰니스로 전환되는 흐름은 구조적 순풍으로, 우리에게 멋진 기회를 계속 제공해 주고 있습니다. 여기에 전 세계적으로 단체 스포츠를 다시 시작하게 된다면 그 에너지가 나이키에게 또 다른 순풍을 일으킬 것입니다."

북미 사업에서 나이키 디지털 부문의 매출은 사업 전체의 약 25%를 차지하는 반면, 도매 부문에서는 유통 기반을 좁히고 시장을 차별화된 소매업으로 계속 전환한 결과 '차별화되지 않은 채널의 수'는 지난 3년간 약 30% 감소되었다고 밝혔습니다.

CFO 매트 프렌드는 애널리스트와의 컨퍼런스콜에서 북미의 소매 채널과 관련하여 이렇게 말했습니다.

"우리가 기대하는 것은 도시마다, 몰마다, 거리마다 전략적 도매 파트너와 긴밀하게 연계해서 소비자의 수요를 끌어들이는 것입니다. 이것은 우리에게 절대적인 계획입니다. 왜냐하면 앞서 말했듯이 디지털에 연결된 소비자에게 프리미엄 레벨의 일관된 체험을 제공하는 것은 프리미엄 브랜드로서 필수라고 믿기 때문입니다. 이를 통해 북미 시장에서 장기적인 성장 기반을 마련할 것입니다."

이 발언에서 알 수 있는 것은 나이키가 더 이상 단순한 스포츠 브랜드의 거인이 아니라 에르메스나 샤넬 같은 슈퍼 브랜드를 목표로 삼았다는 것입니다.

2분기에 나이키의 SNS 마케팅은 더욱 가속화되었습니다. 소셜 플랫폼 전체에서 70억 건이 넘는 브랜드 노출을 창출해서 나이키 런 클럽, 나이키 트레이닝 클럽, 한정판 신발의 온라인 앱인 SNKRS(스니커즈)의 인지도가 비약적으로 높아졌습니다. 또 유튜브 상에 업로드된 메시지 동영상 'Never Too Far Down'이 소비자들의 높은 관심을 지속적으로 불러일으켜 2분기에는 4억 건이 넘는 SNS 인게이지먼트 engagement(게시물에 대한 호의적인 반응)로 이어졌습니다. 참고로 이 동영상은 '미국 유튜브 광고 리더보드Leaderboard'의 연간 순위에서 2020년 1위에 올랐습니다.

또 SNKRS에서 최초로 시도하는 라이브 스트리밍을 통한 제품 드롭, 즉 동영상 전송을 통한 판매가 분기 중에 실시되어 놀랍게도 라이브를 시작한 지 2분 만에 해당 운동화 '에어 조던 4PSG'가 매진되었습니다. 라이브 스트리밍은 홈쇼핑의 디지털 버전이라고 할 수 있는데, 홈쇼핑처럼 할인 가격으로 판매를 촉진하는 것이 아니기 때문에 소비자의 강력한 요구를 자극하는 상품을 제공해야 합니다. 도나호는 "이 라이브 스트리밍 기능은 현재 북미와 EMEA에서 시작되었으며 일본에서도 확대할 예정입니다. 라이브 인터랙션을 통해 나이키와 나이키 회원의 신뢰 관계가 강화되고 나이키의 최고 제품과 경험에 대한 접근성이 향상됩니다"라고 말했습니다.

나이키는 SNS에 상품 출시 정보와 메시지를 올리고 그곳에서 자사의 앱으로 유도한 다음, 유도한 앱에 회원들이 자주 접속하게 해서 액티브 유저를 유지 및 확대해 나갔습니다. 앞서 언급했듯이 팬데믹이 시작된 이후 나이키는 전 세계적으로 7,000만 명 이상의 신규 회원을 확보했는데, 중요한 점은 기존 회원들이 구매하는 빈도와 금액의 증가가 신규 회원들의 매출 성장세를 웃돌았다는 것입니다. 회원을 확보하는 것은 큰 예산을 들이면 가능하지만, 회원들의 관심을 지속적으로 자극하기란 일반적으로는 쉽지 않습니다. 도나호는 이렇게 말합니다.

"나이키 모바일 앱은 지난 분기에 200% 성장했습니다. 그 밑바탕에 깔린 것은 디지털이 소비자 행동을 이끄는 새로운 상식이 되었다는 것입니다."

2분기 실적이 호조를 보이자 나이키는 연간 업적을 상향 조정했습니다. 그때까지 한 자릿수대 후반에서 10%대 초반이었던 연간 매출 전망치를 디지털 전략에 힘입은 매출 증가의 큰 가능성을 보고 10%대 후반으로 끌어올렸습니다. 12월 21일, 결산 호조와 연중 강세의 전망치에 힘입어 나이키 주가는 팬데믹 위기 이후 최고치인 147달러 95센트를 기록하며 계속 사상 최고치를 경신했습니다.

두 가지 문제, 디지털의 도약

나이키의 3분기(2020년 12월부터 2021년 2월까지) 기간에도 팬데믹이

맹위를 떨치면서 영국형 변이, 남아프리카형 변이, 브라질형 변이 등이 등장함에 따라 화이자, 모더나, 아스트라제네카 등의 백신이 과연 효과가 있을지가 새로운 위협으로 주목받았습니다. 하지만 중국은 철저한 강권으로 감염을 봉쇄하고 자국의 백신을 자국민에게 접종하면서, 동시에 백신 외교를 활발하게 전개했습니다. 중국의 경제는 빠르게 회복되는 한편 일대일로 구상을 바탕으로 남중국해 지배, 홍콩 공산당 지배, 신장 위구르Uighur 자치구에서의 제노사이드(민족 대량 학살) 등 전 세계를 긴장하게 하는 사건이 발생했습니다.

2021년 1월, 미국의 새 대통령으로 취임한 조 바이든은 처음에는 중국에 대해 유화적인 듯했지만 대통령이 되자 민주주의 국가를 위협하는 '경쟁 상대'로 규정하고 대결 자세를 강화해 나갔습니다. 특히 인권 문제를 중시하는 민주당 대통령으로서 중국이 위구르족에게 가한 폭력을 '제노사이드'로 인정한 건에 대해서는 전 트럼프 정권의 방침을 유지했습니다. 그리고 이 문제는 나이키에게 예상치 못한 전개를 가져옵니다.

2020년 11월 29일, 뉴욕타임스가 "나이키는 중국의 신장 위구르 자치구에서 강제 노동으로 만들어진 수입품을 금지하는 법안(위구르 강제 노동 방지 법안)을 약화시키도록 의회에 압력을 가하는 주요 기업 중 하나"라고 보도했습니다. 뉴욕타임스는 워싱턴에서 일상적으로 일어나는 로비 활동의 기록을 인용하여 이 기사를 썼습니다. 하지만 이 기사에 대해 나이키는 반박하며 "위구르 강제 노동 방지 법안에 대해서는 로비 활동을 하지 않았고, 강제 노동 배제와 인권 보호를 목적으로 의회 보좌관과 건설적인 대화를 나눴다"라고 말했습니다. 애플과 코카콜라도 이 법안의 몇 가지 조항을 제한하도록 의회에 압력을 가했다고도 보도되었습니다. 진상은 확실하지 않지만 '위구르 강제 노동 방지 법안'이 미국 하원을 통과한 것은 9월이기 때문에 뉴욕타임스는 상원 표결을 위한 사전 로비 활동이 있었다고 보도했습니다.

같은 해 9월, 중국에 진출해 있는 스웨덴의 패스트 패션 'H&M'이 성명을 내고, "우리 회사는 앞으로 신장 위구르 자치구에서 생산된 면화를 사용하지 않을 것이다. 또 이 자치구에 있는 섬유 회사와의 관계도 종료되었다. 강제 노동 의혹에 대해 심각하게 우려하고 있다"라고 표명했습니다. 그리고 이것은 H&M에게 참담한 결과로 돌아왔습니다. 중국 당국과 중국인들의 공분으로 중국의 최대 SNS인 웨이보 등에서 H&M을 대상으로 한 공격적인 메시지가 확산되었고, H&M의 상품은 온라인 쇼핑몰에서 삭제되었으며, 검색 사이트 바이두의 지도상에서 매장의 위치도 삭제되었습니다. 게다가 소셜 미디어에서 H&M 제품의 보이콧 분위기가 고조되자, 폭동을 우려한 H&M은 부득이 매장의 일시 휴업을 결정하였습니다. 나이키뿐 아니라 애플과 코카콜라 등 미국의 세계적 기업 대부분이 중국에서 큰 수익을 올리고 있는 만큼 H&M의 상황은 남의 일이 아니었습니다.

또 한 가지 문제는 공급망의 혼란과 컨테이너 부족이었습니다. 3분기에는 재빠르게 팬데믹 억제에 성공한 중국이 자국의 수출입을 위해 대량으로 컨테이너선을 싹쓸이하는 반면, 이커머스를 중심으로 세계적인 수요가 급격하게 회복되자 미국에서는 서해안 항만의 컨테이너 취급량이 급증했습니다. 하지만 팬데믹의 영향으로 컨테이너 하역 노동자와 트럭 운전사 부족이 주요 원인이 되어 항만 하역이 정체됨에 따라 수입품 유통에 큰 영향을 끼쳤습니다.

2021년 3월 18일에 나이키의 3분기(2021년 2월말까지) 실적이 발표되었는데 매출은 전년도 동기 대비 3% 증가한 104억 달러, 순이익은 71% 증가한 14억 달러였습니다. 순이익은 큰 폭으로 증가했지만, 매출 성장이 둔화된 것은 공급망 문제의 영향이 컸으며, 이로 인해 북미 지역의 분기 매출은 10%나 감소했습니다. 북미는 전체의 40%를 차지하는 최대 시장이므로 당연히 이것이 전체의 매출을 떨어뜨리는 큰 요인이 되었습니다. 당시 나이키는 도매 납품이 3주 이상 지연되었다고 발표했습니다.

흥미로운 것은 나이키 다이렉트 부문의 미국 매출은 15%나 성장했다는 사실입니다. 이는 도매보다 자사에 대한 제품 배분을 우선시하는 나이키의 전략이 옳았음을 증명하는 결과가 되었습니다. 나이키의 입장에서 보면 도매에 비해 직판의 매출 효과는 최대 2배가 되기 때문에 지극히 합리적인 판단이었습니다.

3분기에 나이키 다이렉트의 전체 매출은 40억 달러였습니다. 전년도 동기 대비 20% 증가하여 매출의 약 40%를 차지했습니다. 그중 나이키 디지털 매출은 59% 증가하여 모든 지역에서 두 자릿수로 대폭 증가했습니다. 특히 나이키 앱의 전 세계 매출이 90% 증가하는 경이적인 성장을 보였습니다. 나이키 디지털 부문과 전략적 파트너의 온라인 매출을 합친 분기별 디지털 매출은 전체 매출의 35%를 초과했습니다. 이 놀라운 성장률은 디지털 매출 비율 50%라는 나이키의 목표가 현실화되고 있다는 시장의 평가를 받았습니다.

디지털과 관련해서 가장 주목해야 할 것은 뭐니 뭐니 해도 한정판 운동화를 출시하는 SNKRS 앱이 전년도와 비교해서 월간 활성 사용자의 참여를 4배로 늘렸다는 점입니다. 게다가 분기의 월간 신규 참여 사용자가 60% 이상 증가했는데, 이것이 한정판 운동화를 판매하는 스포츠웨어 부문의 성장에 크게 기여했습니다.

각 앱과 온라인 사이트에서 신규 회원이 증가함에 따라 구매 전환율conversion rate(사이트 방문자 중 실제 결제를 완료한 구매자의 비율) 전체가 향상되었으며, 기존 나이키 회원의 구매가 전년도에 비해 80% 증가하여 이상적인 결과가 되었습니다. 회원들의 구매 증가가 정가 판매를 촉진시키는 효과가 있다는 것은 매우 중요한 포인트입니다. 실제로 이 디지털 매출의 호조로 분기 매출 총이익률은 130 베이시스 포인트basis point 증가한 45.6%로 상승했습니다(1베이시스 포인트=0.01%).

성장의 둔화에도 불구하고 나이키는 3월 19일에 애널리스트들과 컨퍼런스콜을 열어 연간 전망을 10%대 중반으로 하면서 자신 있는 태도를 보였습니다. 지연되었던 재고 납품이 원활하게 이루어지면서 4분기에 매출이 밀려서 나타난다는 점과, 전년도 같은 기간에 대폭 침체가 있었다는 점 때문이었습니다. CFO 매트 프렌드는 전년도 같은 기간에 팬데믹으로 큰 침체가 있었기 때문에 4분기 매출은 전년도 동기 대비 75% 증가될 것으로 예상했습니다.

또 컨퍼런스콜에서 CEO 존 도나호는 "나이키는 여전히 세계 주요 12개 도시에서 남성과 여성 소비자 모두가 가장 좋아하는 브랜드다"라고 했습니다. 우려했던 중국 시장에 대해서도 조던과 컨버스를 포함한 브랜드 포트폴리오(나이키 브랜드, 조던 브랜드, 컨버스의 포지션 분류)가 중국 소비자들과 강한 유대 관계를 맺고 있어 업계 리더의 지위를 강화하고 있다고 했습니다. 그는 "다른 어떤 브랜드도 나이키와 소비자의 관계 방식을 쉽게 재현할 수 없습니다"라고 말했습니다.

2021년 2월, 나이키는 뉴욕에 본사를 둔 데이터 통합 플랫폼의 스타트업 '데이터 로그'를 인수했습니다. 신생 IT 기업 인수는 실패하는 경우가 많은데, 보통 IT에 대한 리터러시(문해력)가 없는 CEO가 인수 판단을 내리기 때문입니다. 하지만 IT 비즈니스 전문가인 도나호가 내린 결정이었기 때문에 시장에서는 긍정적으로 평가했습니다. 데이터 로그의 직원들은 나이키의 조직 안으로 편입되어 데이터 팀과 크리에이티브 팀으로 병렬 체제를 이루었습니다.

도나호는 이렇게 말했습니다. "나이키는 지금까지 제품 개발로 예술과 과학을 마리아주('결혼'을 뜻하는 프랑스어. 즉, 이상적인 조합)해 왔습니다. 데이터 사이언스와 머신 러닝이 더해짐에 따라 역동적인 소비자와 시장에 대해 더 깊게 통찰할 수 있고 이를 통해 다른 브랜드에는 없는 나이키의 능력을 창출할 수 있습니다."

지속적인 성장 예측

3분기 매출 성장세는 둔화되었지만 애널리스트들은 한결같이 나이키 제품에 대한 잠재적 수요는 계속 강할 것으로 보고 향후 몇 분기 동안 톱 라인의 성장이 가속화될 것으로 전망했습니다. 팬데믹이 발생한 2020년도 4분기에 매출이 38% 감소했는데, 나이키는 이에 비해 2021년도 4분기 매출이 75% 증가할 것으로 예상했습니다. 2020년도 4분기 매출이 63억 달러이므로 75% 증가하면 약 110억 달러입니다. 이미 3분기까지의 누적 매출이 322억 달러였으므로, 예상 매출을 단순 합산하면 432억 달러가 되어 2020 회계 연도(2020년 5월까지) 매출 374억 달러에 비해 15% 높았습니다. 이 단순 계산에서 나오는 숫자도 애널리스트들의 강세 전망 이유 중 하나였습니다.

가장 높은 주가 목표를 제시한 사람은 UBS의 애널리스트 제이 솔Jay Sole로, 183달러입니다. 제이 솔은 3월 19일에 '대형 스포츠 전문 소매점의 전 CEO'와 컨퍼런스콜을 열고, 전 CEO가 소매 단계에서 나이키 제품의 이익률이 놀라울 정도로 상승하고 있기 때문에 그 전략이 작동하고 있다고 언급한 사실을 밝혔습니다. 그는 투자자용 보고서에서 "업계 관계자들 사이에서는 나이키가 2021년 이후에도 강력하게 성장해 나갈 것으로 믿고 있다"며 문제되고 있는 당장의 공급망 혼란에 대해서도 "설령 납품이 지연된다고 하더라도 나이키 상품은 평소처럼 매진된다"라고 했습니다. 제이 솔은 나이키의 주식이 2021년 UBS의 최고 추천 종목 중 하나라며 나이키의 제품 혁신, 공급망의 속도, 디지털에 대한 투자는 평균 이상의 성장으로 몇 년에 걸쳐 지속될 수 있다고 말했습니다.

또 미국 투자은행 스티펠Stifel Financial Corp.의 애널리스트인 짐 더피Jim Duffy는 매수 의견을 바꾸지 않고 168달러의 주가 목표를 유지했습니다. JP모건의 애널리스트인 맷 보스Matt Boss도 비중확대 평가를 유지하고 주가 목표치를 170달러에서 176달러로 올렸습니다. 미국 은행 웰스파고Wells Fargo의 애널리스트 톰 니킥Tom Nikic도 아웃퍼폼의 투자 판단을 바꾸지 않고 주가 목표를 157달러로 잡았습니다. 그는 투자자에게 보내는 메모에서 이렇게 말했습니다.

"단기적인 과제를 극복할 수 있는 고품질 기업은 여전히 강세입니다. 3분기의 결과는 나이키가 외부 역풍의 영향을 받지 않는다는 것을 보여 줍니다. 게다가 이 역풍은 일시적인 것이며, 곧 해결될 것으로 기대됩니다. 또한 중국에서의 좋은 실적은 코로나19 바이러스의 혼란에 직면하지 않는 지역에서 나이키가 얼마나 소비자에게 지지를 받고 있는지를 보여 줍니다. 따라서 이번 분기가 우리의 시나리오를 바꾸지는 않을 것입니다. 나이키는 아주 잘 운영되고 있는 회사이며 장기적인 매출과 EPS(주당 순이익) 성장에 높은 신뢰감을 주고 있습니다."

이러한 애널리스트들의 나이키 주식에 대한 강세 예상을 보강하듯, 2021년 5월 21일에 나이키의 최대 전략적 소매 파트너인 스포츠화 소매 체인 풋락커가 1분기(2월부터 4월까지) 실적을 발표했습니다. 풋락커의 1분기 실적은 매우 호조를 보여 매출이 21.5억 달러로, 전년 대비 83.1% 증가했습니다. 기존 매장의 매출도 80.3% 증가하여 놀라운 성장세를 보였습니다.

백신 접종이 확대됨에 따라 미국 전역 및 전 세계 도시에서 매장 영업을 재개한 것이 매출을 큰 폭으로 증가시킨 가장 큰 요인이지만, 한편으로는 풋락커 매출의 70%가 나이키 매출이므로 나이키가 전략적 소매 파트너에게 우선적으로 상품을 납품하고 있다는 증거이기도 했습니다. 그 결과 풋락커의 풋웨어 사업은 70% 이상 증가했고, 의류 및 액세서리 사업은 세 자릿수 증가를 기록했습니다.

풋락커의 회장 겸 CEO인 리처드 존슨Richard Johnson은 결산 후 컨퍼런스콜에서 이렇게 말했습니다.

"2021년 1월 말에 2021년도는 강한 기세로 시작할 수 있었다고 했는데 그 강한 흐름은 이번 1분기에도 적중했습니다. 분기가 진행될수록 그 기세가 증가하여, 유럽과 캐나다에서의 매장 폐쇄와 미국 항구의 혼잡으로 인한 비정상적으로 적은 재고 수준 등 부정적 요인에도 불구하고 탑 라인(매출)과 바텀 라인(주당 순이익)에서 좋은 성과를 창출할 수 있었습니다."

나이키의 최대 전략적 소매 파트너로서 풋락커의 사업 전개 전략은 나이키와 완전히 일치합니다. 리처드 존슨은 나이키와 마찬가지로 이 회사의 디지털 비즈니스 강점을 지적하며, 이커머스 사이트의 매출이 43% 증가하여 총매출의 25%를 차지했다고 언급했습니다.

풋락커는 원래 1879년에 창업한 오스트레일리아 최대의 슈퍼마켓 소매업체 '울워스Woolworth 컴퍼니'의 일부로 출발하여 1988년 독립했습니다. 뿌리는 오래된 노포기업이지만 시대의 변화를 포착하는 전통이 있어 러닝 붐과 농구화 붐을 타고 나이키의 최대 고객으로 성장해 온 경험이 있는 기업입니다. '풋락커', '키즈 풋락커', '레이디 풋락커', '챔스 스포츠', 2004년에 인수한 '풋액션' 등을 운영하고 있으며, 온라인 소매에서도 '이스트베이'와 '풋락커 닷컴'을 보유하고 있습니다.

풋락커는 스포츠 용품점이라기보다는 운동화 숍으로, 이 회사의 모토는 전 세계 젊은이들의 운동화 문화를 선도하는 것입니다. 북미, 유럽, 아시아, 호주, 뉴질랜드 등 27개국에 약 2,900개의 소매점이 있는 풋락커는 웹사이트뿐만 아니라 모바일 앱에도 적극적으로 투자하며, 매장과 이커머스의 재고 공동화에 따라 인터넷에서 사서 매장에서 받는 서비스도 구현합니다.

이 결산 발표에서 주목받은 것은 매출뿐만 아니라, 2004년에 규모를 키우려고 인수했던 '풋액션'의 대부분을 폐쇄하기로 결정한 것이었습니다. 예전에는 '풋액션'이 500개 이상의 매장을 운영하고 있었지만, 발표 당시 풋락커 전체의 10%에도 못 미치는 257개 매장으로 축소되어 있었습니다. 따라서 이중 약 3분의 1을 '풋락커'로 전환하고 나머지를 폐쇄하는 계획이 발표되었습니다. 이미 이커머스에서는 '풋액션' 사이트에서 구입하면 '풋락커'를 경유해 출하하고 있었습니다. 풋락커 브랜드로 통일되면서 모바일 앱도 하나가 되어 회원들의 분산을 피하는 효과를 기대하게 되었습니다.

어쨌든 나이키는 고도로 디지털화되어 가며 프리미엄 매장 체험을 제공하는 '미래의 소매 체인'을 요구하고 있었기 때문에 풋락커 매장 역시 디지털 업데이트에 투자를 집중해야 했습니다. 매출의 70%를 나이키에 의존하는 구조가 소매점으로서 과연 올바른 길인지는 모르겠지만, 그 당시에 풋락커에게 다른 선택의 여지가 없었다는 것은 분명합니다. 이 같은 풋락커의 1분기 호황은 나이키의 대폭적인 매출 증가를 예고하는 신호탄이었습니다.

최초로 매출 400억 달러 돌파

2021년 6월 24일, 나이키는 2021년 4분기 실적과 연간 결산을 발표했습니다. 이 결산은 애널리스트들의 강세 예상을 입증한 셈으로, 4분기 매출이 전년도 동기 대비 96% 증가한 123억 달러였습니다. 코로나 위기 전인 2019년 회계 연도와 비교해도 21%나 증가한 큰 폭의 성장세를 보였습니다. 분기 순이익도 매출이 증가됨에 따라, 전년도 순손실 7억 9,000만 달러에서 15억 달러 흑자를 보여 큰 폭으로 회복했습니다.

2021 회계 연도(2020년 6월에서 2021년 5월)의 매출은 나이키 사상 최초로 400억 달러를 넘는 445억 달러를 기록하며 전년 대비 19% 증가했습니다. 또 같은 날 열린 컨퍼런스콜에서 2022 회계 연도에도 두 자릿수 초반의 성장세를 이어 가 500억 달러에 이를 것이라고 경영진이 설명하자, 다음 날 뉴욕 시장에서는 주가가 16%나 상승해 나이키 주

식만으로 다우존스 산업평균지수를 130달러나 끌어올릴 것이라는 강한 반응이 나왔습니다.

4분기에서 애널리스트들이 유일하게 우려한 요소는 중국에서 나이키 제품의 보이콧 운동이 활발해지고 중국 내 스포츠 브랜드 '안타 ANTA'가 매출을 늘렸다는 점이었습니다. 그러나 나이키의 중국 모멘텀이 강력해서 전년도 동기에 19억 3,000만 달러였던 매출이 2021년도 4분기에 22억 2,000만 달러에 이르러, 보이콧 운동이 쉽게 나이키의 고객을 빼앗지 못한다는 것을 투자자들도 재인식한 결산이 되었습니다. 또 최대 시장인 북미 매출 역시 4분기에 전년 동기 대비 2배 증가한 53억 8,000만 달러에 이른 것도 주가 성장에 대한 안정감을 가져왔습니다.

2021년 5월 연간 결산의 최대 포인트는 역시 나이키 다이렉트(직판부문)였으며, 전년 대비 32% 증가한 164억 달러로 전체 성장률을 크게 웃돌며 전체 매출의 39%를 차지했습니다. 이는 전년도에서 4% 포인트 상승한 것이지만, 재미있는 것은 축소를 진행하고 있는 도매 사업이 매출 비율은 전년도보다 4% 포인트 감소했는데도 매출액 기준으로는 12% 증가한 259억 달러를 기록한 것입니다. 전략적 소매 파트너에 대한 집중적인 상품 공급이 이러한 결과를 가져온 것은 분명하며, 이 결과는 나이키의 전략이 옳았음을 증명한 모양새가 되었습니다. 나이키 다이렉트의 증가와 판매력이 높은 파트너에 대한 상품 집중으로 정가 판매가 증가했고, 매출 총이익률도 140 베이시스 포인트 상승하여 44.8%가 되었습니다. 판매 관리비도 수요 창출 비용을 중심으로 1% 감소하여 순이익은 123% 증가한 57억 달러를 기록했습니다.

나이키의 최우선 과제인 자사 디지털과 전략적 소매 파트너의 디지털 매출 합계 비율은 연간 총매출의 35%를 차지했으며, 도나호는 이 비율을 2025년까지 50%로 만들겠다고 재차 선언했습니다. 또 나이키 다이렉트를 같은 해에 현재 39%에서 60%로 만들겠다는 높은 목표를 설정했습니다. 참고로 나이키 다이렉트의 디지털 매출은 연간 총매출의 22%를 차지했으며, 액수로는 2년 전의 2배인 90억 달러에 달하는 엄청난 규모였습니다.

연결기준 매출의 추이(3년간)

비용 구분	2021년	2020년	2019년
매출액	445억 3,800만	374억 300만	391억 1,700만
매출 원가	245억 7,600만	211억 6,200만	216억 4,300만
매출 총이익	199억 6,200만	162억 4,100만	174억 7,400만
수요 창출 비용	31억 1,400만	35억 9,200만	37억 5,300만
영업 비용	99억 1,100만	95억 3,400만	89억 4,900만
총 판매 관리비	130억 2,500만	131억 2,600만	127억 200만
이자 관련	2억 6,200만	8,900만	4,900만
기타	1,400만	1억 3,900만	7,800만
세전 이익	66억 6,100만	28억 8,700만	48억 100만
세금 비용	9억 3,400만	3억 4,800만	7억 7,200만
당기 순이익	57억 2,700만	25억 3,900만	40억 2,900만

연결기준 매출의 내역(2021년)

- 신발: 280억 2,100만 (63%)
- 의류: 128억 6,500만 (29%)
- 컨버스: 22억 500만 (5%)
- 장비: 13억 8,200만 (3%)

나이키 브랜드의 사업 부문별 매출 (2021년)

도매 사업	258억 9,800만
직판 사업	163억 7,000만

※단위 : 달러

출처 : 모두 SEC(미국 증권거래위원회)에 제출한 FORM 10-K의 자료

하지만 나이키가 전체의 60%에 이르는 매출을 자사의 직판 매출로 달성하기 위해서는 디지털 매출만으로는 어렵고, 디지털에 접속된 '하우스 오브 이노베이션', '나이키 라이즈', '나이키 유나이트Nike Unite', '나이키 라이브Nike Live' 등 실험 중인 직영 매장의 다점포 운영에 따른 매출이 반드시 필요했습니다. 문제는 그 다점포가 과연 잘 운영될 것인가 하는 점입니다. 기말 기준으로 나이키의 정가 판매 직영점은 북미 지역에 불과 30개 매장, 미국 이외의 지역에 46개 매장에 불과했습니다. 전 세계에 소유하고 있는 826개 매장이 재고 처분을 담당하는 아웃렛 매장이었으며, 지금까지 나이키의 정가 판매점은 다점포를 운영할 수 없었습니다.

하지만 디지털 혁신을 통해, 나이키의 매장 전개에 새로운 우위성

이 생겼습니다. 당해 분기까지 확보한 나이키 회원 3억 명의 데이터가 있었기 때문입니다. 실제로, 나이키가 시도한 신규 매장은 입지와 상품 준비에 있어서 이미 확보한 나이키 회원의 주소와 속성, 구매 이력을 분석하여 결정되었으므로, 지금까지의 소매업과는 전혀 다르게 매우 정확한 매장을 오픈할 수 있었습니다.

결산 발표 후 컨퍼런스콜에서 존 도나호는 이렇게 말했습니다.

"이전에도 언급했듯이 강한 브랜드가 더 강해지는 시대입니다. 그리고 분기마다 그 현실은 더욱 명확해지고 있습니다. 오늘날 우리는 팬데믹 이전보다 지속 가능한 장기적 성장을 추진할 수 있는 위치에 있으며, 우리 팀은 미래를 구축하면서 매크로 명령의 복잡성macro instruction complexity에 대응하는 능력을 증명했습니다."

직영 점포수 내역

구분	2021년	2020년	전년도 대비
미국 아웃렛	204	212	-8
미국 인라인스토어*	30	28	2
컨버스(아웃렛 포함)	91	98	-7
미국 총 매장수	325	338	-13
해외 아웃렛	618	643	-25
해외 인라인스토어	46	52	-6
해외 컨버스(아웃렛 포함)	59	63	-4
해외 총 매장수	723	758	-35

출처 : FORM 10-K

* '인라인스토어inline store'란 쇼핑몰 등에 입점해 있는 임차 매장을 달함

또 그는 재차 나이키 회원의 중요성을 언급하며 '우리에게 중요한 차별화 요인은 멤버십'이라고 강조했습니다. 그리고 그것이 디지털 매출과 오프라인 매장 매출의 추진력이 되었다고 했습니다. 나이키 회원들은 이탈하지 않은 기존 회원들이 평균 구매액과 반복 구매율에서 신규 회원을 앞지르고 있어, 한번 회원이 되면 다양한 장치로 인해 나이키에 깊게 빠져든다고 볼 수 있습니다.

도나호는 "회원을 알고 서비스를 제공하면 경쟁력이 촉진됩니다. 오늘날 우리는 업계의 명확한 리더가 되었으며, 2022년도 성장을 위한 주요 채널을 디지털에 배치하고 있습니다. 자사 디지털 매출과 파트너의 디지털 조합은 현재 전체 비즈니스의 약 35%에 이르러 이전의 계획보다 3년 이상 빠르게 진행되고 있습니다. 그리고 이 디지털 전환이 둔화될 징후는 보이지 않습니다"라고 말했습니다.

이어 자신이 추진하는 '원 나이키 마켓플레이스'에 대해서는 '비전을 공유하는 전략적 소매 파트너'로 적극적으로 관여하고 있으며, 딕스 스포팅 굿즈, 풋락커, JD스포츠 등 대규모 파트너뿐만 아니라 현지의 매력적인 파트너들과도 긴밀하게 협력하고 있다고 말했습니다. 그는 "우리는 함께 전 세계 소비자들에게 새롭고 디지털적으로 더욱 원활하게 연결된 경험을 만들어 주기 위해 변화를 추진하고 있습니다"라고 말했습니다.

'강한 브랜드가 더 강해지는 시대' 이 말은 상징적입니다. 이런 사고에 근거하면, 지금까지 나이키의 고객이었던 전 세계의 대량판매 체인이나 많은 로컬 스포츠 용품점은 앞으로 나이키의 채널에서 자취를 감추게 될 것입니다. 그리고 머지않아 이 매장들은 나이키 직영점에 잠식되거나 전략적 소매 파트너의 산하에 들어가거나 둘 중 하나를 선택해야 할 것입니다. 즉 스포츠 용품 소매 업계의 재편과 도태가 가속화될 것으로 예감됩니다.

2021년 6월 24일 컨퍼런스콜에서 도나호는 도쿄 올림픽에 대해서는 많이 언급하지 않았습니다. "도쿄의 여름을 잠시 살펴보겠습니다. 앞으로 몇 주 동안 미국 여자 농구와 축구 유니폼, 4개의 스케이트보드 연맹의 공식 키트, 핸즈프리 신발인 '플라이이즈FlyEase' 테크놀로지를 탑재한 새로운 신발 등 올림픽 제품을 정식으로 출시할 예정입니다. 이 올림픽 제품들에 대한 강렬한 반응을 생각하면 벌써부터 흥분됩니다. 우리의 혁신이 경쟁자들과의 격차로 나타날 수 있기를 바랍니다. 특히 러닝에서는 장거리 러너용 '베이퍼 플라이 넥스트 %2'로 최고의 트랙 스파이크를 기대하고 있습니다."

별로 힘을 들이지 않고 한 이 말은, 리우 올림픽까지 다녀온 나이키가 앰부시 마케팅ambush marketing(매복 광고)으로 전환할 것임을 암시하는 것처럼 보였습니다. 올림픽을 마치 나이키가 개최하는 듯한 도시 캠페인을 펼치는 것이 나이키의 전통적인 올림픽 전략이었지만, 그러한 막대한 투자보다 도나호가 중요하게 생각한 것은 디지털에 대한 투자이며, TV나 광고탑을 이용한 마케팅은 그에게는 이미 구태의연한 방식으로 생각되었을 것입니다.

가장 주목해야 할 새로운 것은 "우리의 목표는 단순히 시장 점유율을 확보하는 것이 아니라 시장 전체를 성장시키는 것입니다"라는 발언입니다. 나이키는 지금껏 새로운 제품과 마케팅을 통해 운동화의 새로운 시장을 창출해 왔습니다. 도나호는 디지털 혁신을 원동력으로 삼아 더 역동적인 시장 창조를 목표로 했던 것입니다.

나이키의 투자자용 웹사이트에는 "나이키는 성장하는 기업입니다"

라는 문구가 걸렸습니다. 그 성장이 어디까지인지, 과연 운동화 사업이나 스포츠 용품 사업에 머무를 것인지는 알 수 없습니다. 하지만 분명한 것은 도나호가 나이키라는 강력한 브랜드를 이용해 기존과 전혀 다른 다양한 디지털 비즈니스의 가능성을 보여 주었다는 점입니다.

참고로 컨퍼런스콜에서 언급할 수 없었던 중요한 문제가 하나 있습니다. 그것은 중국의 위구르족 인권 문제와 구미 브랜드의 보이콧 증가에 관한 것이었습니다. 미국의 제노사이드 인정과, EU의 중국에 대한 제재 조치 등 세계적인 흐름 속에서 나이키뿐만 아니라 아디다스, 버버리, 캘빈클라인, 타미 힐피거, 뉴발란스, 언더아머, 자라 등 많은 서구권 기업들이 중국의 신장 위구르 자치구에서 생산한 면을 사용하지 않겠다는 뜻을 밝히며 위구르 인권 문제를 우려하는 성명을 냈습니다. 그러자 2021년 3월에는 중국의 텔레비전 매체에서 이들 서구권 브랜드의 로고를 흐릿하게 방송하는 등 철저한 보복을 하기 시작했습니다.

미국의 경제 매체 비즈니스 인사이더Business Insider에 따르면 중국에서 방송된 리얼리티 프로그램 〈리슨 투 미Listen to Me〉에 출연한 여배우 장란신이 신었던 신발은 나이키의 에어 조던1로 짐작되는데 로고가 흐릿했다고 보도했습니다. 물론 아디다스도 같은 일을 당했습니다. 게다가 6월에는 중국 정부가 직접 나서서 나이키, H&M, ZARA 등의 대형 의류 브랜드가 아이들의 건강에 해를 끼칠 가능성이 있는 상품을 판매하고 있다'라며 수입 금지 조처를 내렸습니다. 처음에는 인권 문제를 비난했던 H&M은 너무 많은 보복을 견디지 못해 3월 말에는 이전의 성명을 철회하고 중국에 대한 '장기적인 약속'과, 중국 소비자들의 '신뢰와 신용을 되찾기' 위한 노력을 다짐한다고 발표했습니다.

나이키는 2021년 시점에서, 이듬해 2월 베이징 동계올림픽을 앞두고 중국에서 성장할 수 있는 큰 기회로 생각하고 있었지만, 중국 당국의 의향과 인권을 중시하는 국제적인 중국의 포위망 속에서 이것은 분명히 큰 리스크 요인이 될 것이라고 모든 투자자가 생각했습니다. 하지만 그 리스크를 보완하고도 남을 나이키의 힘이 결산 발표 후 주가 상승으로 증명되어 8월 4일에는 종가 기준으로 사상 최고가를 갱신해 종가 170달러를 돌파했습니다. 코로나 쇼크 당시의 주가가 66달러이므로, 이 정도로 상승한 것은 회사가 크게 변화할 징조를 시장이 감지하고 있었기 때문일 것입니다.

제3장

DX 전략의 길

스티브 잡스와 나이키

 의외로 생각할 수도 있지만, 팬데믹 위기에서 진가를 발휘한 나이키의 디지털 전략은 애플의 스티브 잡스와 깊은 관련이 있습니다. 2006년 나이키의 CEO로 지명된 마크 파커는 애플과 특별한 파트너십을 체결하고 '나이키 플러스 아이팟 스포츠 키트Nike+ iPod Sport Kit'의 제품 라인을 발표했습니다. 이것은 '보다 쾌적한 러닝 경험을 창출'할 목적으로 만들어진 것으로, '나이키 플러스 아이팟'에 대응하여 아이팟 나노와 통신할 수 있도록 신발 깔창에 모션 센서를 내장한 것입니다. 이런 장치를 통해 달리기 속도와 주행 거리, 칼로리 소비량 등을 디바이스로 확인할 수 있게 되었습니다. 아이팟 나노는 달리면서 음악을 들을 수 있기 때문에, 당시 두 회사의 보도 자료에서는 '스포츠와 음악이라는 두 세계의 새로운 융합을 실현하는 파트너십'이라고 표현했습니다.

 잡스는 제품을 출시하면서 이렇게 말했습니다.

 "애플은 나이키와 협력해서 음악과 스포츠를 새로운 차원으로 끌어올리기 위해 노력하고 있습니다. 이는 그중 하나의 성과로, 운동의 모든 단계에서 코치와 트레이닝 파트너의 동기 부여를 높여 주었다고 확신합니다."

마크 파커와 스티브 잡스는 이 제품을 뉴욕에서 발표했는데, 이 행사에는 투르 드 프랑스Tour de France에서 7회 우승한 랜스 암스트롱Lance Armstrong과, 여자 마라톤 세계 기록 보유자 폴라 래드클리프Paula Radcliffe가 참석해 나이키와 애플의 협업을 축복했습니다. 파커는 이 제품에 대해 다음과 같이 말했습니다.

"나이키 플러스 아이팟 스포츠 키트는 디자인과 혁신을 통해 최고의 경험을 창출하고자 하는, 두 글로벌 브랜드의 파트너십을 통해 탄생했습니다. 이번 제품은 그 첫 번째 성과이며 나이키 플러스 아이팟은 사람들의 조깅 패턴을 근본적으로 바꾸게 될 것입니다."

이 당시 아이팟 나노에 연결하여 사용하는 신발은 '나이키 에어 줌 모이어 플러스'뿐이었지만, 그 후 더 많은 신발에 이 기능을 연결시키겠다고 했습니다. 참고로 다음 해에 출시된 혁명적이었던 제품 '아이폰'에는 연결하지 않았고, 아이폰으로 나이키 플러스 아이팟 스포츠 키트를 이용할 수 있게 된 것은 2009년 출시된 아이폰 3GS 이후부터입니다. 다만 디지털 기술이 빠르게 진화해서 2009년 5세대 아이팟 나노에는 이미 모션 센서가 내장되어 있어 신발과 통신할 필요가 없어졌고, 아이팟 나노의 나이키 플러스 앱만으로도 운동량을 측정할 수 있게 되었습니다. 현재는 나이키 플러스 아이팟 스포츠 키트는 생산되지 않지만, 이 초기 앱이 나중에 나이키의 'NRC(나이키 런 클럽) 앱'으로 발전했다는 의미에서 보면 매우 상징적인 제품이었습니다.

주목할 점은 당시 애플과 나이키의 제휴는 매우 강력하고 특별했다는 것입니다. 왜냐하면 이 최초의 디지털 장치와 신발의 '결합(마리아주)'이라는 프로젝트에서는, 디지털 장치의 설계 제조를 애플에 의존하고, 완성된 제품을 나이키와 애플 양측에서 판매하는 상당히 희귀한 협업이 성립되었기 때문입니다. 그뿐만이 아닙니다. 이 협업을 강화하기 위해 잡스는 당시 애플의 COO(최고 집행 책임자)였던 팀 쿡(현재 애플의 CEO)을 나이키의 이사회에 합류시키는 것에 동의하였으며, 이를 통해 나이키는 디지털 혁신의 방향성을 자세히 알고 있는 최고의 참모를 얻게 되었습니다.

    2000년대 중반, 스포츠 활동에서 운동 관련 데이터를 수집하는 것에 대한 소비자의 요구가 강해졌고, 높은 편리성 때문에 손목시계형 웨어러블 디바이스가 러너들 사이에서 유행하기 시작했습니다. 2009년에 GPS 전문 대기업 가민Garmin사는 '포러너Forerunner'라는 모델명으로 많은 스마트 워치를 출시하면서, 손목시계에 GPS를 탑재하는 개발에도 착수했습니다. 애플에는 아직 이 분야의 제품이 없어서 위기감을 느낀 나이키는 2011년에 '나이키 플러스 스포츠워치 GPS NIKE+ SportWatch GPS'를 출시합니다. 이는 아이폰에 의존하지 않고 단독으로 작동하며, 신발 안에 부착한 나이키 플러스 센서를 통해 러너의 스텝 데이터가 손목시계에 표시됩니다. 또 GPS를 통해 달리기 코스를 확인할 수 있는 기능을 가지고 있습니다.

    참고로 달리기에 특화된 이 기기는 GPS 기술을 자랑하는 기업 톰톰TOMTOM과의 공동 개발로 제품화한 것입니다. 2012년에는 손목에 착용해 운동 정보를 얻는 '퓨얼밴드FuelBand'라는 웨어러블 디바이스를 독자적으로 개발하여 아이폰과 연계시키는 상품도 출시했습니다. 나이키로서는 스포츠 분야의 최첨단 디지털 장치에서 타사에 뒤처지는 일은 어떻게든 피하고 싶었지만, 애플은 이 시점에서 손목시계형 웨어러블 단말기의 출시 계획이 없었기 때문에 나이키는 자체적으로 웨어러블 디바이스를 개발할 수밖에 없었습니다.

하지만 출시 2년 만인 2014년에 '퓨얼밴드'의 생산을 종료한다고 발표하였고, 2015년에 나이키는 '나이키 플러스 스포츠워치 GPS'를 포함한 웨어러블 기기의 제조 판매를 전면 중단했습니다. 이 결정은 웨어러블 단말기 분야에서 나이키 단독으로는 가민에 대항하는 것이 어렵다고 판단했기 때문이기도 하지만, 결국 2015년에 애플이 최초의 웨어러블 단말기 '애플워치'를 출시한다고 발표한 것이 가장 큰 이유였습니다. 애플이 스마트워치를 출시한다면 나이키는 더 이상 자체적으로 단말기를 만들 필요가 없었기 때문입니다. 하드웨어는 애플에 맡기고 모바일 앱이라는 소프트웨어에 전념했던 초기 협업의 모습이 최선의 솔루션이었습니다. 2015년에 잡스는 이미 고인이 되었지만, 그 후계자는 나이키 이사회에 합류한 팀 쿡으로, 뜻하지 않게 애플워치는 그가 CEO로 취임한 후의 첫 신제품이 되었습니다.

성공한 방침 변경

2016년 2세대 애플워치 시리즈2에서 '애플워치 나이키 플러스'가 등장하자 '나이키 플러스 아이팟'과 마찬가지로 나이키와 애플 양측에서 판매되었습니다. 애플워치 나이키 플러스는 GPS가 내장되어 있어 사용자가 아이폰 없이 달릴 수 있기 때문에 가민의 대항 기종이 될 뿐만 아니라 달리기나 야외 활동에 최적의 제품이었습니다.

이러한 나이키의 방침 변경은 대성공이었습니다. 2020년 카운터포인트 테크놀로지 마켓 리서치Counterpoint Technology Market Research 조사에 따르면 전 세계 스마트워치 1위는 애플이며 시장 점유율은 51.4%입니다. 가민은 2위이기는 하지만 점유율은 겨우 9.4%에 불과했습니다. 나이키 단독으로는 절대 할 수 없었던 최고의 기술을 탑재한 스포츠용 스마트워치를 애플 덕분에 출시하게 된 것은 나이키에게는 그야말로 행운이었습니다.

다시 본론으로 돌아가면, 2006년에 애플과 제휴했을 때 마크 파커는 나이키의 운영에 대해 잡스에게 조언을 구했다고 합니다. 마크 파커는 다양한 카테고리에서 소매점의 매출을 잠식하는 아마존의 대두와, 그 무렵 시작된 소셜 미디어 등 급격한 디지털 혁명의 진행으로 위기감을 느끼고 잡스에게 회사의 방향성에 대해서 의견을 듣고 싶었던 것입니다. 포브스지에 따르면 잡스는 파커에게 이렇게 말했다고 합니다.

"나이키는 세계 최고의 제품을 몇 가지 만들고 있습니다. 그것은 누구나 원하는 제품입니다. 그러나 한편으로 많은 '잡동사니'도 만들고 있습니다. 쓸데없는 것을 없애고 좋은 것에 집중해야 합니다."

그야말로 잡스다운 조언이었으며, 파커는 이 발언에 관해 "그는 절대적으로 옳았다"라고 말했습니다.

파커가 잡스와 이야기를 나눈 다음 해인 2007년 1월 9일, 애플의 혁신적인 발명품인 최초의 아이폰이 공개되었고, 6월 29일 미국에서 출시됐습니다. 이 아이폰의 등장과 다음 해 10월에 출시된 안드로이드 OS 단말기가 모바일 컴퓨팅의 새로운 시대를 만들어, 그동안 우위를 자랑했던 일본의 갈라파고스 휴대폰과 아이모드 i-mode(휴대폰 전용 무선 인터넷)가 급속히 시대에 뒤떨어지게 되었습니다.

아이폰과 안드로이드 단말기의 출현은 2000년 중반 이후에 활발해진 IT 기업의 움직임을 가속화시켰습니다. 참고로 페이스북은 2004년에 시작되었고, 잭 도시Jack Dorsey가 최초로 게시한 트위터는 2006년에 시작되었습니다. 훗날 페이스북이 매수한 인스타그램은 2010년 7월에 출시되었습니다. 또 창업 1년 만에 구글에 16억 달러에 인수된 유튜브는 2005년에 출범했습니다. 마치 모바일 시대가 올 것을 예상했던 것처럼 이러한 서비스들이 연달아 등장해 정보와 기술의 세계를 변화시켜 나갔습니다. 이러한 급격한 디지털 시대의 변화에 나이키가 대응할 수 있었던 것은 창업자 필 나이트가 아닌 마크 파커의 공적입니다. 그리고 그 공적에 큰 영향을 준 것이 애플과의 협업이라고 할 수 있습니다.

스티브 잡스는 왜 나이키와의 협업뿐만 아니라, 자신의 심복인 팀 쿡을 나이키의 이사회에 보내기로 한 것에 동의했을까요?

그 이유는 잡스가 나이키의 메시지 광고를 보고 애플 부활에 대한 힌트를 얻었기 때문입니다. 1997년에 잡스가 애플에 복귀한 후, 최우선 과제는 혁신적인 제품 개발뿐만 아니라 브랜드 이미지를 재활성화하는 것이었습니다. 한때 애플은 파격적인 마케팅으로 유명했으며, 1984년 조지 오웰의 소설 《1984》에서 영감을 받은 텔레비전 광고를 방영해서 매킨토시 컴퓨터를 시대의 총아로 만들었습니다. 하지만 그가 부재했던 10년 동안 애플 브랜드는 제품에 대한 초점을 잃었고 도산 직전의 상태에 놓였습니다. 과거의 영광을 되찾기 위해 잡스가 영감을 얻은 것이 바로 나이키의 메시지 광고였습니다. 그는 1997년에 사원을 대상으로 한 강연에서 이렇게 말했습니다.

"모든 광고 중 가장 좋은 사례이며 온 우주에서 지금까지 본 마케팅의 가장 큰 업적은 나이키의 광고입니다. 기억해 두세요. 나이키는 상품을 팝니다. 신발을 파는 회사죠. 하지만 나이키에 대해 생각하면 단순한 신발 회사와는 다른 무언가를 느끼게 됩니다. 나이키 광고에서는 제품에 대해 절대 언급하지 않습니다. 나이키의 에어솔Air-Sole(에어 기능을 가진 신발 밑창)이 리복의 에어솔보다 뛰어난 이유에 대해 말하지 않습니다. 그 대신 나이키는 무엇을 말할까요? 그들은 위대한 운동선수들을 칭송하며 위대한 운동경기에 경의를 표합니다. 그것이 바로 나이키이고, 나이키가 존재하는 이유이기 때문입니다."

잡스가 나이키 광고에서 힌트를 얻어 만들게 된 메시지 광고는 1998년에 공개된 그 유명한 "Think different(다르게 생각하라)"입니다. 해당 광고에는 기기는 전혀 등장하지 않고 알버트 아인슈타인, 마틴 루터 킹, 무함마드 알리, 존 레논 등이 나오는 영상에 내레이션이 흘러나옵니다. 마지막 장면에는 "세상을 바꿀 수 있다고 진심으로 믿는 사람만이 결국 세상을 바꿀 수 있습니다"라는 내레이션으로 연결되어 'Think different'라는 슬로건과 애플 로고가 나타나면서 끝납니다. 이 영상은 지금 봐도 마지막 로고만 바꾸면 나이키의 광고라고 생각할 정도로 비슷한데, 전달하고 싶은 메시지는 '세상을 바꾼다'는 잡스의 정신입니다.

이 광고는 대성공을 거두었고 광고에 맞춰 출시된 '아이맥'은 이전까지의 컴퓨터에 대한 상식을 바꿔 놓아 '반투명한 캔디 컬러', '설정의 용이성', '간단한 인터넷 접속' 등에 의해 컴퓨터가 직장에서 가정으로 확대되면서 폭발적으로 판매되기 시작했습니다. 참고로 1998년 에미상의 베스트 광고상은 바로 이 'Think different' CF입니다. 잡스는 당시 최악이었던 애플의 상황을 바꿔 놓을 마케팅 아이디어를 준 나이키를 존경했고, 그 존경은 이후 잡스가 나이키와 특별한 협력을 하게 된 배경이 되었습니다.

여담이지만 잡스는 회색 뉴발란스New Balance, 특히 990 시리즈를 좋아해서 많은 프레젠테이션에서 이 운동화를 착용했습니다. 이는 단순함을 중시한 그의 스타일, 즉 검은색 터틀넥에 물 빠진 청바지 스타일과 잘 맞았기 때문입니다. 하지만 2006년에 뉴욕에서 마크 파커와 함께 프레젠테이션을 했을 때 잡스는 나이키 운동화를 신고 있었습니다. 이 운동화는 물론 나이키 플러스 아이팟에 연결되는 '나이키 에어 줌 모이어 플러스Air Zoom Moire+'입니다. 그런 의미로 볼 때 잡스 팬들에게는 이 신발이 기념할 만한 것일 수도 있습니다.

시대가 변하고 팀 쿡이 CEO에 취임하자 애플의 연설자 상당수가 나이키 신발을 착용하였습니다. 2019년 연설에서 팀 쿡은 '나이키 에픽 리액트 플라이니트Nike Epic React Flyknit'를 신고 등장했으며, 제조설계 담당 부사장 스탠 응Stan Ng은 '나이키 조이라이드 런 플라이니트 레이서Nike Joyride Run Flyknit Racer'를 착용했습니다. 이 광경은 애플과 나이키의 강력한 파트너십과 친밀함을 상징적으로 보여 주었습니다.

나이키 디지털의 여명

나이키의 디지털 도입은 1996년 8월에 가동한 자사 웹사이트에서 시작되었습니다.

정확히 1년 전인 1995년 8월에는 미국에서 마이크로소프트의 윈도우95가 출시되었습니다. 가정에도 퍼스널 컴퓨터가 보급되어, 인터넷 접속이 활발해지는 흐름 속에서 다른 회사와 마찬가지로 기업 사이트를 구축한 정도였습니다. 어쨌든 당시에는 그 혁명적인 OS를 출시한 빌 게이츠가 여전히 'PC 통신'이 주류라고 생각하고 있을 무렵입니다.

1994년경부터 보급되기 시작한 WWW로 시작되는 인터넷에 대해서는 회의적이었고, 윈도우95의 초기 버전에는 인터넷의 기본 기능이 없었습니다. 하지만 별도로 판매하는 인터넷 브라우저인 인터넷 익스플로러가 폭발적으로 팔리면서 그는 자신의 판단 실수를 깨닫고 곧바로 인터넷 기능을 컴퓨터에 기본 탑재합니다. 소비자에게 등을 떠밀려 하게 된 셈이지만, 사람들이 인터넷에서 가능성을 발견하고 빌 게이츠가 거기에 대응함으로써 이후 '빌 게이츠 제국'이 발전하는 계기가 되었습니다.

나이키가 기업 사이트를 구축한 초기 목적은 인터넷에 접속하는 소비자에게 상품 정보와 기업 정보를 제공하는 것이었습니다. 물론 시작할 당시에는 이커머스 기능은 없었습니다. 자사 웹사이트의 주요 목적은 브랜드 구축이며, 스포츠 분야마다 독자적인 랜딩 페이지landing page가 마련되어 나이키가 계약한 선수들의 조언과 이벤트에 관한 뉴스, 디자인에 대한 영감 및 제품 정보 등이 실려 있습니다. 나이키는 웹사이트를 마케팅 도구의 하나로 생각하고 있었던 것입니다. 하지만 특별히 홍보하지도 않았는데 이 회사 사이트는 1998년에 1,400만 명의 방문자를 달성하였고, 나이키는 웹상의 자사 브랜드 콘텐츠에 소비자들의 관심이 매우 높다는 것을 알게 됩니다.

웹사이트를 개설한 지 3년 후인 1999년 2월, 나이키는 이커머스에 진출하여 소비자에게 직접 판매를 시작했습니다. 당시 필 나이트는 다음과 같이 말했습니다.

"이커머스에 진출한 것은 나이키 제품에 접근하고 싶어 하는 소비자가 증가함에 따라 이에 대응한 것입니다. 인터넷을 이용하면 잠재적인 구매자를 소매 파트너로 끌어들이는 기회를 제공할 수 있습니다."

필 나이트의 이 발언에는 풋락커 등의 대형 소매 파트너에 대한 배려가 배어 있습니다. 당시에는 아직 인터넷 판매가 오프라인 매장을 힘들게 할 것이라는 회의적인 의견이 지배적이었기 때문에, 지금처럼 최종 사용자에 대한 직접 판매 우선이라는 노선은 당연히 내세울 수 없었습니다. 이미 나이키 타운이나 나이키 팩토리 아웃렛 같은 직영점을 다수 전개하고 있기는 했지만, 실질적으로 나이키의 매출은 도매 부문에 의존하고 있는 상태이며, 일단 한정된 기간에 이커머스 사이트를 개설하여 대형 소매점의 반응을 보려고 한 것입니다.

당시 1997년의 나이키 버블 붕괴를 극복하기 위해 나이키는 '나이키 알파 프로젝트'라는 특별한 제품 혁신 프로젝트를 시작하고 있었습니다. 그래서 그 프로젝트에서 나온 제품을 자사의 이커머스에서 판매하는 실험을 한다고 발표했습니다. 그것도 미국에서만 3개월간 한정 판매하는 것인데, 실제로는 이커머스의 가동 상황을 검증하기 위한 것이었으며, 같은 해 후반에는 상품을 폭넓게 구성하여 본격적인 이커머스 사이트를 개설하였습니다. 당연히 소매점의 반발도 예상했지만, 나이키는 그보다 자신들에게 중대한 위협이 되는 존재의 출현을 우려했습니다.

위협이 되는 존재란 1997년에 미국 나스닥 시장에 상장한 아마존을 말합니다. 나이키가 나이키 닷컴이라는 자사 웹사이트에 이커머스 기능을 구현한 1999년에, 아마존은 전년도 대비 169% 증가한 16억 4,000만 달러라는 비약적인 매출을 기록했습니다. 서적이나 잡지 판매를 위한 이커머스 사이트였던 이 아마존이라는 회사는 완구, 전자 기기, 비디오, CD, DVD, 홈웨어, 소프트웨어 등 계속해서 카테고리를 추가하여 1,800만 종류가 넘는 상품을 판매하는 사이트로 팽창하고 있었습니다. 1999년 12월 31일 시점에는 고객 계정이 전년도 대비 170% 증가한 1,690만 개로 성장했습니다. 이익은 나오지 않았지만, 주식 시장의 기대치가 커져 1999년 12월에는 주가가 100달러를 넘는 경우도 있었습니다. 당시 아마존의 성장은 아직 오프라인 매장에 영향을 주지 않았지만, 회사를 설립한 지 불과 3년 만에 상장하고 모든 제품을 온라인으로 판매한다는 전략은 결국 스포츠 용품 업계에도 영향을 미치게 될, 정체를 알 수 없는 존재였습니다. 당시 나이키가 이커머스로 진출한 것은 아마존의 미래 위협에 대비한다는 의미도 있었습니다.

최초의 나이키 이커머스 사이트는 나이키다운 혁신성이 있어, 현재의 '나이키 바이 유Nike By You'에 해당하는 커스터마이징 서비스가 이미 구현되어 있었습니다. 물론 모바일 앱이 없는 시대였기 때문에 웹사이트에서만 이용할 수 있었습니다. 호평을 받은 것은 나이키의 간판 운동화 중 하나인 '에어 포스 1'을 색상과 소재를 선택해서 커스터마이징할 수 있는 서비스였습니다. 커스터마이징이 가능한 제품은 31종류이며, 82가지 패턴을 선택할 수 있었습니다. 나중에 이 신발의 커스터마이징 서비스는 아디다스 등 많은 신발 브랜드로 확산됩니다.

2004년, 나이키는 IBM의 500만 페이지에 달하는 웹사이트를 재설계한 디지털 광고 대행사인 글로벌 기업 R/GA에 웹사이트 재설계를 의뢰합니다. R/GA는 '프리미엄 이커머스 경험'을 제공하기 위해 기존 HTML 사이트보다 사용자 친화적인 경험과 세련된 외관을 제공하는 '플래시Flash' 기반의 사이트를 완성했습니다. 운동화 커스터마이징 서비스 'NIKE iD'는 2008년에 재설계되어 사이트에서 '마이 로커MyLocker'라는 이름으로 관심 있는 제품의 디자인을 보존해 두는 기능을 구현했습니다. 이에 따른 부차적인 효과로 블로거나 디자이너들이 자신의 디자인을 인터넷상에 업로드하는 예기치 못한 현상이 일어났습니다. 참고로 2006년에 출시된 달리기용 '나이키 플러스' 플랫폼도 R/GA가 개발한 것입니다. 이 회사는 현재도 나이키 디지털 마케팅의 유력한 대리점이자, 삼성과 메르세데스 벤츠, 시세이도 등 수많은 유력 브랜드를 고객으로 두고 있습니다.

2010년까지 나이키는 결산 보고서에서 자사의 디지털 매출에 대해 전혀 언급하지 않았습니다. 1세대 아이폰은 2007년 1월에 출시되었는데, 이 무렵에는 아직 온라인 판매라고 하면 컴퓨터가 중심이던 시절이었습니다. 통신 속도도 현재와 비교할 수 없을 정도로 느려서, 이 때문에 '사이버 먼데이Cyber Monday(추수감사절 연휴 후 첫 번째 월요일에 직장의 고속 인터넷으로 온라인 쇼핑하는 현상)'가 생겼다는 것은 잘 알려진 사실입니다. 온라인 쇼핑몰의 성장은 예상하고 있었지만, 그것이 정말로 사회를 변화시킬 힘을 가지려면 아직 멀었다고 생각했습니다.

나이키는 2007년에 타깃Target이나 콜스Kohl's 같은 소매 대기업에서 3명의 간부직을 채용해 웹 이커머스를 총괄하게 했습니다. 담당 부문은 '나이키 글로벌 일렉트로닉 커머스'로 마크 파커의 직속이었습니다. 마크 파커는 이때부터 이커머스를 단순히 부수적인 비즈니스로 간주하지 않고 미래의 성장 기회로 생각했던 것 같습니다. 하지만 IT 업계가 아니라 소매 대기업에서 인터넷 사업의 임원을 영입한다는 발상은 전문성이라는 면에서는 아직 부족했습니다.

그런데도 온라인 쇼핑업계 전문지 〈인터넷 리테일러Internet Retailer〉가 2007년에 발표한 이커머스 500 랭킹에서 나이키는 77위에 올랐습니다. 2010년에는 순위가 상승하여 48위가 되었습니다(출처: 이커머스 전문 매체 디지털 커머스 360). 2010년에 나이키는 처음으로 결산 보고서에 온라인 매출을 언급하며, 이커머스 매출액이 2억 6,000만 달러, 커스터마이징 서비스 'Nike iD'가 1억 달러를 넘어섰다고 발표했습니다. 이커머스에 진출한 지 10년이 지났지만 매출은 나이키 전체적으로는 아주 적었습니다. 이 작은 씨앗이 드디어 2021년 4분기에 나이키 디지털 부문에서 90억 달러라는 엄청난 매출을 올렸습니다. 지난 11년간의 숫자를 대비해 보면 나이키가 얼마나 힘차게 디지털 혁신을 해 왔는지 알 수 있으며, 대기업이 변화의 물결을 타고 스스로를 바꿔 나가는 것이 얼마나 중요한지를 실감할 수 있습니다.

진화하는 앱

이미 언급했듯이 나이키의 DX(디지털 전환)는 앱 중심의 전략으로, 앱이 매출에 미치는 상당한 영향력을 실감한 것은 SNKRS 앱을 출시한 2015년 봄이었습니다.

나이키가 최초로 아이폰용으로 출시한 앱은 나이키의 간판 앱인 러닝 분야가 아니라, 여성을 위한 트레이닝용 앱, 즉 현재의 NTC(나이키 트레이닝 클럽) 앱으로 2009년에 첫선을 보였습니다. 당시에는 '플러스'를 붙여서 '나이키 플러스 트레이닝 클럽'이라고 했습니다. 개발을 추진한 사람은 2008년 나이키에 입사한 테사 아라고네스Tesa Aragones라는 여성으로, 그녀의 최초 직책은 여성 트레이닝 부문의 글로벌 디지털 브랜드 디렉터였습니다. 입사 후 그녀에게는 '나이키 트레이닝용 상품을 착용하고 싶게 하는 경험을 어떻게 만들 것인가'라는 과제가 주어졌습니다.

그녀는 소비자 분석을 실시한 결과, 소비자들은 운동 방법에 대한 가이드가 필요하며, 동시에 동기 부여를 유지하길 원한다는 것을 알게 되었습니다. 그래서 그녀는 소비자의 요구를 충족시키기 위한 최적의 솔루션으로 NTC라는 아이폰용 앱을 구축했습니다. 이 앱을 통해 소비자들은 스마트폰으로 트레이닝 콘텐츠를 즐기고, 친구들과 연결하여 서로 격려하고 경쟁함으로써 동기 부여를 유지할 수 있게 되었습니다.

NTC는 2009년 1월에 출시된 나이키 최초의 아이폰용 앱으로, 컴퓨터 잡지 맥월드Macworld와 애플닷컴에서도 소개되었습니다. 당시 애플에게도 나이키가 만든 고품질의 콘텐츠는 큰 홍보 요소였습니다. 소비자들이 여성 취향의 귀여운 아바타를 만들어 운동 종류를 선택하고 동기를 유지할 수 있도록 친구를 초대할 수 있는 기능을 갖춘 이 앱을 아라고네스는 '혁신'이라고 말했습니다. 웹을 이용해서 상품을 판매하거나 광고하는 등 디지털 활용법을 통해 소비자에게 직접 서비스를 제공하고 나이키와 연결하는 새로운 방법을 도입했다는 점에서 확실히 선진적이고 혁신적인 서비스라고 할 수 있습니다. 이 앱을 통해 나이키는 일주일에 여러 차례, 1회 세션에 소비자와 30분 이상 소통할 수 있게 되었습니다. 이것은 나이키가 소비자와의 연결성을 만들었다는 의미에서 신기원이었습니다.

NTC는 칸 국제 광고제에서 온라인 광고(웹사이트, 인터랙티브) 부문을 표창하는 '사이버 라이언스Cyber Lions' 등의 상을 받으며 대성공을 거두었고, 이를 바탕으로 나이키는 2010년 9월에 '나이키 플러스 GPS'라는 러닝 앱을 애플 앱스토어에서 출시합니다. 이것이 나중에 NRC 앱이 됩니다. 나이키는 디지털과 서비스 구축에 초점을 맞춘 디지털 스포츠 부문을 창설하고 온라인 판매 앱 버전인 '나이키 플러스' 앱, 트레이닝을 위한 'NTC' 앱, 러닝을 위한 'NRC' 앱 등 점차 역할

분담을 명확히 해 나갔습니다.

  결국 NTC와 NRC는 소비자와의 연결성을 강화하기 위한 마케팅 도구 역할을 하고, 웹과 '나이키 플러스' 앱으로 판매하는 형태가 완성되었습니다. 하지만 그중 매우 중요한 분야, 즉 스니커헤드를 만족시키기 위한 한정판 운동화 전용 앱이 빠져 있었습니다. 그래서 나온 것이 바로 2015년 봄에 출시된 SNKRS 앱입니다.

  생각해 보면, 매출의 40%를 차지하는 스포츠웨어 부문의 패션계 운동화는 나이키의 가장 큰 수입원이며, 스마트폰을 가장 많이 이용하는 젊은 스니커헤드들을 주요 타깃으로 하는 카테고리이기도 합니다. 오히려 한정판 운동화 전용 앱 출시가 너무 늦었다고 할 수 있습니다. SNKRS 앱은 모바일 사용자에게 알림을 보내고 모바일 기기에서 한정판 운동화를 쉽게 구매할 수 있는 앱으로, 이 앱에는 단순히 운동화 구매 기능을 훨씬 뛰어넘는 장치가 구현되어 있었습니다.

  사용자는 나이키 회원으로 등록하면 특정 운동화를 팔로우할 수 있고, 나이키 운동화의 역사와 디자인에 대한 깊은 정보를 얻을 수 있습니다. 그뿐만이 아니라 '게이미피케이션gamification(게임화)'이라는 새로운 개념이 도입되어, 최고의 프리미엄 운동화에 대한 갈망을 증폭시키는 장치가 마련되었습니다. 자세한 내용은 뒤에서 설명하겠지만, 바로 이 앱의 등장이 나이키의 디지털 생태계를 완성시켰다고 해도 과언이 아닐 정도로 운동화 문화 전체에 영향을 끼쳤습니다.

  초기 단계에서 나이키가 이 앱의 최우선 과제로 삼은 것은 에어 포스 1, 에어맥스, 에어 조던, 덩크 등 인기 프리미엄 운동화를 판매하는 매장에서 초래할 혼란과 사재기, 밤새 줄서기 등의 문제를 해결하는 것이었고, SNKRS 앱이 그 역할을 하는 위치에 있었습니다. 이 앱은 나중에 스니커헤드의 필수 앱으로 성장하였습니다. 비즈니스는 정말 알 수 없는 세계입니다.

흥미롭게도 나이키의 영원한 라이벌인 아디다스도 2015년에 '컨펌드CONFIRMED'라는 비슷한 운동화 전용 앱을 출시했습니다. 마치 서로 정보 전쟁을 하는 것처럼, SNKRS 앱과 같은 주에 출시되어 이 업계의 경쟁이 치열하다는 사실을 느끼게 했습니다. 하지단 아디다스의 컨펌드와 나이키의 SNKRS에는 결정적인 차이가 있었습니다. 컨펌드는 단순한 운동화 예약 앱이며 실제 구매는 소비자가 장소를 특정해서 현지 소매점에서 하는 반면, 나이키 SNKRS 앱은 소매점으로 유도하지 않고 모두 앱에서 완결함으로써 나이키 자체의 매출이 된다는 점입니다. 여기에는 DTC(소비자 직접 판매)를 중시하는 나이키와 소매점을 중시하는 아디다스의 결정적인 차이가 있었습니다.

2015년 12월 22일에 발표된 2분기 결산에서 나이키는 이커머스 매출이 50% 성장했다고 발표했습니다. 온라인 판매를 제공하는 시장 자체가 확대되기도 하여, 이때 CEO 마크 파커는 나이키 닷컴의 전개가 비즈니스 전체에 '큰 에너지'를 불어넣었다고 강조했습니다.

"우리는 지난 몇 년 동안 디지털과 모바일에 대한 투자에 집중했고, 그 성과를 올리고 있습니다. 나이키 닷컴을 더욱 광범위한 디지털 전략에 연결하는 것은 분명 기업으로서의 가장 큰 기회가 될 것입니다."

파커는 2016년에 디지털로 새로운 혁신을 일으킬 것이라고 하면서, 성공의 열쇠는 소비자의 경험을 '단순하고 개인적인' 것으로 만드는 데 있다고 말했습니다. 그는 사용자가 훈련 프로그램, 피트니스 이력, 마음에 드는 스포츠웨어에 접근할 수 있도록 하는 '나이키 플러스에코시스템Nike + ecosystem' 구축을 목표로 한다고 말했습니다. 당시 나이키의 이커머스 매출은 10억 달러였는데, 이를 2020년까지 70억 달러의 비즈니스로 만들겠다는 의욕적인 목표를 내걸었습니다. 하지만 흥미롭게도 '단순하고 개인적'인 디지털 경험을 소비자에게 제공한다는 파커의 콘셉트가 가장 힘을 발휘한 것은 NTC 앱도 NRC 앱도 아닌 SNKRS 앱이었습니다. 팬데믹 위기인 2020년에는 이 앱만으로 10억 달러의 매출을 달성하였습니다.

테크 기업 인수 전략

SNKRS 앱이 예상을 뛰어넘는 호응을 얻자, 나이키는 더 많은 앱과 소프트웨어 분야에서 디지털 기술에 전문적인 기업이 되겠다는 생각으로 테크 기업 인수 전략에 착수하기 시작합니다. 과거 대형 브랜드 인수에서 실행했던 거액의 제안은 피하고, 소기업 인수를 중심으로 진행했습니다.

나이키가 처음으로 디지털 기업을 인수한 것은 SNKRS 앱이 출시된 지 1년 후인 2016년입니다. 대상은 영국의 리처드 브랜슨Richard Branson이 이끄는 '버진 그룹Virgin Group' 산하의 작은 디지털 신생 기업 '버진 메가Virgin Mega'였습니다.

이 회사는 뉴욕에 본사를 둔 설립 2년 차의 스타트업 기업으로 불과 직원이 12명이었습니다. 원래는 '버진 모바일'의 마케팅 책임자였던 론 파리스Ron Faris의 아이디어로 탄생한 '메가 라인Mega Line' 앱을 운영하는 회사였습니다. 리처드 브랜슨은 "메가 라인 앱은 밀레니얼 세대를 위한 게임화된 모바일 쇼핑 경험을 구축하는 데 초점을 맞춘 것으로, 고객은 게임에서 이기면 인기 상품을 얻기 위한 순번표를 확보할 수 있다"라고 말했습니다.

나이키가 이 플랫폼에 흥미를 느낀 것은 SNKRS 앱에 게임의 요소를 집어넣는 재미도 있고, 게임을 통해 인기 운동화가 출시될 때 스니커 봇Sneaker Bot을 이용한 사재기 행위를 막을 수 있다고 생각했기 때문입니다. 봇이란 자동화된 작업을 수행하는 앱을 말합니다. 단순한 반복 작업을 빠른 속도로 처리하지만, 게임에서 이기라는 명령은 복잡해서 실행할 수 없습니다. 말하자면, 봇 차단 대책을 강구하지 않으면 안 될 정도로 1년도 채 되지 않은 나이키의 한정판 운동화 앱이 스니커헤드들로부터 강한 주목을 받았다는 의미입니다.

인수된 버진 메가는 'S23NYC'로 이름을 바꾸고 SNKRS 앱을 관리 운용하는 사내 대리점이 되었습니다. 론 파리스는 부사장직을 유지하면서 나이키로 이적했습니다. 2016년에 S23NYC가 출범한 이후, 이 부문에서는 SNKRS 앱에 메가 라인 앱의 게임 요소를 응용하여 봇의 개입을 배제함으로써 스니커헤드들의 열광에 대응하는 방법이 검토되었습니다.

스니커 봇은 주로 한정판 운동화 리셀업자가 실행하였으며, 이를 실행하면 대량의 운동화를 몇 분 만에 살 수 있습니다. 봇에게는 신발을 선택해서 쇼핑 카트에 넣고 몇 초 안에 구매를 완료하는 동작이 아주 쉬우며, 구매한 한정판 운동화는 곧바로 높은 가격에 리셀됩니다. 이런 식으로는 나이키가 '단순하고 개인적인' 소비자와의 연결을 만들 수 없었습니다. 디지털은 매우 편리한 도구인 반면, 이처럼 브랜드 훼손으로 이어질 수 있는 중대한 문제도 안고 있었던 것입니다. 따라서 파리스는 스니커 봇 회피와 앱의 게임화를 하나로 해결할 필요가 있었습니다.

파리스가 내린 결론은 한정판 운동화 확보를 '헌팅(사냥)'으로 보고, 스니커헤드들의 열광을 디지털과 실제 세계의 융합으로 증폭하고, 동시에 봇의 개입을 배제한다는 계획이었습니다. 이른바 앱에 '구매의 게임화(게이미피케이션)'가 탄생한 것입니다. 파리스는 이 아이디어에 기초하여, 등록한 회원이 도시의 다양한 장소에 숨겨진 목적물을 발견하고 그 사진을 찍으면 한정판 운동화를 '잠금 해제(구입 가능)'할 수 있는 앱 구상에 도달했습니다.

2017년 6월, '당신이 사는 도시에 숨겨진 한정 상품을 잠금 해제하는 새로운 방법'이라며 '스니커즈 스태시$^{SNKRS\ Stash}$'라는 기능이 출시되었습니다. 파리스는 SNKRS 앱에 AR$^{Augmented\ Reality}$(증강 현실) 기능을 구현하고, 이를 스니커즈 스태시라고 명명했습니다. 이렇게 해서 SNKRS 앱은 젊은 운동화 팬들을 단순한 쇼핑객이 아닌 게이머로 탈바꿈시켜 이 앱에서 벗어날 수 없는 상태로 만든 것입니다.

론 파리스는 이렇게 말합니다.

"많은 스니커헤드에게 신발을 어떻게 확보할 것인가는 신발 자체만큼이나 중요한 관심사입니다. 방법은 '잠금 해제'를 경험하는 것입니다. 말하자면 창의적으로 구현된 캔버스에서, 야외 및 실내의 다양한 것들을 이용하는 새롭고 매력적인 방법을 통해 신발을 '잠금 해제'할 수 있습니다. 캔버스는 같지만 예술은 계속 변합니다."

그는 스니커즈 스태시를 '포켓몬 GO의 나이키 버전' 같은 것이라고 하며, 포켓몬 GO는 신발을 판매하는 최적의 방법이라고도 말했습니다. 포켓몬 GO에서 피카츄를 얻기 위해 열광적인 게이머가 거리를 서성이는 방법에서 스니커즈 체험을 게임화하는 데 힌트를 얻은 것입니다.

스니커즈 스태시가 작동하기 시작하면 거리 어딘가에 있는 스태시 스팟stash spot을 찾아 스니커헤드는 실제 공간인 거리로 나갑니다. 비밀 장소인 스태시 스팟 가까운 곳에 스니커헤드가 나타나면 스마트폰 앱에 그 스팟의 일부를 나타내는 3장의 사진이 표시됩니다. 스니커헤드가 거리를 돌아다니다가 스팟을 발견하면, 앱의 "I am here(여기 있어)" 버튼을 누르고 앱은 GPS로 위치를 확인합니다. 스니커헤드가 정말 거기에 있다면 그 자리에서 신발을 구입할 수 있습니다.

참고로 S23NYC가 한정판 'PSNY × 에어 조던 12'를 앱으로 판매했을 때 평온했던 워싱턴 스퀘어 파크는 이 운동화를 찾는 스캐빈저 헌트scavenger hunt(학교 등에서 하는 보물찾기) 무리로 가득 찼다고 합니다. 이는 야외에서 하는 최초의 실험이기도 했는데 어쨌든 혼란을 일으키지 않고 종료되었고 봇과 가격 혼란이라는, 과거에 나이키를 괴롭혀왔던 두 가지 문제가 해결되었습니다. 이것은 바로 거리가 나이키의 디지털 스토어가 된 혁명적인 순간이기도 합니다.

현실과 디지털의 융합

스트리트 웨어의 개척자이며 스테이플 디자인의 설립자 제프 스테이플Jeff Staple은 디지털 정보 언론 매체 디지털 트렌드Digital Trends와의 인터뷰에서 나이키의 SNKRS 앱에 대해 이렇게 말했습니다.

"10만 켤레의 신발을 파는 것은 분명 대단한 일입니다. 하지만 10만 명의 아이들이 그냥 집에서 스마트폰 터치 패널로 구매 버튼을 누르기만 한다면 거기에 문화는 없습니다. 나이키와 운동화 문화의 미래를 예견하는 성공의 열쇠는 현실적인 매력과 디지털의 편리함을 매끄럽게 융합하는 것입니다."

바로 이 '융합'이 워싱턴 스퀘어에서 일어난 사건이었습니다. 게다가 인건비나 초기 투자비를 제외하면 마케팅 비용은 거의 들지 않았습니다. 필요한 것은 도시의 스팟 이미지뿐입니다. 스니커헤드 중 인플루언서들이 자발적으로 인스타그램의 스토리나 트위터에서 이 앱을 다룰 것이라는 예측은 완벽히 적중했습니다. 즉 소셜 미디어를 통해 소비자가 앞장서서 적극적인 홍보를 해 준 셈입니다. 이는 광고비에 막대한 비용을 지출해 온 기업의 입장에서는 근본적인 패러다임의 전환이라고 할 수 있습니다. 코틀러는 《필립 코틀러의 마케팅 4.0》에서 "게이미피케이션은 고객 참여를 증진하는 강력한 기법이다"라고 말했는데, 그 이상으로 중요한 것은 고객이 한번 이 게임에 매료되면 마케팅 비용이 극소화된다는 점입니다.

인기 있는 한정판 운동화를 구하기 위해서라면 스니커헤드들은 SNKRS 앱을 통해 자신의 개인정보를 기꺼이 나이키에 제공하고, 그 결과 대량의 개인정보가 나이키의 수중으로 들어가게 됩니다. 특히 주소, 연령, 성별, 구입 이력은 큰 데이터 요소로 작용해, 이와 같은 데이터를 이용한 시장 전략은 매우 정확하며 셀 스루sell-through(매장 재고의 판매량)를 극한까지 높일 수 있습니다. 그 전형적인 사례가 2018년 11월에 뉴욕에서 출시된 '에어 포스 1 데 로 미오Air Force 1 De Lo Mio'입니다.

이 운동화는 SNKRS 사용자의 데이터 분석을 통해, 뉴욕에서 가장 열성적인 사용자들이 도미니카인의 거주지에 집중되어 있다는 사실을 배경으로 해서 출시되었습니다. 나이키는 도미니카 공화국의 디자이너 세자르 페레즈Cesar Perez와 손잡고 '데 로 미오(나의 도미니카)'를 디자인해서 그 운동화의 색상에 도미니카 공화국의 국기 색상을 사용하였으며, 신발 뒤축 한쪽에는 '도미니카', 다른 한쪽에는 '공화국'이라고 새겼습니다. 운동화가 완성되자 파리스는 그 지역의 도미니카인들에게 신발을 나눠 주고 이 신발을 신은 사진을 인스타그램에 올려 달라고 부탁했습니다. 그 결과는 말할 필요도 없습니다. 165달러나 하는 '에어 포스 1 데 로 미오'는 금세 완판되었습니다.

2019년에 나이키는 NBA 모바일 게임인 'NBA 2K20'과도 제휴를 맺었습니다. 이른바 '게임 인 게임'으로, 게임 속 도전 과제를 완료하는 플레이어에게만 실제 한정판 운동화를 얻을 수 있는 기회를 제공합니다. 이 운동화들은 '게이머 익스클루시브Gamer Exclusive'라는 이름이 붙여져, 플레이어가 게임 내 챌린지에서 이기면 게이머 익스클루시브 운동화의 구매 잠금이 해제됩니다. 잠금 해제 후, NBA 2K20과 SNKRS 앱의 멤버십을 링크함으로써 게이머 익스클루시브 운동화를 구입할 수 있습니다. 참고로 NBA 모바일 게임과 SNKRS 앱의 협업은 현재도 계속되고 있습니다.

흥미로운 점은 S23NYC가 사내 대리점으로, 나이키 본사가 있는 오리건주가 아니라 뉴욕에 사무실을 가지고 있어 본사 조직과는 독립적인 의사결정을 할 수 있다는 점입니다. 론 파리스는 "우리는 비버턴Beaverton(나이키 본사 소재지)에서 멀리 떨어져 있는 덕분에 일종의 자치권을 가지고 일하고 있습니다"라고 말했습니다. 나이키 본사에는 디지털화를 이해하지 못하는 사원이 많아, 자유로운 발상으로 앱 전략을 구상하기 위해서는 그런 직원들로부터 격리될 필요가 있었습니다. '수만 켤레의 신발을 순식간에 판매한다'는 마법을 실현한 론 파리스. 그는 분명 나이키의 차세대를 책임질 인재이지만, 전통적인 나이키에게는 특이한 존재라고도 할 수 있습니다. 그 파리스가 이처럼 자유자재로 활약할 수 있었던 것은 마크 파커와 존 도나호라는 최고경영자 두 사람이 디지털 혁신에 대한 강한 의지가 있었기 때문입니다. 론 파리스는 2020년 CEO 교체에 대해 이렇게 말했습니다.

"마크와 존의 조합은 나이키의 다음 단계에서 훌륭하게 빛을 발할 것입니다. 마크는 제품을 이용한 스토리텔링을 통해 브랜드를 오늘날의 나이키로 만들었습니다. 그리고 존은 디지털 경험을 통해 나이키의 미래를 만들 것입니다."

그렇다 치더라도 창업한 지 50년 이상 지나 과거의 유산과 성공 경험이 많은 나이키가 이러한 디지털 중심의 큰 변화에 대응할 수 있는 것은 기본적으로 스포츠가 젊은이의 것이며, 그 젊은이들의 지지를 계속 받지 못하면 브랜드가 쇠퇴해 버린다는 근원적인 인식을 하고 있기 때문입니다. 스티브 잡스는 스탠포드 대학 졸업식에서 "죽음은 새로운 것이 오래된 것을 대체할 수 있도록 길을 만들어 줍니다It clears out the old to make way for the new", "죽음은 삶이 만든 최고의 발명품입니다Death is very likely the single best invention of Life"라는 말을 남겼습니다. 나이키라는 기업에는 오래된 것을 배제하고 새로운 것을 받아들이는 남다른 대사 능력이 있습니다. 그리고 나이키에게 '새로운 사람'이란 론 파리스 같은 인재를 말합니다.

본격화되는 디지털에 대한 투자

2016년 S23NYC 인수와 SNKRS 앱의 성공은 나이키의 디지털 투자 본격화로 이어졌습니다. 당시 2020년까지 70억 달러의 디지털 매출을 달성하겠다는 목표를 위해 마크 파커는 기술과 인터넷 세계에 정통한 인물로 애덤 서스만Adam Sussman(2020년에 에픽게임즈Epic Games로 이적)을 나이키 최초의 최고 디지털 책임자CDO로 영입했습니다. 애덤 서스만은 EA 모바일과 디즈니 인터랙티브Disney Interactive 등 인터랙티브 게임 및 엔터테인먼트 업계를 경험한 인물입니다. 그는 CDO로서 웹 이커머스의 나이키 닷컴, 나이키플러스 앱 등 디지털 플랫폼 전체를 총괄하며 디지털 제품과 서비스 개발을 지휘하는 동시에, 나이키의 소비자 참여를 촉진하는 역할을 맡았습니다.

또 SaaS Software as a Service(소프트웨어 기능을 인터넷에 제공하는 서비스) 클라우드 서비스를 도입하기 위해 드림웍스의 자회사 'NOVA'와 제휴했습니다. 나이키는 이 회사의 서비스를 사용하여 3D 렌더링 디자인 시스템을 구축하고 상품 설계 과정을 변화시켰습니다. 이 시스템을 사용하면 설계 단계에서 거의 순식간에 사진처럼 사실적인 3D 신발이 화면상에 나타나 신발의 프로토타입prototype(시제품)을 초고속으로 제작할 수 있게 됩니다.

나이키는 제휴뿐만 아니라 공급망, 데이터 분석 및 소매 디지털화 같은 DX를 추진하기 위해 소규모 테크 기업을 인수하기 시작합니다.

2018년 3월 22일, 나이키는 뉴욕과 필라델피아에 거점을 둔 소비자 데이터 분석 IT 기업인 '조디악'을 인수합니다. 조디악은 2016년에 펜실베니아 대학의 데이터 사이언티스트 팀과 와튼 스쿨의 피터 페이더 교수가 개발한 CLV 예측 분석 도구를 기반으로 창업한 스타트업 회사입니다.

CLV는 'Customer Lifetime Value(고객 생애 가치)'의 약자입니다.

고객에게는 이커머스 기업을 포함한 다수의 소매 기업이 존재하는데, 그들의 데이터 비즈니스는 구매 고객의 CLV를 분석 도구로 예측함으로써 개별 고객이 미래에 어느 정도의 금액을 지출할 것인지 예측하고, 고객의 성향을 분석하여 적절한 마케팅과 추천을 제안하는 것입니다.

나이키는 조디악 인수와 동시에 아메리칸 어패럴 등 조디악의 모든 기존 고객 기업과의 거래를 종료시켰습니다. S23NYC와 마찬가지로 나이키는 인수한 소기업을 독립적으로 만들지 않고 나이키의 디지털 생태계 구축에만 집중하는 완전 자회사로 만들었습니다. 당시 마크 파커는 조디악을 인수하는 의의에 대해 이렇게 말했습니다.

"이번 조디악 인수는 우리의 현재 전략 수행 능력을 가속화시켜, 특히 고객 참여를 높임으로써 나이키 플러스 회원 1억 명(2018년 당시)의 잠재적인 지출을 최적화하는 데 능력을 발휘할 것입니다. 또 나이키 멤버십 데이터를 활용하여 주요 도시의 수요 신호를 신속하고 더 정확하게 포착하여 이를 익스프레스 레인에 반영함으로써 시장이 원하는 상품을 신속하게 공급할 수 있도록 할 것입니다."

마크 파커의 '트리플 더블 전략' 중 가장 중요한 것은 제품의 혁신 속도보다 소비자의 수요에 신속하게 대응하기 위해 생산과 공급을 2배속으로 실현하는 것이며, 이는 그의 말에 나오는 '익스프레스 레인'의 구조에 달려 있습니다. 목표는 제품의 리드 타임(주문에서 납품까지의 시간)을 6개월 미만으로, 제품의 업데이트는 90일 미만으로, 제품의 풀필먼트fulfillment(포장 배송)를 2일로 단축하는 것이었습니다. 조디악의 CLV 분석 도구는 그 기점이 되는 소비자 수요 예측의 정확도를 높이는 역할을 맡았습니다. 이 시스템에 따라 나이키는 회원들이 어떤 운동화를 어느 정도의 수량만큼 원하는지 그 정확한 공급 수량을 어느 정도 측정할 수 있게 되었습니다.

나이키의 테크 기업 인수는 같은 해 4월에도 발표되었습니다. 대상은 이스라엘에 본거지를 둔 '인버텍스Invertex'로, 2017년 4월에 발족한 IT 스타트업 기업입니다. 핵심 기술은 옴니채널(점포, 이커머스, SNS 등 다양한 경로를 넘나들며 상품을 검색하고 구매할 수 있도록 한 서비스)에서 활용할 수 있는 '스캔 투 핏 쇼핑scan-to-fit shopping' 시스템으로, AI와 딥 러닝deep learning을 활용한 혁신적인 것으로 주목받았습니다. 이 시스템은 사이즈나 피팅 문제로 고민하는 신발 브랜드와 신발 소매업의 문제 해결을 목표로 한 것이었습니다. 인버텍스는 2017년 9월에 '스캔 매트scan mat'라는 디바이스를 출시합니다. 이 매트가 매장에 있으면 모바일 앱을 사용하여 3차원으로 발의 해부학적 구조를 캡처해서 분석할 수 있습니다. 이것은 매장에서 최적의 신발을 선택할 수 있을 뿐만 아니라, 데이터를 앱에 올려 둠으로써 온라인에서도 기존 제품 중에서 사용자에게 최적의 신발을 제공하는 것이 가능합니다. 또, 경우에 따라서는 3D 이미지를 사용하여 '커스텀 핏 슈즈custom fit shoes(고객 맞춤형 신발)'를 온디맨드(주문형)로 생산하는 매우 고도의 제조 방식을 추진할 수 있습니다.

실제로 사이즈와 피팅 문제는 신발을 이커머스로 판매하는 데 있어서 가장 큰 걸림돌이 되는데, 일반적으로 통신판매에서 소비자는 신발을 여러 켤레 주문해서 필요 없는 것을 반품합니다. 하지만 이런 방법은 소비자에게도 기업에게도 효율성이 떨어지고 비용도 많이 듭니다. 미국 인구조사국의 데이터에 따르면 2018년 당시 미국의 온라인 총매출은 전체 소매 매출의 8%에 불과하고, 그중 온라인으로 구매한 신발의 반품률은 약 35%에 달한다는 데이터도 있습니다. 이것은 신발 업계 전체적으로 큰 문제이지만, 향후 디지털 매출을 성장의 기둥으로 삼으려고 계획하는 나이키에는 반드시 해결하고 싶은 과제였습니다. 또 이 인수를 통해 알 수 있는 것은 나이키가 디지털로 연결되는 매장을 향후 크게 증가시킬 의사가 있었다는 것입니다.

2019년 8월에는 소매 판매 예측 분석과 수요를 예측하는 소규모 기업 '셀렉트'를 인수했습니다. 셀렉트는 2013년에 매사추세츠 공과대학 교수 비벡 파리아스Vivek Farias와 데바브라트 샤Devavrat Shah 두 사람이 설립한 보스턴 거점의 AI 스타트업 회사로, 이 AI의 특징은 매장의 재고 부족과 가격 인하를 통제하는 알고리즘입니다. 아마도 나이키는 이 회사를 인수할 때 이전까지의 IT 기업 인수 중 가장 큰 자금을 투입했을 것입니다. 정확한 금액은 공개되지 않았지만, 일설에는 매수 금액이 약 1억 1,000만 달러에 달했다고 합니다.

셀렉트의 기술자는 인수에 따라 나이키의 글로벌 운영 부문에 배치되었습니다. 창업자 2명은 매사추세츠 공과대학 종신 교수로 계속 근무하고 있으며 인수 조건에 따라 계속 나이키에 관여할 의무가 있습니다. 셀렉트의 AI 기술을 모바일 앱과 웹사이트에 활용함으로써 고객이 원하는 운동화와 의류 스타일, 그것을 언제 어디서, 얼마의 가격으로 구입할 것인지에 대해 보다 정확하게 예측할 수 있게 되었습니다. 나이키는 직접 판매에 있어서 개별 소비자에게 초점을 맞추고 있기 때문에 그 회원이 수억 명에 이르게 될 미래에는 AI를 사용하지 않으면 수요를 예측하기 어려울 것입니다. 나이키로서는 상당한 고액의 인수였지만, 기업 자체보다는 기업의 인재와 디지털 기술을 확보한다는 측면에서 합리적인 결정이었습니다.

조디악, 인버텍스, 셀렉트까지 IT 스타트업을 잇달아 인수하는 한편, 나이키는 자체적으로 디지털 접속형 매장을 잇달아 개설했습니다. 당연하게도 인수 비용과 부동산 비용이 증가함에 따라 2019년 6월 결산 발표 후에 매출의 성장만큼 이익률이 증가하지 않았는데, 그 이유로 이 두 가지 비용 증가를 언급한 애널리스트도 있었습니다. 왜냐하면 나이키는 2019 회계 연도(2019년 5월까지) 결산에서 지난 1년간 인수와 점포 투자로 10억 달러를 지출했기 때문입니다. 연간 매출액이 사상 최고인 391억 달러를 기록해 전년도 동기 대비 11% 증가했음에도 불구하고 순이익이 4%밖에 증가하지 않았습니다.

다만 주식 시장은 나이키가 디지털에 선행 투자를 하고 있다고 파악하고 대체로 긍정적이었습니다. DX를 실현하는 데 큰 비용이 선행한다는 것을, 많은 성공한 IT 기업의 경험을 통해 미국 시장이 이해하고 있었기 때문입니다. 마크 파커는 당시에 "우리가 디지털 투자를 하는 목적은 회원들을 보다 적절하게 식별해서 개인 맞춤 서비스를 제공함으로써 이를 통해 고객의 평균 생애 가치를 향상시키는 것입니다"라고 말했습니다.

나이키는 팬데믹이 한창일 때도 테크 기업 인수를 모색하고 있었는데, 2021년 2월에는 뉴욕을 거점으로 하는 '데이터로그'를 인수한다고 발표했습니다. 2016년에 설립된 데이터로그는 독자적인 머신 러닝 기술을 갖춘 데이터 통합 플랫폼을 제공하는 소규모 IT 기업으로, 직원은 단 3명입니다. 하지만 IT 기업에서 중요한 것은 기술자의 수가 아니라 질입니다. 독자적인 아이디어를 가진 인물이 있다면 그 회사는 높은 가치를 창출합니다. 해당 인수는 새 CEO 존 도나호가 처음으로 실행한 것으로, 인수 이유는 "원시 데이터를 실시간으로 실용적인 인사이트(통찰력)로 변환하는 능력을 강화해 주기 때문"이라고 말했습니다. 이 회사의 기술자 3명도 나이키의 글로벌 테크놀로지 부문에 흡수되었습니다.

생산 방식의 디지털 전환

마크 파커의 '트리플 더블 전략'은 '2배의 혁신, 2배의 스피드, 2배의 소비자 직접 연계'를 내건 전략입니다. 이 중에서 신발이라는 제품의 특성상 가장 어려운 것은 '2배의 스피드'이며 그중에서도 '2배속의 생산'을 실현하는 것이었습니다. 공급 속도를 향상시키는 것은 창고에 아마존 수준의 로봇 장비가 도입되면 실현이 그다지 어렵지 않습니다. 하지만 생산 속도 향상은 아시아의 생산 공장에서 많은 노동자를 동원하여 이루어지고 있기 때문에 그렇게 간단하지는 않습니다.

운동화뿐만 아니라 전반적으로 말하면 신발은 제품의 특성상 사용하는 부품이 많고 게다가 신발 자체가 입체물이므로 자동화가 매우 어렵다는 문제가 있습니다. 하지만 이런 문제에 도전하지 않으면 속도의 향상을 실현할 수 없습니다. 그래서 나이키는 이 문제를 디지털 기술로 해결할 방법을 일찍부터 모색해 왔습니다.

그중 하나가 로봇공학인데, 2013년에 실리콘밸리의 스타트업 기업 '그래빗Grabit'의 소수 주주가 되었고, 4년 뒤인 2017년에는 그래빗의 '스태킷Stackit'이라는 로봇 팔을 중국과 멕시코 신발 공장에 12대 도입했습니다. 이 로봇 팔은 정전기 부착 기술을 이용하여, 최대 40개의 부품으로 구성된 운동화 어퍼upper(밑창 이외의 부분) 조립을 사람보다 20

나이키가 발명한 열 성형 기계

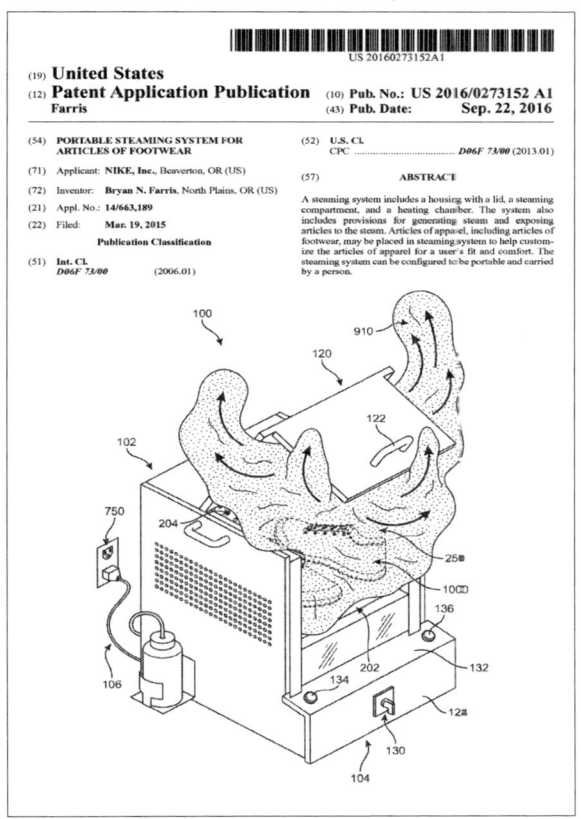

2016년 9월 나이키가 특허 신청한 '신발용 포터블 스팀 시스템portable steaming system for articles of footwear'이라는 디바이스. 증기(스팀)를 사용하여 개인의 발 모양에 맞춰 신발을 커스터마이징할 수 있다. 도면 속의 숫자는 특허 설명문에서 사용되는 해당 부분을 나타낸다.

출처 : 미국 특허 상표청USPTO / 특허번호 US 2016/0273 152 A1

배 빠른 속도로 완성할 수 있는 능력이 있습니다. 인간이 20분 걸리는 어퍼 조립 작업을 불과 50초 만에 완성하는 로봇의 위력은 신발 생산에서 꿈의 영역입니다.

나이키는 어퍼 파트의 삭감과 생산 속도 향상을 양립하기 위해 일찍부터 노력했습니다. 2012년에는 컴퓨터를 이용해서 수치를 제어하는 CNC^{computerized numerical control} 편직 기계를 사용하여 원 피스 어퍼^{one-piece upper}로 제작된 '플라이니트 레이서^{Flyknit Racer}'라는 신발을 출시했습니다. 이 플라이니트 기술에는 큰 장점이 있었습니다. 그것은 사이즈에 맞춰 이음선이 없는 무봉제 1장의 어퍼(원 피스 어퍼)를 제작함으로써, 어퍼 부분을 잘라 낸 뒤 나오는 재료의 폐기물을 약 60% 줄일 수 있다는 점입니다. 생산 공정의 폐기물을 줄이는 이 기술은 환경에 대한 부담을 줄일 뿐만 아니라 제조 비용을 절감하고 제조 속도까지 향상하는 획기적인 방법이었습니다.

이 신발이 출시된 2012년은 런던 올림픽이 개최된 해인데, 이 CNC 편직 기계를 사용한 원 피스 어퍼는 이러한 큰 장점이 있어 나이키뿐만 아니라 아디다스도 같은 시기에 이와 비슷한 '프라임니트^{Primeknit}' 기술을 사용한 '편직 신발'을 출시했습니다. 의류 제품으로 표현하면, 기존의 슈즈 어퍼가 '재단과 봉제 방식'인데 비해, 편직 신발은 '스웨터 방식'인 셈입니다. 하지만 비용 면에서 이 단계에서의 플라이니트는 아직 편직기로 제작되었기 때문에 텅^{tongue}(신발의 발등 보호를 목적으로 한 혀 모양의 부품), 라이닝(안감)재, 보강재 등의 후공정이 필요했으며 아직 노동 집약적인 요소가 강했습니다. 즉 플라이니트는 이 시점에서 완전히 자동화된 어퍼라고 할 수는 없었습니다.

4년 후인 2016년, 나이키는 '플라이니트 360' 기술을 발표했습니다. 이 기술은 놀랍게도 컴퓨터로 제어되는 3D 편직기를 사용하여 마치 양말 같은 어퍼를 만들어 내는 기술입니다. 이렇게 해서 평면을 입체로 만드는 공정이 없어졌고, 그 대신 독자적인 열 성형 기계가 필요했습니다. 참고로 이 열 성형 기계는 '신발용 포터블 스팀 시스템'이라는 디바이스로, 스팀을 사용하여 플라이니트 슈즈를 개별 발 모양에 맞춰 커스터마이징을 가능하게 했습니다. 이 발명품은 같은 해 9월 22일에 미국 특허상표청에 특허 신청이 되었습니다.

2년 후인 2018년에는 플라이니트의 생산기술이 더욱 진화하여 3D 프린팅 기술을 이용한 어퍼 '플라이 프린트'가 등장합니다. 이것은 편직 기술에서 탈피한 고체 침착 모델링SDM이라는 기술로, 코일 형태의 TPU(열가소성 폴리우레탄) 소재를 녹여서 층을 입히는 과정(적층 제조 기술)을 통해 성형되는 어퍼입니다. 이 기술은 마라톤에서 최초로 2시간 안에 완주한 기록을 가진 엘리우드 킵초게 선수의 의견을 반영해서 만든 것으로, 기존 섬유 구조의 플라이니트가 수분을 흡수해서 무거워지는 단점을 극복하기 위해 개발되었습니다.

이 3D 프린팅 어퍼는 기존 뜨개질 구조로 인한 마찰을 줄였고, 기존 제품보다 경량화시킬 수 있으며 통기성도 향상되었습니다. 물론 연결선(봉제선)이 없는 입체 구조이므로 신발의 제조 속도도 훨씬 빨라집니다. 3D 프린팅 기술은 기존 밑창에 사용했던 기술로, 아디다스와 언더아머도 3D 프린팅으로 설계된 밑창을 이용해서 신발을 생산하고 있습니다. 하지만 3D 프린팅 기술을 신발 어퍼 제조에 적용한 것은 나이키가 처음이며, 이 고체 침착 모델링을 통해 완벽하게 선수의 발에 맞는 신발이 완성되었습니다. 그 첫 번째 모델은 '나이키 줌 베이퍼 플라이 엘리트 플라이프린트Nike Zoom Vapor Fly Elite Flyprint'로, 엘리우드 킵초게 선수를 위한 신발로 출시되었는데 이 선수가 최초로 사용했던 모델보다 11그램이나 경량화되었다고 발표했습니다.

3D 프린팅을 연구하는 스마트 테크Smart Tech는 3D 프린팅 신발 시장이 향후 10년 이내에 65억 달러 규모의 산업이 될 것이며 2029년에는 3D 프린팅 신발이 3D 프린팅 제품 부분에서 가장 큰 시장이 되리라고 예측했습니다.

실제로 생산 속도 향상과 자동화라는 큰 과제가 로봇 공학과 원 피스 어퍼의 연구 개발에 따라 먼 미래가 아니라 가까운 미래의 일이 되고 있습니다. 이는 자동차로 말하면, 휘발유 자동차에서 전기 자동차로 전환되는 것에 필적할 만한 사건입니다. 이 제조 혁명을 일으킨 것은 바로 디지털 기술입니다. 나이키는 오랜 세월에 걸쳐 자신의 미래를 위해 일찍부터 노력해 왔습니다. 참고로 2019년 보고서에서는 자사의 플라이니트 플랫폼이 연간 20억 달러 규모의 비즈니스로 성장하여 탄소 중립에 크게 기여하고 있음을 강조하기도 했습니다.

급여 격차를 허용하다

지금까지 살펴보면, 팬데믹이 한창일 때 나이키의 주가가 테크 기업의 시장인 나스닥 주가지수와 비슷한 움직임을 보인 것도 수긍이 갑니다. 주식 시장이 나이키의 급속한 테크 기업 인수와 디지털 생태계 구축을 보며 나이키를 더 이상 전통적인 도매형 스포츠 용품 기업이 아닌 테크놀로지 기업으로 간주하기 시작했다는 것을 뜻합니다. 또한 나이키는 인력 구조 조정을 하면서 동시에 많은 IT 인재를 채용했습니다. 미국의 경제 매체 비즈니스 인사이더는 미국 노동부가 공개한 2020

년의 데이터를 이용하여 나이키가 IT 인재 채용에 제시한 급여 수준을 추정했습니다. 모집 중인 엔지니어 분야가 상당히 광범위하고, 또 채용 공고에 나와 있는 연봉이 나이키라고 해도 파격적으로 높아서, 나이키의 디지털 혁신에 대한 진정성을 느낄 수 있습니다. 다음은 직종과 연봉입니다.

〈시니어 엔지니어 직종〉

소프트웨어 엔지니어	11만 5,500달러 ~ 18만 5,000달러
Java 엔지니어	12만 달러 ~ 12만 2,415달러
데이터 엔지니어	12만 5,805달러 ~ 14만 달러
통합 엔지니어	10만 3,404달러 ~ 10만 6,101달러
사이트 신뢰성 엔지니어	11만 달러 ~ 11만 9,795달러
응용 기술사	10만 5,648달러
시스템 엔지니어	18만 달러
프로젝트 엔지니어	10만 5,000달러
보안 엔지니어	13만 달러

〈리드 엔지니어 직종〉

소프트웨어 엔지니어	13만 5,000달러 ~ 16만 5,000달러
소프트웨어 품질 보증 엔지니어	11만 9,377달러 ~ 12만 8,667달러
애플리케이션 엔지니어	12만 8,750달러 ~ 13만 6,620달러
Java 엔지니어	11만 8,121달러
iOS 엔지니어	15만 달러

클라우드 엔지니어	15만 달러
사이트 신뢰성 엔지니어	13만 7,603달러
데이터 엔지니어	14만 달러
프로덕트 엔지니어	13만 731달러

〈수석 엔지니어 직종〉

소프트웨어 엔지니어	17만 775달러
데이터 / 분석 플랫폼 엔지니어	21만 달러

〈디렉터 / 매니저 직종〉

디렉터(엔지니어링)	20만 170달러
디렉터(프로덕트 / 컨슈머 데이터 엔지니어링)	18만 941달러
매니저(엔지니어링)	13만 9,913달러 ~ 14만 7,420달러
디렉터(디지털 이노베이션)	20만 5,510달러

〈그 외〉

전략적 기업 역량 TECH 전문가	12만 4,100달러 ~ 12만 5,000달러
기술 역량 리드	13만 5,000달러 ~ 14만 678달러

　어떤 업무를 하는지 알 수 없는 직종도 있지만, 비즈니스 인사이더는 나이키의 테크 전문직 급여가 다른 테크 기업과 거의 같은 수준이라고 밝혔습니다. 구글과 아마존의 시니어 소프트웨어 엔지니어의 평균 연봉이 각각 17만 7,933달러, 15만 5,086달러인 한편, 나이키의 시니어 소프트웨어 엔지니어는 11만 5,500달러에서 18만 5,000달러 수

준이므로 두 기업에 못지않습니다. 전 세계에 7만 명 이상의 사원을 거느린 나이키 직원 중 간부급 급여 수준의 새로운 엘리트층이 갑자기 등장했다고 볼 수 있습니다.

참고로 나이키가 축소하려고 하는 도매 부문의 영업직 연봉은 미국에서 2만 8,000달러에서 4만 7,000달러 수준으로, 단순히 계산하면 5명을 구조 조정하면 엔지니어 1명을 고용할 수 있습니다. 그리고 이 엔지니어들이 사람이 하던 일을 빼앗는 디지털 기술을 만들어 내면, 그 일을 하던 직원은 해고될 것입니다. 남아 있는 인간적인 업무는 창조적인 것에 한정되므로 제품 혁신, 디자인, 마케팅 등이 남을 뿐입니다. 매장에는 아직 사람이 필요하지만, 아마존 창고에 노동자가 거의 없는 것처럼 가까운 미래에는 AI가 고객을 상대하게 될 것입니다. 미국과 한국에서는 이미 무인화로 인해 사람이 단순 노동 일자리를 기계에 빼앗기는 큰 문제가 나타나기 시작했습니다.

나이키는 원래 일본의 운동화 생산업체인 오니츠카의 대리점에서 출발했습니다. 창업자 필 나이트는 베테랑 직원을 존경하고 소중히 여기는, 미국에서는 보기 드문 기업가였습니다. 하지만 이제 브랜드의 근간이 되는 창의성이나 혁신을 담당하는 인재를 제외하면 조직 전체가 테크 기업으로 변화하고 있습니다.

매장의 존속 가능성

나이키는 전 세계에 약 40개의 전략적 소매 파트너로 도매처를 좁혀 디지털 소매에 초점을 맞춰 나갈 방침이지만, 앞서 언급한 것처럼 결코 물리적인 매장이 불필요하다고 생각하는 것은 아닙니다.

오히려 나이키는 디지털과의 관계 속에서 매장의 가능성을 항상 모색해 왔습니다. 이미 2018년에 마크 파커는 결산 발표 후 컨퍼런스콜에서 "디지털화가 진행됨에 따라 스마트 리테일의 비전을 실현하고 디지털 환경과 물리적 환경의 교차점을 통해 마찰을 제거하여 경험을 개인화할 수 있습니다. 이것은 데이터와 분석을 통해 시장을 감지하는 우리의 능력을 키워 줍니다"라고 애널리스트에게 말했습니다. 그해에 로스앤젤레스와 포틀랜드의 매장용으로 '나이키 앱 앳 리테일Nike App at Retail(매장용 앱 기능)'이 출시되었습니다. '나이키 플러스 앱'에 가입한 회원은 매장에 들어가면 회원임이 인식되어 한정판 상품을 구매할 기회를 가질 수도 있고, 한정 할인이나 혜택을 받을 수 있습니다. 또 인근 나이키 매장의 재고 현황을 조사하거나 계산대에 줄을 서지 않고 체크아웃하고 지불할 수 있습니다. 원하는 상품이 그 매장에 없어도 앱으로 예약할 수 있으며, 개인 사물함에 보관했다가 나중에 매장에서 신어 보고 구매할 수도 있습니다. 이 앱은 이러한 기능을 구현함에 따라 현재의 '나이키 앱'으로 발전하게 됩니다.

이후 미국에서 출시된 '나이키 앱'에서는 앱을 매장 내 모드로 설정하면 회원은 피팅룸이나 신발 사이즈를 즉시 예약할 수 있고 혜택이나 한정 상품을 받고 앱으로 체크아웃할 수 있습니다. 이것은 모바일 앱을 통해 나이키 회원과 매장을 연결하기 위한 시도로, 이 앱을 통해 고객 충성도customer loyalty와 매출을 촉진하는 효과가 있습니다. 출시 당시에 디지털 제품의 글로벌 책임자였던 마이클 마틴은 이렇게 말했습니다.

"우리가 하고 있는 일은 주머니에 스마트폰이 있는 사람이 일부러 오프라인 매장을 방문하도록 동기 부여를 구축하는 것입니다. 우리는 디지털과 가장 잘 연결된 고객이 있는 곳에서 최고의 매장 경험을 제공하고자 합니다. 다른 기업은 그 반대 상황을 생각할 수도 있지만, 사람들이 앱에서만 물건을 산다면 매장은 필요 없을 것입니다. 하지만 우리의 접근 방식으로 고객에게 더 나은 서비스를 제공할 수 있다고 생각합니다."

최초의 옴니채널 스토어omni-channel store는 2018년 7월에 로스앤젤레스에서 오픈한 '나이키 라이브' 콘셉트 매장인 '나이키 바이 멜로즈Nike by Melrose'입니다. 여기에 파일럿 숍pilot shop을 개설한 이유는 그 지역에 수천 명의 나이키 플러스 회원이 있다는 것을 데이터 분석으로 알고 있었기 때문입니다. 당시 나이키 다이렉트 부문의 대표였던 하이디 오닐Heidi O'Neil은 이렇게 말합니다.

"나이키 라이브 스토어Nike Live store는 지역 나이키 플러스 회원들의 서비스 허브가 되도록 특별하게 설계되었습니다. 나이키 바이 멜로즈는 디지털 기능과 독자적인 물리적 환경을 결합한 것으로 나이키 소매점의 미래를 창조하는 서비스를 테스트하는 숍입니다. 멜로즈라는 장소에 맞춘 상품 준비는 나이키 닷컴, 나이키 앱, NTC, NRC, SNKRS 앱의 구매 패턴을 분석해서 결정되었습니다."

중요한 점은 그 지역의 소비자 특성을 미리 파악한 후 그에 맞춘 상품 구성을 함으로써, 재고의 낭비를 줄이는 매장을 만들 수 있게 된 것입니다. 이는 시장 조사에서 얻은 정보를 바탕으로 매장을 오픈하는 것보다 훨씬 성공할 확률이 높습니다.

또 이 매장에는 일본의 가챠(캡슐에 든 장난감을 뽑을 수 있는 자동판매기)와 비슷한 '나이키 플러스 언락 박스(후에 '나이키 언락 박스'로 명칭 변경)'라는 자동판매기 같은 것이 설치되어 회원들만의 혜택으로 스티커, 핀, 스마트폰 케이스 등을 3주에 한 번 무료로 받을 수 있습니다. 이 때도 스마트폰의 나이키 앱이 사용되며 멤버 QR 코드가 있는 나이키 멤버 패스를 기계에 대면 선물을 받을 수 있습니다. 이것도 무시할 수 없는 판촉 효과가 있어서, 멜로즈 매장에는 선물을 받기 위해 평균 7분에 1명꼴로 매장을 방문하는 것으로 확인됩니다.

나이키 바이 멜로즈에는 '나이키 익스프레스 세션Nike Express Session'을 실시하는 '다이나믹 핏 존'이 설치되어 있습니다. 그곳에는 라운지, 피팅룸, 바지나 타이즈를 수선할 수 있는 공간, 매장 내 트레드밀에서 신발을 착용해 볼 수 있는 트라이얼 존trial zone이 마련되어 있습니다. 이 공간은 나이키 앱을 사용하여 미리 30분간의 사용을 예약할 수 있도록 되어 있어, 나이키는 이를 선보일 때 의류에서 신발까지 한 번의 쇼핑으로 끝낼 수 있다고 발표했습니다. 미리 앱으로 상품을 예약해 두면 시간을 절약할 수 있어 상당히 편리한 것은 분명하지만, 진정한 목적은 1인당 구매액을 극대화하기 위해 디지털과 매장의 연결을 시도한 것입니다.

나이키 라이브는 로스앤젤레스에서 오픈한 후 도쿄와 뉴욕에 오픈했고, 2021년에는 나이키의 본거지인 오리건주에 '나이키 바이 유진Nike by Eugene'을 오픈하여 4개의 매장이 되었습니다. 특히 2019년 11월에 도쿄 시부야에 오픈한 매장에, 2018년에 인수한 인버텍스의 3D 스캔 기술을 사용한 '나이키 핏'이 등장합니다. 매장 전용 단말기 카메라로 발 사이즈를 측정해서 이를 나이키 앱에서 QR코드로 전송할 수 있습니다. 매장 내 상품 바코드를 읽으면 이 스캔 데이터에 따라 신발의 적정 크기가 제시됩니다. 또 유진의 점포에서는 팬데믹 사태로 폭발적으로 보급된 BOPIS(온라인으로 주문하고 매장에서 받는 방식)의 커브사이드 픽업(주차장 수령)이라는 획기적인 서비스도 도입되었습니다.

소매점의 미래 '하우스 오브 이노베이션'

나이키 라이브는 소형 매장이었지만 2018년 11월 뉴욕 맨해튼 5번가에 오픈한 플래그십 스토어 '나이키 하우스 오브 이노베이션 000'은 디지털과 오프라인 매장을 융합한 초대형 매장입니다. 층수는 6층이며 6만 8,000제곱피트(약 1,900평)입니다. 1층에는 나이키의 최신 캠페인 및 최신 상품이 전시되어 있고, '나이키 아레나'라는 맞춤형 운동화를 위한 공간이 늘어서 있으며, 천장이 없이 트인 '소닉 타워Sonic tower'라는 가까운 미래를 형상화한 타워가 우뚝 솟아 있어 매장으로 들어온 소비자들을 압도합니다. 2층으로 올라가면 여성 전용 코너가 나오는데, 여성 의류와 스포츠 브라가 진열되어 있고 키즈 코너도 있습니다. 3층은 남성 의류층으로 남성용 스포츠웨어와 캐주얼웨어가 진열되어 있습니다.

그리고 가장 인기 있는 운동화 코너는 4층에 설치되어 있는데 스니커랩Sneaker LAB이라는 이름이 붙여져 있습니다. 이곳은 나이키의 R&D(연구개발 부문) 같은 곳으로 많은 운동화가 디스플레이 되어 있으며 신발 콘셉트 이미지가 표시되어 있어 스니커헤드들이 열광할 만한 공간입니다.

이 플래그십 스토어에서 취급하는 운동화의 수는 당연히 최대 규모이며, 조던 브랜드의 일부 아이템도 진열되어 있습니다. 또 5층은 '나이키 플러스'의 회원 전용층으로, 이곳에서는 나이키 전문가에게 일대일로 조언을 받을 수 있는 스튜디오가 있고 라운지와 피팅룸도 있습니다. 즉, 매장에서 회원들에게 특별한 대우를 제공하여 우월감을 자극하도록 설계되어 있습니다. 이 층의 절반은 앱 회원이 의류 아이템을 커스터마이징할 수 있는 '나이키 바이 유' 영역이고, 또 지하에는 '스피드 숍'이 있는데, 고객이 앱으로 피팅이나 구매 예약을 한 아이템을 보관하는 로커가 구비되어 있습니다. 구매할 경우 앱으로 결제를 하고 1층을 지나지 않고 바로 지하를 통해 밖으로 나갈 수 있습니다. 이 또한 회원들에게 특별한 느낌을 주는 시스템입니다.

'나이키 하우스 오브 이노베이션 000'은 소매점으로서는 철저하게 디지털을 도입한, 유례없는 매장입니다. 가게 안 곳곳에 QR 코드가 있어, 이것을 스캔하면 다양한 서비스를 받을 수 있습니다. 예를 들어 나이키 앱 회원이라면 마네킹이 착용하고 있는 모든 아이템을 QR코드로 스캔해서 재고 유무, 사이즈 유무를 확인한 후 착용해 볼 수 있습니다. 결제도 앱을 사용하면 '인스턴트 체크아웃'으로 점원과 전혀 상대할 필요 없이 상품 구매가 가능해 중앙 집중식 계산대의 개념이 필요 없어졌습니다. 매장 곳곳에 상품 수령 구역이 있어 앱으로 요청하면 원하는 상품을 직원이 그곳까지 가져다주며, 회원은 직원을 찾아 이동할 필요가 없습니다. 미국 포브스지에 기고한 앤 빈로트Ann Binlot(패션 & 아트라이터)는 이 매장을 '2018년 최고의 소매 체험'이라고 평가하며 재고 유무를 알 수 없는 소매 체험에 지쳐 있던 소비자 불만을 해결하고, 이와 동시에 계산하기 위해 계산대 앞에서 대기하는 불필요한 시간을 절약할 수 있는, 디지털을 활용한 새로운 매장이라고 전했습니다.

하지만 지금까지 소매업계의 상식을 바꾸는 가장 큰 변화는 입구와 연결된 '나이키 아레나'입니다. 고객이 나이키 회원인지 여부와 상관없이 신발을 커스터마이징할 수 있는 '커스터마이징 바customizing bar'가 소비자와의 첫 번째 접점이 됩니다. 이는 고객과의 개인적인 연결을 제품 차원에서 실현하고자 하는 나이키의 혁신적인 시도로, 마치 안경점에서 안경을 맞추는 느낌과 비슷합니다. 물론 완성품은 나중에 받지만, 이것을 주문하는 시점에서 결국은 회원이 아닌 소비자도 나이키 앱을 다운로드하게 됩니다. 나이키는 최신 출시되는 모델이나 히트 상품을 매장에 진열해서 고객에게 구매를 자극하는 전통적인 소매 방식을 이 '커스터마이징 바'로 먼저 붕괴시키려 한 것입니다. 나이키의 목표는 단순한 옴니채널이 아니라 디지털을 사용해서 모든 고객에게 맞춤화된 상품을 제공함으로써 나이키 브랜드와 특별한 관계를 맺는 고객을 만드는 것입니다.

나이키는 2018년 10월 4일, 즉 뉴욕보다 한 달 전에 중국 상하이에 같은 매장을 오픈했습니다. 매장명은 '하우스 오브 이노베이션 001'. 사실은 뉴욕이 1호점이 될 예정이었는데, 사정이 있어 상하이가 1호점이 된 것으로 추측됩니다. 나이키에 따르면 '하우스 오브 이노베이션 001'은 뉴욕과 마찬가지로 대성공을 거두었으며 한 달에 60만 명의 고객이 방문했다고 합니다.

팬데믹 위기가 닥친 2020년에도 나이키 매장은 쉬는 날이 없었습니다. 2020년 7월 30일에는 파리 샹젤리제에 '하우스 오브 이노베이션 002'를 오픈합니다. 뉴욕보다 규모는 작고 4층 건물에 약 2,400제곱미터로, 기본적으로는 뉴욕 매장과 같은 서비스를 갖추고 있습니다. 나이키에 따르면 이 매장은 '이전 매장에서 발견한 점을 통해 배우고 진화'하는 것을 목표로 만들어져, 모바일과 실제 쇼핑의 통합, 여성에 대한 새로운 서비스 제공, 아이들의 활동적인 기회 창출이라는 3가지 분야에 초점을 맞추었습니다.

예를 들어 '브라 핏 바이 나이키 핏Bra Fit by Nike Fit'의 도입은 '나이키 핏'의 브래지어에 대한 응용으로 이 매장에 처음으로 도입되었습니다. 이것은 고객 스스로 줄자를 사용해서 가슴을 측정하고 앱과 대화하면서 앱에서 최적의 브래지어를 선택할 수 있는 구조입니다. 이 기술의 배후에는 당연히 AI와 딥 러닝 같은 디지털 기술이 사용되고 있습니다. 또 아이들이 나이키에 친근감을 가질 수 있도록 '키즈 포드Kids Pod'라는 구역이 마련되어 있어 피팅을 해 보는 것이 가능하며, 그 외 아이들이 디지털 패널 앞에서 즐기면서 몸을 움직일 수 있도록 프랑스 군사 훈련에서 탄생한 '파쿠르parkour'에서 힌트를 얻은 360도 버추얼 러닝Virtual running이라는 독특한 장치가 마련되어 있습니다.

또 유럽에서 지속 가능성에 대한 의식이 높아지는 점도 고려되어 '무브 투 제로MOVE to ZERO(나이키의 탈탄소 시도)'라는 캠페인이 매장에 구현되어, 8만 5,000킬로그램의 지속 가능한 재료가 매장 디자인과 디스플레이 기구에 사용되었습니다. 또 스페인의 풍력 발전 생산 기업인 '이베르드롤라Iberdrola'와 계약해 매장의 전력은 모두 자연 에너지를 사용하도록 설계되었습니다.

실험이 계속되는 디지털 연결 매장

'하우스 오브 이노베이션' 외에 나이키는 '나이키 라이즈' 콘셉트의 스토어와 '나이키 유나이트Nike Unite' 콘셉트의 스토어를 팬데믹 하에서 잇달아 오픈시켰습니다. '하우스 오브 이노베이션'은 나이키의 신형 플래그십 스토어로서 많은 고객을 유치할 수 있는 매장이지만, 너무 거대해서 지방에는 적합하지 않아 매장을 많이 개설할 수 없습니다. 그래서 나이키는 다양한 매장 콘셉트를 실험했습니다.

파리의 '하우스 오브 이노베이션 002'를 오픈한 2020년 7월에, 중국 광저우에서는 '나이키 라이즈'라는 콘셉트 스토어를 오픈했습니다. 이 콘셉트는 '소비자에게 스포츠, 커뮤니티, 그리고 서로를 이어 주는 일대일의 개인화된 쇼핑 체험'을 제공하는 것입니다.

오픈 입지로 광저우가 선정된 이유는 농구와 축구 등 스포츠가 활발하기 때문입니다. 3층 건물에 매장 면적은 2,000제곱미터로 파리 '하우스 오브 이노베이션 002' 수준의 대형 매장입니다. 하지만 '나이키 라이즈'는 어디까지나 로컬 매장의 위치였습니다. 나이키는 로컬의 나이키 회원들을 더욱 강하게 나이키에 연결시키기 위해 이 콘셉트를 도입한 것입니다. 나이키 앱을 이용한 다양한 디지털 체험은 기본적으로 하우스 오브 이노베이션과 같지만, '나이키 익스피리언스'라는 앱 기능을 활용할 수 있다는 점이 특징입니다. 이것은 나이키 앱 회원에게 광저우시 전체에서 실시되는 스포츠 활동에 접속할 기회를 제공하는 기능입니다. 또 나이키의 운동선수, 전문가, 소셜 네트워크의 스포츠 인플루언서가 주최하는 매장 내의 워크숍이나 이벤트도 현지 밀착형입니다. 쉽게 말하면 매장을 현지의 이벤트 장소로 만들어 지역과 나이키가 강하게 연결되도록 의도한 콘셉트 스토어입니다.

또 '나이키 유나이트'라는 콘셉트 스토어는 2020년도에 매장을 9개나 오픈했습니다. 매장 면적은 1,000제곱미터로 '나이키 라이즈'의 절반 정도의 넓이이며, 설비 투자 측면에서도 로컬에서 운영하기 쉬운 매장 면적입니다. 나이키 유나이트는 로컬 커뮤니티와 스포츠를 연결하는 '커뮤니티 센터'로 설계되었습니다. 콘셉트가 '나이키 라이즈'와 비슷해서 그 소형 버전이라고 할 수 있습니다. 매장의 내부 디자인은 지역 랜드마크와 지역 운동선수 등을 모티브로 해서 주변 커뮤니티의 스토리를 전면에 내세운 것으로, 지극히 현지화되었습니다. 나이키에 따르면 각 매장에서 갖추어 놓은 제품도 글로벌 제품뿐만 아니라 커뮤니티의 취향과 현지 소비자의 취향을 반영해서 구성되어 있습니다. 또 아이들에게 활동적인 기회를 제공하기 위해 지역 학교와 비영리 단체를 지원하고, 나이키 커뮤니티 앰배서더 프로그램Nike community ambassador program(나이키 스토어의 직원을 코치로 훈련하는 프로그램)을 도입하여 직원과 고객을 연결시키는 시스템을 마련했습니다.

나이키는 전 세계 12개 도시에 초점을 맞추고 있지만, 그 외의 나라는 전략적 소매 파트너에게 맡겨 놓고 아무것도 하지 않겠다는 것이 아닙니다. 나이키의 가장 중요한 목표는 직접 판매의 비약적인 상승이며, 이를 위해서는 매출을 확보할 수 있는 로컬 매장 콘셉트가 필요합니다. 참고로 2020년에 애틀랜틱 스테이션을 오픈한 나이키 유나이트는 당초 팩토리 아웃렛factory outlet(공장이나 창고를 통해 직접 운영하는 대형 상설 할인 매장)이 될 예정이었지만 중간에 계획이 변경된 로컬 디지털 매장입니다. 이렇게 갑작스러운 계획 변경은 정가 판매점의 성공에 나이키의 자신감이 상승했다는 것을 보여 줍니다.

지금까지 살펴본 것처럼 나이키의 디지털 전환은 앱이 돌파구가 되어 2015년 SNKRS 앱을 출시하면서 크게 가속화되었습니다. 그 후 앱의 생태계는 팬데믹 위기 속에서 나이키 회원 3억 명을 확보하는 힘을 발휘하였으며, 이러한 회원의 급속한 확장을 활용하여 디지털 접속 매장의 오픈을 가속화하였습니다.

    돌이켜보면 나이키의 디지털 혁신이 본격적으로 시작된 것은 그리 오래되지 않은 일이며, 초기 단계에서 디지털 전환으로 이행한 것은 결코 아닙니다. 하지만 디지털에서 성장의 활로를 발견한 후 엄청난 속도를 내며 발전했습니다. 팬데믹 위기를 발판으로 도매 사업의 축소를 대폭 가속화하고, 디지털 매출과 디지털 접속 매장을 중심으로 한 직판 사업의 성장을 실현했습니다. 전통적인 사업 모델을 부정하는 것은 쉬운 일이 아니지만, 나이키는 자신의 강점을 디지털 세계에 활용함으로써 과거의 성공 경험에서 벗어나는 데 성공합니다.

제4장

리셀 시장과
NFT 운동화

짝퉁 운동화의 암시장

　중화인민공화국 푸젠성에 푸톈시라는 지방 도시가 있습니다. 이곳은 예전에 나이키, 아디다스 같은 스포츠화가 생산되던 지방 도시였는데 지금은 '짝퉁 운동화 제조 도시'로 유명합니다. 중국은 물론, 세계의 플리마켓flea market(온갖 중고품을 거래하는 만물 시장) 앱과 경매 사이트, 이커머스 사이트 등에서 판매되는 '짝퉁'은 대부분 이 푸톈시에서 생산된 것이며, 일설에는 브랜드 운동화의 모든 '짝퉁' 제품 중 95%가 푸톈시에서 생산되었다는 추계도 있습니다.

　짝퉁 운동화의 70%는 품질이 떨어지는데, 당연한 말이지만 이런 제품이 생산량이 가장 많고 판매자의 이익률도 높다고 합니다. 진위를 구별하기 어려운 복제품은 나머지 30%로, 이 제품들은 사진이나 설계도, 혹은 현물을 참고해서 만들어진 것이라고 합니다. 가짜의 품질에 대해서는 중국의 모 여행 사이트에서도 당당히 언급되고 있습니다. 등급은 '스탠다드급', 'A급', '리얼급', '컴퍼니급', '슈퍼A리얼급'으로 나누어져 있으며, 가격은 정품의 4분의 1에서 3분의 1 정도입니다. 전문 감정사가 아니면 진위를 구별할 수 없을 정도라고 합니다.

　푸톈시에서는 나이키뿐만 아니라 아디다스나 컨버스 등 모든 인기 운동화의 위조품이 만들어지고 있으며, 완전한 산업으로 정착되어 있습니다. 이것은 나이키를 비롯한 구미 브랜드의 역사적인 생산지 변천과 관계가 있습니다. 원래 나이키 운동화 생산은 일본에서 시작되었지만 1970년대 중반에는 임금이 급등하면서 생산지를 한국과 대만으로 옮겼습니다. 얼마 후 한국과 대만의 임금이 상승하자 한국계 신발 기업은 칭다오 등 중국 북부로, 대만계 신발 기업은 해협을 사이에 둔 푸텐시와 광저우시로 공장을 이전해 나이키 신발 생산을 이어 갔습니다.

나이키는 지속적으로 저임금 국가를 찾아 생산지를 이동시켜, 1990년대에는 중국과 인도네시아에서 총생산량의 60%를 담당했던 시기도 있었습니다. 이후 대중 무역 마찰의 영향으로 생산지가 베트남으로 빠르게 이동하여 베트남이 생산량 1위를 차지했습니다.

푸텐시는 대만계 신발 기업이 진출한 덕분에 1986년에 1억 1,000만 위안이었던 운동화 총생산액이 10년 후인 1996년에는 42억 9,000만 위안이 되어 무려 40배 성장했습니다.

하지만 이 무렵에 중국이 경제 성장을 하면서 인건비가 크게 상승하기 시작했습니다. 예를 들면 2001년 베트남의 최저 임금이 월 약 24달러인데 비해, 푸텐시의 최저 임금은 월 54달러로 2배 이상이 되었습니다. 나이키가 이에 대한 대응으로 공급처를 변경했고, 그에 따라 푸텐시의 많은 신발 공장이 문을 닫았습니다. 이렇게 버려진 공장에서 생계를 위해 가짜를 만들기 시작한 것입니다. 어쨌든 20년에 걸쳐 나이키와 아디다스를 제조해 온 지역이므로 신발 제조 기술자들이 많고 숙련 노동자도 풍부합니다. 또 신발 제조업을 지탱해 주는 원재료와 부자재, 신발 상자와 태그까지 많은 공급업자가 이 지역에 밀집해 있습니다. 위조업자의 수법은 정규 OEM(타사 브랜드 제품의 수탁 제조) 공장의 직원에게 뇌물을 건네고 설계 도면과 촬영 사진, 샘플을 빼돌리게 하는 것으로, 경우에 따라서는 정품보다 위조품이 시장에 먼저 나오기도 합니다.

푸젠성에서는 이곳뿐만 아니라 진장시에서도 위조품을 제조했었다고 합니다. 하지만 다행스럽게도 푸톈시와 달리 진장시는 중국 브랜드인 '안타'와 '361디그리스Degrees' 등의 제조를 맡아 위조품 제조에서 손을 뗐습니다. 푸톈시와 진장시는 나이키 제조에서 획득한 높은 기술과 숙련된 노동자를 거느린 신발 생산지이지만, 진장시는 양지의 길을 걷고 푸톈시는 어둠의 길을 걷게 된 것입니다.

독일의 소비자 단체가 2015년에 인도네시아에서 실시한 조사에 따르면, 신발 공장이 신발 한 켤레 판매 가격(소매 가격)에서 차지하는 이익률은 4%, 인건비는 2%라고 합니다. 이 데이터를 나이키에 적용하면, 예를 들어 에어 조던 13의 중국 소매 가격 1,399위안(한화 265,796원)의 경우 OEM 신발 공장의 출하 가격은 약 280위안(53,197원)으로 추정됩니다. 이 경우 공장의 이익은 56위안(10,640원), 노동자의 임금은 28위안(5,320원)입니다. 하지만 푸톈시의 에어 조던 13이 위조품일 경우 280위안의 소매 가격을 설정할 수 있고, 공장의 이익도 100위안(18,999원)이 되어 이익률이 훨씬 높아집니다. 이 이익률은 공장에 상당히 매력적입니다.

푸톈시 정부는 2014년부터 대규모 위조 방지 활동 조직을 만들었는데, 위조품이 계속 압수된다고 해도 중국 사회 특유의 동족 문화와 뇌물 수수로 운영되는 이 위조품 산업을 근절시키기는 힘들 것입니다. 비록 사회적으로 문제가 되는 일이라고 해도 이익이 되는 것은 일족이 함께 지켜 주는 것이 전통적인 중국 사회라고 하며, 그러한 사회 풍토

운동화의 비용 구조 내역
(인도네시아에서 생산하는 러닝화의 경우)

구분	금액	소매 가격에서 차지하는 비율*
공장 인건비	3.7달러	2%
재료비	15.0달러	10%
기타 제조비용	5.3달러	3%
공장의 이윤	6달러	4%
브랜드의 매출 총이익	39달러	26%
수송 등 경비	6.0달러	4%
도매업자 매출 총이익	7.5달러	5%
소매 매출 총이익	69.0달러	46%
소매 가격	151.5달러	100%
부가가치세(독일)	28.6달러	
합계	180.1달러	

출처 : 독일 소비자단체 〈슈티프퉁 바렌테스트 Stiftung Warentest〉가 2015년 1월부터 6월까지 실시한 데이터에 기초함

* '소매 가격에서 차지하는 비율'에 부가가치세는 고려하지 않으며, 공장 출하 가격의 비율은 20%

가 산업에도 반영되어 있습니다. 최근에는 푸톈시의 위조품이 너무 유명해져 생산지를 '메이드 인 베트남'으로 표시하는 정교한 위조 작업까지 시작했다고 합니다.

미국의 케이블 TV HBO의 취재에서 푸텐시가 거론된 적이 있는데, 취재 내용 중 이 도시는 다음과 같이 묘사되었습니다.

"이 도시는 '유령 도시'라고 불립니다. 낮에는 믿을 수 없을 정도로 조용하고, 매일 밤 9시가 지나서야 활기를 띠기 시작합니다. 밤이 되면 사람들이 모여 서로 이야기를 나누고, 상품을 가지러 갈 준비가 되면 교통 체증이 발생합니다. '가짜 신발 시장'은 푸텐시 지역 경제의 보이지 않는 기둥이 되고 있습니다. 지방 정부에서 단속하고 노력하지만 시장은 사라지지 않고 그렇게 만들어진 제품은 중국 구석구석까지 유통되면서 판매되고 있습니다."

푸텐시에 있는 매장에는 아디다스, 나이키, 뉴발란스 등 유명 브랜드가 즐비하게 늘어서 있는데 자세히 보면 글자가 조금 다르거나 로고가 맞지 않는 등 정품과의 차이를 알 수 있습니다. 온라인 판매를 중심으로 하기 때문에 전문 사진 스튜디오도 있어, 온라인 스토어에 업로드할 사진 촬영 업무를 하고 있습니다. 이 시장에는 입문자를 위한 학교까지 있어 온라인 숍 운영 방법, 사진 편집 방법, 부정적인 댓글이나 나쁜 평가에 대처하는 방법 등을 가르친다고 합니다.

푸텐시 정부는 위조품 제조 공장의 적발이나 폐쇄로는 위조품을 근절할 수 없다고 판단하고, 반대로 2015년에는 방침을 변경하여 현지 공장을 지원하기로 결정합니다. 푸텐시 신발의 품질은 다른 외국 브랜드에 뒤지지 않는다는 말까지 했습니다. 게다가 정부는 현지 브랜드를 지원하기 위해 1억 위안(189억 9,900만 원)의 재정 지원까지 제공하고 있습니다. 하지만 개인이 인터넷을 사용하여 월간 10만 달러 이상의 매출을 확보할 수 있는 이 어둠의 비즈니스는 사라지지 않을 것입니다.

2019년부터 2020년까지 트럼프 미국 대통령이 벌인 대중 무역 제재로 인해 짝퉁 운동화의 미국 거래가 큰 타격을 입었습니다. 또 팬데믹에 의해 야기된 세계 경제의 침체로 푸톈시의 많은 위조품 판매업자는 중국 내 시장으로 중심축을 옮겼습니다. 2020년 11월에 상하이 당국은 1억 2,000만 위안(227억 9,880만 원)의 가짜 운동화를 적발했는데, 그 제품들이 모두 푸톈시에서 제조된 것이었다고 합니다. 하지만 웨이보 등의 SNS에서는 푸톈시의 짝퉁 운동화에 대해 대체로 호의적이며, 위조품이 정품 신발보다 뛰어나다는 댓글마저 있었다고 합니다. 실제 웨이보가 실시한 설문조사에서 사용자에게 짝퉁 운동화를 구입한 적이 있는지 질문하자 대다수가 "구입한 적이 있다"고 대답했습니다. 여기에는 중요한 배경이 있는데, 그것은 중국의 젊은이들이 나이키나 아디다스 신발이 자국에서 매우 저렴한 원가로 제조되고 있음을 안다는 사실입니다. 그들은 브랜드가 제시하는 가격이 부당하다고 생각하고 있었습니다.

　푸톈시는 정품과 매우 흡사한 고품질의 짝퉁 운동화를 생산하고 있습니다. 이 짝퉁 운동화는 재료도 정품과 비슷한 것을 사용하고, 신발 끈과 신발 구멍(신발 끈을 꿰는 구멍), 상품 태그, 신발 상자 등의 부자재도 완벽하게 복제하기 때문에, 비용도 그만큼 비싸져서 판매 가격은 100달러가 넘습니다.

　그렇다면 왜 그렇게 비싼 가짜 운동화가 생산되는 걸까요? 그것은 예를 들어 나이키의 '에어 조던 11 콩코드'가 리셀 사이트에서 어떤 가격에 팔리고 있는지를 보면 바로 답이 나옵니다. 이 운동화는 인기가 매우 높아 '스탁엑스Stockx'나 '스타디움 굿즈Stadium Goods' 같은 미국의 리셀 사이트에서는 한화 약 64만 원대에 판매되고 있습니다. 반면,

푸텐시의 위조 제품은 약 11만 8000원 정도입니다. 정품과 구분할 수 없을 정도로 제품이 정교하다면 푸텐시에서 제조하는 운동화는 충분히 경쟁력이 있습니다. 이런 비싼 가격의 운동화 위조품은 수요가 높아서, 어둠의 루트를 통해 전 세계로 확산되고 있습니다.

나이키는 2021년 1월에 나이키와 컨버스의 가짜 운동화가 온라인에서 판매되고 있다며 589개 사이트를 뉴욕 지방법원에 제소했습니다. 소송서류는 130페이지에 달했는데, 676개의 소셜 미디어 계정과 100개가 넘는 소재 불명의 기업 및 인물 또한 위조 또는 위조품 판매에 관여한 혐의로 함께 고발했습니다.

나이키에 따르면 "지적 재산권을 침해하는 589개의 웹사이트는 현재 또는 과거 12개월 이내에 미국 소비자들에게 나이키 또는 컨버스의 위조 제품을 홍보 또는 판매했으며 중국, 사우디아라비아, 바레인 및 기타 외국에 기반을 둔 42개의 별도 네트워크를 통해 위조품을 거래하고 있다"고 합니다. 이러한 웹사이트에서 판매되고 있는 제품 중 신빙성이 의심되는 제품, 또는 분명한 허위 설명이 있는 제품 외에 '무허가 정품'도 판매되고 있다고 합니다. 놀랍게도 이것은 나이키가 자체 수탁한 생산 공장에서 상품을 빼돌리고 있다는 것을 인정하고 있는 셈입니다. 게다가 웹사이트 중에는 버젓이 복제품 버전임을 인정하는 곳도 있고, '복제품'이라고 하면서 위조품을 판매하는 곳도 있습니다. 짝퉁 운동화 시장의 어둠이 너무 깊은 것 같습니다.

에르메스나 루이비통, 롤렉스 등 고급 브랜드의 복제품이 중국에서 판매되고 있다는 사실은 예전부터 유명합니다. 그러한 풍토의 바탕에는 근본적으로 사람들의 지적 재산권 개념이 희박하다는 문제가 있습니다. 산업의 고도화와 함께, 이제 그러한 풍토의 영향은 브랜드 상품에 그치지 않고 IT 관련 특허나 군사 관련 기술에까지 미치고 있습니다. 하지만 나이키와 관련해서 짝퉁 운동화가 만연한 이유는 단순히 지적 재산권에 대한 낮은 의식 수준 외에도 짝퉁 제품이 터무니없이 높은 이익을 창출하는 매력적인 비즈니스이기 때문입니다.

60억 달러 규모로 성장한 리셀 시장

이제 나이키의 한정판 운동화와 희귀 운동화는 다양한 리셀 사이트에서 비정상적으로 고가에 거래되고 있습니다. 업체에서 개인에 이르기까지 나이키 한정판 운동화의 리셀로 큰 이익을 얻는 사람의 수는 사실상 계산할 수 없을 정도입니다. 운동화는 이제 일종의 자산이며, 그 자산을 가장 많이 판매하는 것이 나이키의 SNKRS 앱입니다. 이 앱은 리셀 비즈니스를 위한 편리한 도구이기도 하며, 구매자는 단순히 열성적인 운동화 팬을 넘어, 운동화를 자산으로 간주하고 구매하는 사람들까지로 확장되었습니다. 나이키는 이 사실을 충분히 인지하고 있으며, 자산 가격을 하락시키지 않기 위해 한정판 운동화의 공급량을 신중하게 조절하고 있습니다. 만약 출시된 운동화의 공급량이 수요를 크게 웃돌 경우 리셀 시장은 붕괴될 것이고, 그것은 브랜드의 쇠퇴로 직결됩니다. SNKRS 앱은 나이키의 디지털 혁신을 가속화시키는 동시에 거대한 온라인 리셀 시장을 만들어 내는 원동력이 되기도 했습니다.

2019년 리셀 시장에 대해 보고한 코웬에 따르면 스니커헤드들이 리셀 사이트에서 구입하는 운동화의 총액은 북미에서만 20억 달러이며, 전 세계적으로는 60억 달러로 추정되고 있습니다. 또 그 매출의 대부분이 나이키에서 나오며, 일설에는 전체의 90%를 차지한다고도 합니다. 이 보고서는 〈대체 자산 클래스로서의 운동화Sneakers as an Alternative Asset Class〉라는 제목이며 저자는 미국 투자은행인 티디 코웬TD Cowen의 금융 애널리스트 존 커넌John Kernan 외 3명으로, 이들은 앞으로 운동화와 스트리트 웨어 리셀 시장이 전년 대비 두 자릿수 성장을 이어 갈 것으로 예측했습니다. 존 커넌은 야후 파이낸스Yahoo Finance로부터 팬데믹 위기가 리셀 시장에 미치는 영향에 대해 질문을 받자 이렇게 대답합니다.

"팬데믹으로 인하여 리셀 시장에 참여하는 스니커헤드들의 활동이 늘어났다고 생각합니다. 또 지금까지 이 시장과 상관없었던 새로운 소비자가 계속 증가하고 있습니다. 이것은 일시적인 유행이 아니라고 생각합니다."

팬데믹 하에서 운동화 리셀 시장의 성장이 가속화되었다는 그의 코멘트는 놀라웠지만, 생각해 보면 리셀 시장은 이제 오프라인 매장이 아닌 디지털에서 이루어지고 있습니다. 게다가 나이키나 아디다스 같은 브랜드는 한정판 운동화를 앱으로 판매하기 때문에 이들의 성장에 팬데믹이 전혀 방해가 되지 않습니다. 존 커넌은 일반적으로 패션 제품이 패스트 패션의 대두로 인해 저가화되고 있는 데 반해, 운동화 리셀 시장에서는 '에어 조던 1 레트로 하이 트래비스 스콧' 등 500달러 이상 판매되는 고가 운동화에 인기가 집중되고 있다는 점에 주목했습니다.

주의가 필요한 것은 이 시장이 골동품 시장과는 전혀 성질을 달리한다는 점입니다. 컬렉션이자 자산이라는 측면은 같지만, 리셀 운동화는 한 번 착용해서 밑창이 닳거나 더러워지면 가치가 크게 떨어집니다. 게다가 골동품 시장과 달리 오래된 것이 훌륭한 것이 아니라, 그 시점에서 인기가 높은지 여부가 가격의 최대 포인트가 됩니다. 따라서 리셀 상품은 대부분 거의 착용하지 않은 신상품입니다.

티디 코웬의 보고서에는 리셀 시장의 장래성을 낙관적으로 보는 배경으로 다음 3가지를 들었습니다.

첫째, 상품 공급과 인증 시스템이 개선되면서 열성적인 사용자와 커뮤니티, 데이터의 활용과 브랜드에 대한 충성도로 이루어지는 네트워크 효과가 가속화되고 있다.

둘째, 잇달아 출시되는 신상품과 서비스를 통한 운동화 시장의 성장이 간접적으로 가치를 계속 창출한다.

셋째, 리셀 시 고객 확보 비용이 적고, 총매출액에 대해 운영 기업이 얻는 매출액의 비율이 높으며, 평균 주문 가격이 높다는 것이 경제성을 양호하게 해 준다.

온라인 리셀 시장은 미국의 '고트GOAT', '스탁엑스', '스타디움 굿즈' 등의 웹사이트가 형성하고 있는 인터넷 시장으로, 한때 이베이나 아마존 등에서 짝퉁 운동화를 피하기 위해 탄생한 '진위 감정서 첨부' 서비스를 포함합니다. 이들 사이트에서는 진위 판정과 동시에 주식이나 중고 부동산 매매처럼 과거 낙찰 가격의 추이가 공개되어 가격 형성의 투명성이 보장됩니다.

예를 들면 고트에서는 정품 보증을 위해 전문가의 감정뿐만 아니라 AI의 머신 러닝 기술을 도입하고 있습니다. 수십만 건의 데이터베이스에는 운동화 박스와 태그, 라벨, 스티치(봉제의 바늘땀), 텍스처(소재의 질감), 컬러 등의 데이터가 축적되어 있습니다. 다른 사이트도 마찬가지로, 철저하게 가짜를 배제하는 것이 리셀 사이트 사업의 신선한 면모입니다. 코웬의 보고서에 등장하는 '인증 시스템의 개선'이란 이러한 디지털 테크놀로지를 활용한 진품 감정의 진화를 의미합니다.

이러한 리셀 사이트의 수익성이 높은 이유는 상품 중개 사이트를 통해 '고객에게 신뢰를 제공'하고 일정한 수수료를 받는 비즈니스 모델로, 재고를 전혀 가지고 있을 필요가 없기 때문입니다. 코웬이 2020년 7월에 실시한 조사에서는 18세부터 34세 사이의 청년 중 33%가 최근 30일 이내에 리셀 사이트에서 운동화를 구매했다고 대답했습니다. 이는 전년 대비 20% 증가한 수치인데, 특히 주목할 만한 것은 가장 증가하고 있는 연령층이 35세에서 44세 사이의 경제적으로 여유가 있는 세대로, 이 세대는 스니커헤드라기보다는 투자 목적으로 시장에 참여하고 있다고 볼 수 있습니다.

나이키는 리셀 시장의 성장을 통해서 직접적으로 이익을 얻을 수는 없습니다. 하지만 한정 판매한 운동화의 가격이 리셀 사이트에서 높게 책정됨으로써 나이키 브랜드의 높은 인기를 보여 줄 수 있습니다. 또 정품 여부를 판정하는 리셀 시장의 존재가 위조품을 배제하는 데 도움을 주고, 브랜드의 신뢰성도 보장해 줍니다. 더욱이 SNKRS 앱으로 구매할 수 없는 다수의 고객은 꼭 필요할 경우 리셀 사이트에서 정가의 두 배 이상 가격으로 구매할 수밖에 없습니다.

이러한 구조가 계속되면, 결과적으로 시장에서는 정가 판매가 저가 판매가 됩니다. 인기 아티스트의 콘서트 티켓과 같은 시스템입니다. 이로써 나이키는 더 높은 가격을 설정할 수 있고 나이키 신발의 평균 판매 가격ASP과 매출 총이익은 계속 상승합니다. 여기에 1차 시장과 2차 시장의 생태계가 성립되어 과거 나이키를 괴롭혀 왔던 할인업체의 브랜드 가치 저하 위험에서 벗어나게 됩니다.

참고로 코웬은 세계 운동화 리셀 시장의 규모가 2030년까지 300억 달러(약 40조 3,770억 원)에 이를 것으로 예측했습니다. 이 같은 거대 시장의 형성은 당연히 1차 시장의 성장 없이는 있을 수 없습니다. 이 경우 리셀 운동화의 90%를 차지하는 나이키는 과연 매출이 얼마나 될까요. 현재 공개된 나이키의 목표 매출은 2022년에 500억 달러인데, 이후 8년간 2차 시장에서 차지하는 비율이 2019년과 같다고 가정하면 1,900억 달러가 넘는 엄청난 숫자가 나옵니다.

과연 그런 꿈같은 미래를 그릴 수 있을지 의문은 남습니다. 하지만 그 엄청난 미래에 이르는 방법 중 하나가 2020년 여름에 판매된 나이키와 디올의 협업 모델 '에어 조던 1 OG 디올Air Jordan OG DIOR'입니다. 이 제품은 1만 3,000켤레 출시로 제한했는데, 출시 전에 약 500만 명으로부터 구입 자격 신청을 받았다고 합니다. 현재 리셀 사이트에서는 약 1,800만 원에서 2,800만 원의 가격으로 판매되고 있습니다. 참고로 정가는 로컷Low Cut 모델이 2,000달러, 하이컷High Cut 모델이 2,200달러이므로 리셀을 통해 최대 약 10배까지의 이익을 얻을 수 있는 최고의 투자 방법입니다.

코웬의 커넌은 야후 파이낸스와의 인터뷰에서 나이키가 2차 운동화 시장의 성장에 불을 붙이고 있다고 말했는데, 이 '에어 조던 1 OG 디올'은 그 대표적인 예라고 할 수 있습니다. 만약 나이키가 정가 판매 가격이 한 자릿수 다른 협업 모델을 다종다양하게 출시할 수 있다면, 다른 차원의 매출을 달성하는 것도 전혀 불가능한 일은 아닙니다.

2011년 경매 형식으로 판매된 '나이키 맥Nike MAG'이라는 신발은 영화 〈백 투 더 퓨처 2〉에서 나이키가 제공한 가상의 자동 레이싱 신발의 제품 버전으로 나이키 팬들 사이에서 인기가 상당히 높은 제품입니다. 영화의 주인공이었던 마이클 J. 폭스가 설립한 파킨슨병 연구 재단에 기부할 목적으로 나이키는 이 신발 1,510켤레를 이베이에서 판매했습니다. 낙찰 가격은 5,000달러(약 674만 원) 이상이었지만, 그 후 이 운동화는 리셀 시장에서 그 7배가 넘는 가격에 거래되고 있습니다. 운동화의 정가를 한 자리 수 높여 판매할 수 있다면, 활성화된 리셀 시장은 나이키에게 반드시 필요할 것입니다.

이베이에서 GOAT로

디지털상에서 운동화가 활발히 리셀되기 시작한 기점은 1990년대 후반에 미국에 '이베이'라는 경매 디지털 플랫폼이 등장하면서입니다. 이베이의 전신인 '옥션웹AuctionWeb'은 1995년에 설립되었는데, 이것은 컴퓨터 프로그래머였던 피에르 오미다이어Pierre Omidyar가 취미로 만든 사이트였습니다.

IT 창업에 흔히 있는 일이지만, 이 사이트에서 최초로 팔린 것은 오미다이어가 테스트 삼아 올린 '고장 난 레이저 포인터'였다고 합니다. 낙찰가는 14.83달러. 어쨌든 사용할 수 없는 물건이 낙찰되자 오미다이어는 상당히 놀랐다고 합니다. 그가 낙찰자에게 구입한 이유를 물었더니 낙찰자는 "고장 난 레이저 포인터를 수집하고 있다"라고 대답했습니다. 오미다이어는 이때 처음으로 수집가의 존재를 알게 되었고, 어떤 사람에게는 쓸모없는 물건이지만 다른 사람에게는 너무나도 갖고 싶은 물건일 수 있다는 것을 인식하게 되었습니다. 그리고 그 수요에 대응하는 경매 사이트가 엄청난 가능성을 지닌 사업이라고 생각하게 되었습니다.

사실상 취미로 시작한 이 사이트가 이후 거대한 비즈니스로 발전하게 됩니다. 2020년 결산에서 이베이는 전 세계 190개국에 진출해 연간 적극 구매자active buyer는 1억 8.500만 명, 유통 총액은 1,000억 달러이며, 이 회사의 매출은 103억 달러가 되었습니다. 이 인터넷 경매 사이트는 세계 최대의 경매 이용자를 보유하고 있으며, 이 사이트를 통해 가전에서 패션, 만화, 산업 기기까지 모든 것이 매매되고 있습니다. 사이트의 구성은 C2C(소비자 간 거래) 및 B2B(기업 간 거래)이며, 개인이나 기업을 불문하고 다양한 물건을 전 세계에 사고팔 수 있습니다. 이베이의 등장으로 컴퓨터상에서 처음으로 환불 보증이 첨부된 운동화를 리셀할 수 있게 되었고, 1990년대 후반에는 스니커헤드들이 이곳에서 활발하게 매매를 시작했습니다.

이베이가 보급된 배경에는 페이팔Pay Pal이라는 결제 시스템이 큰 영향을 끼쳤습니다. 페이팔은 판매자와 구매자 사이에서 온라인 결제를 중개하는 시스템으로, 실시간 송금이라는 즉시성이 있습니다. 구매자는 자신의 카드번호나 계좌정보를 사이트 운영자에게 알리지 않고도 인터넷 결제가 가능하고, 이것이 이베이의 발전을 뒷받침했습니다. 나이키의 CEO 존 도나호는 이베이와 페이팔 양측에서 CEO를 역임한 인물로, 그는 원래 이베이에서 나이키 운동화가 얼마나 고액으로 거래되고 있었는지 잘 알고 있었을 겁니다.

미국에서는 2005년에 뉴욕에 오픈한 '플라이트 클럽Flight Club'이라는 매장이 운동화 위탁 판매의 선구자로 알려져 있습니다. '플라이트 클럽'의 위탁 판매는 개인이 매장에 운동화를 판매하고 싶은 가격에 맡기고, 운동화가 팔리면 일정한 수수료를 지불하는 고전적인 사업 방식인데, 스니커헤드들의 열기로 인해 미국 전역에 이름을 떨쳤습니다.

하지만 플라이트 클럽은 온라인 운동화 리셀 사이트인 스타트업 기업 'GOAT(고트)'에 인수됐습니다. 2018년 2월에 6,000만 달러에 이르는 벤처 자금이 인수에 사용되었습니다. 이 인수는 유명한 헌 옷 가게가 플리마켓flea market(중고 상품이나 수집품, 골동품을 판매하는 시장) 기업에 매수되었다는 모양새에 가깝지만, 플라이트 클럽이 헌 옷 가게와 다른 것은 골동품에 속하는 낡은 운동화를 '보물'로 많이 소장하고 있었다는 것입니다. 플라이트 클럽의 방대한 위탁 재고품들을 GOAT와 연계함으로써 사이트의 매력을 더욱 향상시킬 목적으로 인수한 것입니다.

GOAT라는 회사명은 'Greatest of All Time(역사상 최고)'의 앞 글자를 딴 것으로, 2015년에 창업한 회사입니다. 창업자는 대학 동창생이었던 에디 루Eddy Lu와 다이신 스가노菅野大信로, 창업에 뜻을 둔 두 사람은 이 앱을 출시하기 10년 전부터 몇 가지 벤처 사업을 시도했다가 실패했습니다. 다만 두 사람에게는 2007년에 출시된 아이폰이 새로운 사업에 중요한 플랫폼을 제공하지 않을까 하는 강한 예감이 들었습니다.

두 사람은 골프 의류 회사와 온라인 차tea 사업, 아이폰용 99센트짜리 게임 앱 등에 도전했지만 모두 실패합니다. 그중 최고는 낯선 사람들이 모여 식사를 할 수 있는 다이닝 앱 '그럽위드어스Grubwithus'를 2011년에 시작한 것입니다. 참고로 자금을 댄 'Y콤비네이터'는 캘리포니아주 마운틴뷰의 시드 액셀러레이터seed accelerator(창업 직후나 기업 전의 벤처에 투자하는 조직)로, 투자처는 현재 3,000개나 됩니다. 그중에는

'도어 대시DoorDash', '스트라이프', '드롭 박스', '크루즈', '코인 베이스' 같은 유력한 다수의 IT 기업이 포함됩니다. 이 회사가 투자한 기업 중 110개 이상이 1억 달러 이상의 기업 가치가 있고, 25개 이상이 10억 달러 이상의 기업 가치가 있다고 웹사이트에서 소개하고 있습니다.

시드 액셀러레이터란 원래 스타트업을 위한 무료 온라인 스쿨로, 좋은 아이디어가 있으면 투자해서 창업을 위한 다양한 지원을 하는 독특한 시스템을 말합니다. 하지만 결국 Y콤비네이터에서 자금을 투자받은 그럽위드어스 앱도 인기가 없어 실패하고 말았습니다.

그런데 행운은 생각지도 못한 곳에서 찾아왔습니다. 그것은 다이신 스가노가 2013년에, 23년만에 복각되어 출시된 '에어 조던 5 그레이프'를 이베이 경매에서 구입하면서 시작됩니다. 스가노는 소년 시절에 아버지로부터 선물을 받았던 추억이 있어서 이 운동화를 구입했지만, 실제로 받아 보니 그 운동화는 명백한 가짜였습니다. 스가노는 충격을 받고 에디 루에게 이 이야기를 하며, 온라인 운동화 시장에는 정품임을 증명하는 인증 과정이 없다고 말했습니다. 루는 이야기를 듣고 판매자와 구매자 사이에서 부정행위를 감시하는 데 사업의 기회가 있지 않을까 하는 생각을 했습니다. 그리고 실제로 이런 수요가 있는지를 운동화 업계 사람들에게 물었습니다.

당시 가장 큰 운동화 리셀 시장인 이베이에서 전문적인 검증도 없이 버젓이 가짜가 판매되고 있다는 것은 큰 문제였습니다. 그래서 이 문제를 해결할 수 있다면 큰 사업의 기회가 되리라 생각했습니다. 업계 관계자들의 반응은 모두 호의적이었고, 두 사람은 곧바로 '레딧Reddit'을 포함한 IT 벤처기업으로부터 760만 달러의 자금을 모아 온라인 운동화 시장의 사기에 대항하는 인증 프로세스를 구축하기 시작했습니다. 그 결과, 완성된 것이 바로 GOAT 앱입니다.

그들이 만든 솔루션은 정말 훌륭했습니다. 이 앱으로 판매자(셀러)가 운동화를 판매할 경우 먼저 판매자로 신청해서 인가를 받아야 합니다. 인가를 받기 위해서는 출품 상품의 굽 부분, 아웃솔, 사이드, 인솔 등 정해진 운동화의 여러 이미지를 촬영해서 GOAT의 서버에 업로드해야 합니다. GOAT에서는 업로드된 이미지를 통해 진위를 식별하고, 동시에 매일 갱신되는 데이터베이스에 이미지를 보관합니다. 이 데이터베이스에는 이미지 인식과 머신 러닝 디지털 기술이 사용됩니다. 출품된 운동화가 최초의 인증 절차를 통과하면 판매로 전환할 수 있습니다.

출품은 신품이든 중고품이든 가능하며, 판매가 성립되면 GOAT는 배송 라벨을 판매자에게 보냅니다. 판매자가 배송 라벨을 붙여 상품을 캘리포니아 또는 뉴저지에 있는 GOAT의 배송 센터로 보내고, 이후 현물은 전문가의 진위 검사를 받아 정품으로 판단되면 GOAT의 신발 상자에 넣어 고객에게 발송하는 시스템입니다. 이 디지털 기술을 활용한 시스템은 모두 사람의 손으로 진위를 판정하는 것보다 훨씬 효율적인 인증 방법이며, 사업의 발전은 전문 인력의 증가가 아니라 AI의 진화를 통해 가능합니다. GOAT의 판매자 심사는 엄격하며, 특히 위조품 기지가 있는 중국에서는 초대받은 사람만 GOAT에서 판매할 수 있게 되어 있습니다.

GOAT 앱은 2015년 11월에 정식 운영이 시작되었는데, 그해 블랙 프라이데이에서 슈프림Supreme(미국의 스트리트 패션 브랜드)과 협업한 '나이키 에어 조던 5 레트로'와, 카니예 웨스트Kanye West와 협업한 '아디다스 이지 부스트 350 터틀 도브adidas YEEZY BOOST 350 Turtle Dove'라는 운동화가 폭발적인 인기를 얻어 출시됩니다. 인터넷상에서는 정품을 보증하는 GOAT 앱이 리셀처로 화제가 되면서 앱 다운로드가 10만 명을 넘어섰고 시스템이 여러 차례 다운되었습니다. 하지만 이 시스템 다운이 오히려 GOAT를 유명하게 만들어, 현재 이 앱의 사용자는 170개국에서 3,000만 명에 달합니다. 참고로 GOAT에서는 일부 개인 판매자들이 연간 200만 달러 이상을 판매하고 있다고 합니다.

GOAT에는 자본시장의 강력한 성장 기대가 있어, 벤처캐피털 기업으로부터 약 1억 달러의 자금을 모았으며 2019년 2월에는 거대 운동화 체인 풋락커가 1억 달러를 투자했습니다. 풋락커의 CEO 리처드 존슨은 "젊은 문화를 자극한다"는 새로운 목적을 위해 이 투자를 했다고 말했습니다. 풋락커는 이커머스를 포함한 디지털 투자를 적극적으로 하고 있는데, 디지털 리셀 시장의 발전이 1차 시장인 자신의 성장으로도 이어진다고 생각한 것입니다. 스마트폰 화면상에서는 풋락커 앱과 GOAT 앱이 바로 옆에 있기 때문에 GOAT와 더욱 원활하게 연결될 수 있다면 리셀을 목적으로 한 젊은 고객이 증가하게 되므로 풋락커도 크게 성장할 기회가 됩니다.

또 2021년 1월에, 프랑스의 고급 패션 대기업 '케링Kering'의 모회사 '아르테미스'가 GOAT에 전략적 투자를 하겠다고 발표했습니다. 케링은 구찌, 생로랑, 발렌시아가, 보테가 베네타 등의 슈퍼 브랜드를 보유하고 있는 명품 패션의 최대 기업 중 하나입니다. 케링의 창업자이자 회장 겸 CEO인 프랑수아 앙리 피노François-Henri Pinault는 "이 투자는 GOAT의 기술과 플랫폼의 힘을 활용하여 우리의 브랜드 스토리를 전달하기 위한 것입니다"라고 말하며, "GOAT와 우리 회사의 브랜드 포트폴리오를 결합함으로써 많은 시너지 효과가 기대됩니다"라고 말했습니다.

위조품에 시달리는 상황은 나이키나 아디다스 같은 운동화 브랜드뿐만 아니라 의류나 가방, 시계 등을 판매하는 슈퍼 브랜드도 마찬가지입니다. 케링으로서는 GOAT의 인증 구조를 활용해 위조품을 배제하고 정품 리셀로 브랜드를 활성화하는 2가지 장점을 기대하고 있었습니다. GOAT로서도 케링의 전략 투자는 운동화 리셀 사이트라는 틀을 뛰어넘어 고급 패션 분야에 진출할 수 있게 된다는 측면에서 큰 사업의 기회였습니다.

슈퍼 브랜드 중 운동화 리셀 사이트에 투자한 기업은 케링뿐만이 아닙니다. 또 다른 고급 패션 대기업 'LVMH^{Moët Hennessy·Louis Vuitton}'도 한때 '스타디움 굿즈Stadium Goods'라는 운동화 리셀 사이트에 출자해 소수 주주가 되었습니다. 또 샤넬도 영국의 이커머스 기업이 2019년에 출시한 '파페치 세컨드 라이프Farfetch Second Life'라는 중고 명품 가방의 리셀 사이트와 제휴하기 위해 출자했습니다. 명품 브랜드가 리셀 시장에 주목하는 것은 앞서 언급한 위조품 방지 대책이기도 하지만, Z세대로 불리는 젊은 층이 지속 가능성에 민감하기 때문이기도 합니다. 중고품 리셀은 환경에 대한 부담을 줄이는 효과가 있는 동시에 신제품을 구입하는 데 드는 비용의 일부를 보전하게 됩니다. 슈퍼 브랜드로서도 계속적으로 젊은 고객을 확보하기 위해서는 이러한 리셀 시장의 성장이 필수적이라고 판단한 것입니다.

운동화가 '주식'이 된다

GOAT 외에 미국의 운동화 리셀 사이트로 유명한 것은 '스탁엑스',

'스타디움 굿즈' 등이 있습니다.

가장 많은 자금을 모으고 있는 운동화 리셀 사이트는 2016년에 창업한 '스탁엑스'로, 2020년의 자금 조달 라운드에서 2억 5,000만 달러로 추정되는 새로운 자금을 조달했습니다. 그때까지 모은 자금 1억 6,000만 달러를 합하면 총 조달 금액은 4억 1,000만 달러에 달합니다.

스탁엑스의 특징은 주식 시장이나 외환 시장처럼 매도가격과 매수가격을 게시해서 매칭시키는 기능을 구현하는 것으로, 운동화 거래시장을 디지털상에 구축하고 있다는 점입니다. 스탁엑스의 등장은 GOAT 이상으로 획기적이며, 이 사이트의 등장으로 인기 브랜드의 한정판 운동화는 '주식'이 되었다는 말까지 합니다. 참고로 팬데믹 위기에서도 이 사이트의 성장은 멈추지 않았고, 포브스지는 스탁엑스의 2020년 3분기 거래액이 전년 동기 대비 500% 증가했다고 보도했습니다.

스탁엑스의 창업자 조쉬 루버Josh Luber는 원래 IBM에서 컨설팅 업무를 하면서 취미로 운동화를 수집하고 있었습니다. 즉, 뿌리 깊은 스니커헤드였습니다. 어느 날 그는 시간이 지남에 따라 운동화의 가격이 변동되는 것을 알았습니다. 그래서 17명의 자원봉사자와 함께 이베이의 거래 공개 데이터 1,300만 건 이상을 취득해, 2012년 데이터를 바탕으로 '캠플레스Campless'라는 웹사이트를 구축했습니다. 이 사이트는 운동화의 유통 시장 가격을 상시 갱신하는 가격 가이드 사이트로, 이것이 스탁엑스의 시작입니다. GOAT가 주로 진위 인증에 주목한 반면, 스탁엑스는 데이터에 주목한 점에 큰 차이가 있습니다.

스탁엑스와 유사한 운동화 리셀 사이트는 일본에서도 등장했습니

다. 2018년에 전직 증권회사 직원이 창업한 리셀 사이트 '모노카부Monokabu'가 바로 그것입니다. 스탁엑스와 조금 다르게 증권거래에서 이용되는 '이타요세板寄せ(모든 매매 주문을 모아서, 낮은 매도가격과 높은 매수가격을 합쳐서 약정 가격을 결정하는 방식)' 방식을 도입하고 있는데, 매도가격과 매수가격을 제시한다는 점에서는 같은 시스템이라 할 수 있습니다. 또 모노카부 이후 시작된 유력 리셀 사이트는, 2019년에 앱을 출시한 SODA가 운영하는 운동화 리셀 사이트 '스니커덩크SNKRDUNK'입니다. 이 회사는 소프트뱅크 벤처스 아시아SoftBank Ventures Asia 등으로부터 약 25억 엔의 자금을 조달하여 전 세계 진출을 목표로 하고 있습니다. 이곳은 GOAT와 마찬가지로 정품의 진위 보증에 초점을 맞춘 리셀 사이트로서, 나이키를 중심으로 각 브랜드 및 운동화 셀렉트 숍과 링크되어 있다는 점이 특징입니다. 참고로 SODA는 2021년 7월 제3자 할당 증자에 의한 자금 조달로 모노카부를 인수하여 일본 최대 리셀 사이트가 되었습니다.

물론 스탁엑스도 인증 과정과 진위 보증에 힘을 쏟고 있어, 판매되는 운동화에는 정품 보증 스티커가 부착됩니다. 또 이 회사의 진위 판정에도 역시 AI를 활용한 디지털 기술이 큰 역할을 하고 있습니다. 2021년 야후 파이낸스와의 인터뷰에 따르면 이 회사의 위조품 판정률은 99.95%라고 합니다. 이것이 사실이라면 스탁엑스의 신뢰성은 최고라고 할 수 있습니다. 참고로 이 회사에서 발견된 위조품 중 가장 많은 것은, 나이키에서는 에어 조던 1, 나이키와 트래비스 스콧Travis Scott과의 다양한 협업 모델, 버질 아블로Virgil Abloh의 브랜드 '오프 화이트Off White'와의 협업 모델, 아디다스에서는 카니예 웨스트Kanye West와의 협업 모델 '이지 부스트 350'이라고 합니다.

조금 색다른 리셀 사이트로는 시카고에서 2015년에 창업한 '스타디움 굿즈'가 있습니다. 공동 CEO는 존 맥페터스John McPheters와 제드 스틸러Jed Stiller입니다. 이 회사는 2016년 8월에 중국 소비자에게 브랜드 상품을 판매하는 알리바바 산하의 티몰과 파트너십을 체결하고 중국 시장에 진출했습니다. 스타디움 굿즈는 오프라인 매장에서 시작했기 때문에 기본적으로는 플라이트 클럽과 마찬가지로 위탁 판매 형식입니다. 사이트를 보면 "판매하는 상품은 사전 인증을 실시하였으며, 특별히 명시되어 있지 않는 한 모든 제품이 정품이며 사용하지 않았음을 보증합니다"라는 설명이 있습니다. 또 앞에서 언급했듯이, 이 사이트는 2018년에 LVMH로부터 자금을 제공받았지만, 그다음 해인 2019년 1월, 런던을 거점으로 하는 온라인 고급 패션 사이트 '파페치Farfetch'에 2억 5,000만 달러에 인수되었습니다. 이 또한 운동화 리셀 사이트의 미래가 얼마나 기대되고 있는지를 증명하는 사건입니다.

원래는 중고품을 정가보다 싸게 제공하는 역할을 담당했던 리셀업이 한정판 운동화 리셀 사이트와 그 앱을 통해 가격이 시시각각 오르내리는 시장경제로 변모하였습니다. 코웬의 보고서처럼 운동화가 '대체 자산'이 된다면 앞으로도 이러한 운동화를 리셀하는 디지털 신생 기업이 계속 생겨날 것이고, 이들은 많은 자금을 모을 것입니다.

하지만 주의해야 할 것은 리셀 시장의 성장은 1차 시장의 톱 브랜드인 나이키가 스니커헤드들을 열광하게 만드는 한정판 운동화를 계속 출시할 수 있는지 여부에 달려 있습니다. 자산 시장이 된 이상 버블도 생기고, 버블이 있으면 동시에 버블의 붕괴도 발생합니다. 신제품의 가격 상승으로 이익을 기대할 수 있는 동안에는 나이키의 매출도 성장하지만, 먹이가 끊기면 물고기는 줄어들기 마련입니다. 나이키의 근본적인 디지털 전략은 스마트폰 상에 탄생한 새로운 시장경제를 극단적인 수급의 갭(수요와 공급 사이에 존재하는 차이)으로 활성화시켜, 이를 나이키 브랜드 전체의 성장으로 연결시키는 매우 독특한 전략입니다. 이런 독특한 전략은 도나호가 말하는 것처럼 다른 브랜드에서는 쉽게 흉내 낼 수 없는 것입니다.

참고로 디지털상의 운동화 리셀 시장을 신뢰할 수 있게 만든 GOAT 앱과 나이키의 SNKRS 앱은 모두 2015년에 출시되었습니다. 신기하게도 같은 해에 출시되었는데, 2015년을 운동화 리셀 시장의 성장 출발점으로 기억해야 할 이유이기도 합니다.

HTM 프로젝트

운동화 리셀 시장이 활성화되기 위해서는 필수적으로 참신한 아이디어나 창의성을 가진 한정판 운동화가 연속적으로 다양하게 출시되어야 합니다. 그리고 그 주역은 리셀 시장을 필요로 했던 나이키입니다. 나이키의 한정판 운동화는 예전부터 존재했지만, 오늘날만큼 다양한 품종이 빈도 높게 출시되는 것은 1990년대에는 생각할 수 없는 일이었습니다. 당시 인기를 끈 것은 풋락커 한정판 등 대형 소매 체인의 별도 주문 모델이었으며, 판매량도 제법 많았습니다. 그때 나이키는 도매가 주력이었기 때문에 수익적으로는 적어도 3만 켤레 이상 주문하지 않으면 채산성이 맞지 않았습니다. 따라서 별도 주문 모델은 지금만큼 높은 가격에 거래되지 않았습니다. 판촉이나 화제 유발을 위한 소량 한정 모델도 있었는데, 나이키의 이익은 거의 없었다고 합니다.

1990년대 후반의 나이키 버블 붕괴를 계기로 큰 변화가 시작되었습니다. 버블 붕괴가 심각해서 당시 에어맥스 97이나 에어 조던 12 같은 나이키의 최신 간판 운동화가 일본의 신발 할인 체인점에서 4,000엔에서 5,000엔 정도에 덤핑으로 판매되었습니다. 나이키가 브랜드 가치 훼손의 최대 위기에 놓였던 것입니다.

그 위기에서 회복하기 위해 나이키는 두 가지 방법을 취했습니다.
첫 번째는 '알파 프로젝트'라는 새로운 혁신적인 상품 개발로, 전 세계 디자인 관련 직원들이 모여 1999년 1월에 시작했습니다. 이 프로젝트를 통해 2000년대 수많은 참신한 신발들이 탄생했습니다. '에어 플라이트포지트Air Flightposite', '에어 쿠키니Air Kukini', '샥스Shox', '에어 프레스토Air Presto' 등 혁신적인 명품 신발이 이 프로젝트에서 만들어졌습니다.

두 번째는 2002년에 시작된 '나이키 HTM 프로젝트'입니다. 디자인과 패션을 지향하는 운동화에 대한 본격적인 진출이었습니다. 이는 2001년부터 나이키 브랜드의 공동 사장을 맡고 있던 마크 파커가 직접 주도한 프로젝트로, 그는 나이키의 부활은 혁신적인 접근뿐만 아니라 '디자인'을 지향하는 것이 중요하다고 생각하여, 1990년대 중반에 일본 하라주쿠의 뒷골목에서 시작된 스트리트 컬처와 운동화 문화에 그 해법이 있다고 생각했습니다. 그는 하라주쿠 뒷골목의 대부이며 '프래그먼트 디자인fragment design'의 창설자인 후지와라 히로시藤原ヒロシ를 눈여겨보았습니다. 마크 파커는 후지와라 히로시와 나이키의 전설적인 디자이너 팅커 햇필드Tinker Hatfield와 함께 퍼포먼스 디자인에 예술을 입힌 협업 모델을 만들려고 생각했습니다. 참고로 '나이키 HTM 프로젝트'의 HTM은 세 사람 이름의 머리글자Hiroshi, Tinker, Mark를 딴 것입니다.

경영진의 일원이면서 신발 디자인에 관여하는 것은 일반적으로 생각할 수 없는 일이지만, 마크 파커는 예술을 좋아하기로 유명하고, 다양한 '오타쿠 굿즈' 수집가이기도 합니다. 마크 파커의 아트 수집은 미국의 팝아트와 팝 초현실주의Pop Surrealism를 주체로 합니다. 그는 앤디 워홀, 마크 라이든Mark Ryden, 토드 쇼르Todd Schorr, 팀 비스컵Tim Biskup 등의 작품을 수집하고 그 외 스타워즈 영화에서 사용된 소품과 다양한 피규어 컬렉션을 좋아합니다. 그의 사무실은 이러한 컬렉션으로 가득 채워져 있으며, 사무실 이미지가 인터넷에 여러 장 공개되어 있을 정도로, 일반적인 최고 경영자의 이미지와는 전혀 다릅니다. 하지만 이러한 일을 허용할 만큼 창의적인 사고에 관용적인 나이키의 문화가 운동화의 혁신과 창의성의 진화에 크게 기여했다는 것은 분명합니다.

파커는 HTM 프로젝트 이전에도, 1990년대 중반에 스트리트 아트의 인기 그래피티 아티스트 '카우스Kaws', '퓨추라Futura', '스태시Stash', 그리고 인기 타투 아티스트 '미스터 카툰Mister Cartoon'과 협업한 신발로 일찍부터 팝 아트 취미를 운동화에 적용하여 성공했습니다. 참고로 1998년에 출시된 '나이키 에어 포스 1 로우 원 월드 카우즈Air Force 1 Low 1World KAWS'는 스탁엑스에서 약 40만 원 이상의 가격에 나와 있습니다. 카우즈는 에어 맥스와도 협업했는데, 출시한 지 20년 이상 지난 운동화는 미드솔midsole(중창)에 사용되는 폴리우레탄 소재의 품질이 많이 떨어져 착용하기에 적합하지 않습니다. 따라서 이것들은 착용 목적이 아니라 투자 목적으로 출품되고 있다고 할 수 있습니다. 아키하바라는 '오타쿠(특정 분야에 심취한 사람)의 성지'가 있는 곳, 우라하라주쿠(하라주쿠의 뒷골목)는 스트리트 패션의 발신지가 있는 곳으로, 마크 파커는 이러한 일본의 문화에 심취하였습니다. 결국, 2002년 이후 나이키는 일본의 디자이너나 브랜드와 협업을 진행했습니다.

HTM 프로젝트에서는 '에어 목 미드Air Moc Mid'와 '나이키 삭 다트 Nike Sock Dart', 'HTM 줌 캥거루Zoom Kangaroo', 'HTM 에어 풋스케이프 우븐Air Footscape Woven' 등이 차례로 출시되었습니다. 또 2012년에 출시된 '플라이니트 레이서Flyknit Racer'와 'HTM 트레이너'는 HTM 프로젝트에서 탄생한 혁신적인 플라이니트 기술을 채택한 제품입니다. 이 기술을 사용한 신발은 2012년 런던 올림픽 기간 동안 다양한 선수들의 홍보 덕분에 대히트를 기록했습니다.

일본 브랜드와의 협업

마크 파커의 나이키와 일본 브랜드의 협업은 후지와라 히로시와 우라하라주쿠에서 그치지 않습니다. 나이키는 세계적인 일본발 패션 브랜드 '꼼데가르송Comme des Garcons'과도 장기 협업을 이어 갔습니다. 1999년에는 같은 브랜드의 디자이너 와타나베 준야渡辺淳弥와 협업한 '나이키 에어 줌 헤이븐'이 출시되었습니다. 이 운동화는 당시의 스트리트 잡지에 활발하게 거론되어, 이때부터 20년에 걸친 나이키와 꼼데가르송의 협업이 시작되었습니다.

마크 파커는 이때 유명한 패션 브랜드 디자이너의 관점을 추가하면 운동화에 패션성과 희소성을 부여할 수 있다는 것을 깨달았습니다. 협업을 통한 나이키의 한정판 운동화 전략의 뿌리는 꼼데가르송에서 본격화되었다고 할 수 있습니다. 와타나베 준야와의 협업은 2000년의 '나이키 에어 쿠키니Air Kukini', 2001년의 '나이키 슈퍼플라이Superfly', 2002년의 '나이키 와플 레이서Waffle Racer'로 이어져, '덩크Dunk' 등의 레트로 스타일 운동화부터 하이테크 스타일 운동화까지 매년 꼼데가르송과의 협업 운동화가 출시되었습니다.

2012년에는 꼼데가르송의 창시자인 디자이너 가와쿠보 레이川久保玲가 감독한 콘셉트 스토어 도버 스트리트 마켓Dover Street Market과 협업을 시작합니다. 도버 스트리트 마켓은 2004년 런던에 1호점을 시작으로 현재 전 세계에 단 8개 매장을 열었습니다. 하지만 이들 매장 덕분에 나이키는 꼼데가르송뿐만 아니라 구찌나 발렌시아가 등의 하이패션 브랜드로부터 스투시Stussy나 슈프림 같은 스트리트 웨어 브랜드와 같은 대우를 받으며 진열됩니다.

2012년에는 도버 스트리트 마켓과의 협업 운동화 '에어 포스 1 로우'가 런던 올림픽과 에어 포스 1의 30주년에 맞춰 출시되었습니다. 그 후, 둘의 관계는 점점 깊어져서 2013년에 뉴욕점을 오픈할 때 꼼데가르송은 점포의 일부를 나이키의 실험형 매장인 '나이키랩'에 제공합니다. 특히 2015년에 이 매장과의 협업으로 '에어 조던 1'이 출시되었을 때는 매장이 큰 혼란에 빠질 정도로 반응이 뜨거웠습니다. 또 2017년에는 꼼데가르송 셔츠, 슈프림, 나이키가 함께 협업하는 트리플 협업이 성사되어 안구를 디자인화한 '에어 포스 1'이 출시되었는데, 이 운동화는 스탁엑스에서 약 100만 원 이상의 가격에 거래되고 있습니다.

그 외에도 나이키가 협업하는 일본 브랜드로는 1999년에 디자이너 아베 치토세阿部千登勢가 창시한 '사카이Sacai'라는 브랜드가 있습니다. 아베 치토세는 꼼데가르송 출신으로, 브랜드를 시작한 지 10년이라는 단기간에 슈퍼 디자이너로서 지위를 확립한 인물입니다. 이 브랜드가 파리 패션 위크에서 여성 컬렉션을 발표하기 시작한 것은 2009년 10월부터이며, 현재는 '콜레트Colette' 등의 유명 매장에 상품이 진열되는 유명 의류 브랜드가 되었습니다. 사카이는 신발 브랜드와의 협업에 매우 적극적이며, 나이키 외에도 반스VANS나 어그UGG 등과도 협업하고 있습니다. 사카이와 나이키가 최초로 협업한 것은 2015년입니다. '에어맥스 90'과 '덩크'가 출시되어 둘의 관계는 그 후에도 계속되고 있습니다.

또 후지와라 히로시와 어깨를 나란히 하는 우라하라주쿠계 브랜드의 대표격인 타카하시 준高橋盾이 1990년에 설립한 의류 브랜드 '언더커버Undercover'와의 협업도 유명합니다. 언더커버는 1990년대에 젊은이들을 중심으로 붐을 일으킨 스트리트 웨어 브랜드인데, 나이키와의 협업을 시작한 것은 2010년입니다. 언더커버와의 협업은 2019년에 중국에서 출시 중지되는 사건이 있어 화제가 되었습니다. 이유는 타카하시 준이 인스타그램에 홍콩의 '도망범 조례' 개정안에 반대하는 시위 사진을 올렸기 때문이었습니다. 이 인스타그램 게시물은 중국 인터넷에서 큰 반발을 불러일으켰고, 나이키도 소비자들의 목소리에 밀려 급하게 협업 상품의 출시를 중단했습니다. 이후에도 언더커버와의 협업은 계속되었지만, 이 사건은 2021년에 신장 위구르 자치구의 인권 문제로 중국 소비자들이 보이콧 운동을 일으키면서 티몰 온라인에서 매출이 급감하는 사태로 이어졌습니다.

일본의 고급 패션 브랜드부터 우라하라주쿠계 스트리트 브랜드까지, 폭넓게 협업을 실시하여 한정판 운동화의 매력을 만드는 나이키의 전략에 라이벌인 아디다스도 그 뒤를 따랐습니다. 우라하라주쿠계에서 디자이너인 NIGO가 설립한 '어 베이싱 에이프A BATHING APE'와 2003년부터 협업을 시작했고, 고급 패션계에서 세계적인 일본인 디자이너 야마모토 요지山本耀司와 2001년부터 협업했습니다. 2003년에는 더 나아가, 야마모토 요지와 계약해 협업 브랜드 'Y3'를 시작하여 오늘에 이르렀습니다.

미국 브랜드와의 협업

물론 마크 파커는 일본뿐만 아니라 미국에서도 스트리트 브랜드를 주축으로 한 협업을 적극적으로 진행했습니다. 유명한 브랜드로는 '언디피티드Undefeated', '슈프림', '스투시' 등 젊은 층에게 인기 있는 브랜드가 있습니다.

'언디피티드'는 로스앤젤레스에서 2002년에 창업한 운동화 숍으로, 독자적인 스트리트 웨어 브랜드도 보유하고 있습니다. 미국 서해안(캘리포니아주, 오리건주, 워싱턴주)의 젊은이들에게 절대적인 인기를 자랑하는 이 브랜드에, 마크 파커가 직접 스케이트보더들에게 인기가 높은 운동화 '덩크'의 협업을 제안한 것으로 알려져 있습니다. '언디피티드'와의 협업으로 고가를 기대할 수 있는 운동화로는 이 '덩크' 외에 '에어 조던 4'와 '에어 포스 1' 등이 있습니다.

또 '슈프림'은 제임스 제비아James Jebbia가 1994년에 뉴욕에 설립한 스케이트보드 문화를 중심으로 만들어진 라이프 스타일 브랜드입니다. 나이키와의 협업은 2002년에 시작되었습니다. 스트리트 컬처를 상징하고, 또 젊은이를 자극하는 스포츠라면 뭐니 뭐니 해도 스케이트보드라 할 수 있는데 나이키가 스케이트보드용 신발 생산을 시작한 것은 1997년으로 상당히 늦었습니다. 당시에는 이미 DC나 반스 등 스케이트보드에 특화된 브랜드가 많이 있었습니다. 스케이트보더들은 옛날부터 나이키의 '덩크'나 '에어 포스 1' 같은 비교적 저렴한 농구화를 스케이트보드용으로 사용하고 있었는데, 인기 브랜드인 나이키가 그때까지 젊은이들의 문화를 대표하는 스포츠인 스케이트보드에 주목하지 않았던 것입니다.

2001년이 되자 나이키는 스케이트보더들의 지지를 얻기 위해 '나이키 SB'라는 브랜드를 발표합니다. 가장 먼저 출시된 '나이키 SB 덩크 로우NIKE SB Dunk Low'는 별로 인기가 없었습니다. 그래서 돌파구로 선보인 것이 2002년에 '슈프림'과 협업한 모델 '슈프림 × 나이키 SB 덩크 로우 프로'입니다. 이것이 스니커헤드 사이에서 큰 화제가 되어 스케이트보드와 스니커헤드 양측 모두를 열광시키게 됩니다.

슈프림과의 협업은 '덩크' 뿐만 아니라 그 후 '에어 조던', '에어 포스 1', '브루인Bruin' 등 옛날 농구화를 기본으로 했습니다. 홍보를 크게 하지 않았는데도 2002년 가을에 협업 모델을 출시할 때, 뉴욕의 슈프림 매장에는 스니커헤드의 긴 행렬이 이어졌습니다. 특히 2007년 출시일에는 뉴욕 매장의 주변을 스니커헤드들이 가득 메워 경찰이 통제해야 하는 소동까지 벌어졌습니다.

2013년에는 스케이트보드와는 전혀 관계가 없는 러닝화 '나이키 플라이니트 루나 1 슈프림'이 출시되었는데, 더 이상 스케이트보드라는 스포츠가 아니더라도 협업 그 자체가 목적이 될 정도로 두 브랜드의 조합은 파괴적인 위력을 발휘하기 시작했습니다. 참고로 현재 이 운동화는 리셀 사이트에서 약 140만 원에서 190만 원 사이로 거래되고 있습니다. 그 후에도 슈프림과 나이키의 협업 운동화는 높은 인기를 자랑하여, 매장의 반복되는 혼란을 피하기 위해 뉴욕 경찰은 나이키와 슈프림에게 안전 대책을 강구하도록 명령하는 일까지 발생했습니다. 그래서 2015년 '에어 조던 5 슈프림'을 출시할 즈음 처음으로 나이키와 슈프림이 매장 판매를 중단하고 두 회사의 온라인 사이트에서만 협업 모델을 판매했습니다. 2015년은 한정판 운동화 리셀 사이트와 SNKRS 앱의 기점이 되는 해로, 여기에 정점을 찍은 슈프림과의 협업은 매우 큰 역할을 했다고 할 수 있습니다.

슈프림 외에, 1980년대 서핑 보드 마니아였던 숀 스투시Shawn Stussy가 직접 만든 서핑 보드에 자신의 사인을 그려 넣어 팔던 것이 시초가 된 전설적인 브랜드 '스투시Stussy'와의 협업도 젊은 층에게 절대적인 인기를 끌었습니다. 서핑 보드에서 시작된 브랜드인 스투시는 마침내 의류 사업에 뛰어들었고, 티셔츠나 캡 모자 등에 새겨진 그 독특한 로고가 멋진 아이콘이 되어, 스트리트 스타일에 민감한 전 세계 젊은이들이 동경하는 의류 브랜드가 되었습니다.

스투시가 나이키와 함께 일하게 된 것은 2000년으로, 슈프림보다 2년 정도 빨랐습니다. 그해에 출시된 '에어 하라치Air Huarache LE'도 서핑 보드와는 전혀 관계가 없는 러닝에 최적화된 운동화였습니다. 그도 그럴 것이 나이키의 목적은 스트리트 웨어의 '대부'라고 불리는 스투시의 마이클 코펠만Michael Kopelman과 협업하여 거리의 젊은이들에게 주목받는 것이었습니다. 스투시와 나이키와의 협업 관계는 운동화뿐만 아니라 의류로도 이어져, 더블 네임(패션에서 두 브랜드의 이름을 붙이는 것)의 캐주얼웨어가 SNKRS 앱을 통해 출시되기도 했습니다.

래퍼나 럭셔리 브랜드와의 협업

나이키는 스트리트 브랜드와의 협업뿐만 아니라 거리의 젊은이들을 매혹시키는 래퍼와의 협업도 활발하게 진행합니다.

　래퍼와의 협업에서 최초의 주인공은, 트위터를 통해 미국 대통령 선거 출마를 선언한 카니예 웨스트입니다. 2021년 4월, 그가 2008년 그래미상에서 착용했던 '나이키 에어 이지 1Nike Air Yeezy 1'의 시제품이 소더비 경매에서 180만 달러(한화 약 17억 6,883만 원)에 낙찰되었다는 뉴스가 보도되었습니다. 참고로 이 '이지'라는 명칭은 디자이너이기도 한 카니예 웨스트 자신의 브랜드명입니다. 그는 2009년부터 나이키와 협업을 시작했는데, 출시한 이지 운동화 모두 당일 완판되었습니다. '나이키 에어 이지 2'는 리셀 사이트에서 현자 약 1,600만 원 정도의 높은 금액이 붙여져 있습니다.

　하지만 그는 2013년에 갑자기 나이키와 계약을 파기하고 이지 브랜드를 사용해 아디다스와 협업을 시작했습니다. 운동선수를 둘러싸고 나이키와 아디다스가 다투는 일은 옛날부터 흔한 일이었지만 래퍼를 두고 경쟁한다는 것은 그야말로 놀라운 일이었습니다.

　이지를 빼앗긴 나이키는 다음 전략으로 2017년에 카니예 웨스트의 눈에 띄어 유명해진 인기 래퍼 트래비스 스콧Travis Scott과 협업을 했습니다. 트래비스 스콧은 '덩크', '에어 조던', '에어 포스 1'과 같은 레트로 운동화의 협업을 잇달아 기획하고 2020년에는 나이키와 연 1억 달러의 계약을 맺었습니다.

　계약의 대상이 운동선수에서 래퍼로 확장된 사건은 나이키에게 큰 변화이며, 트래비스 스콧과의 협업 운동화가 나이키에게 큰 이익이 되었음을 말해 줍니다. 참고로 '나이키 덩크 로 트래비스 스콧 플레이스테이션 세일Nike Dunk Low Travis Scott × PlayStation Sail'은 스탁엑스에서 940만 원 전후 가격에 거래되고 있습니다. 스탁엑스의 CEO 스콧 커틀러Scott Cutler는 트래비스 스콧을 '차세대 소비자들에게 지대한 영향력을 가진 인물'이라고 평가했습니다.

여담이지만, 나이키는 소니의 플레이스테이션과도 협업을 하고 있습니다. 두 회사의 관계는 2006년에 플레이스테이션 3가 출시되었을 때 시작되었는데, 이 게임기와의 협업도 젊은이들을 자극한다는 맥락에서 나이키에게 매우 중요한 전략입니다.

래퍼와의 협업은 자연스럽게 럭셔리 브랜드와의 협업으로도 이어지게 되었습니다. 그 대표격이 2017년에 시작된 '오프 화이트' 브랜드와의 협업으로, 이 한정판 운동화는 리셀 시장에서도 인기가 상당히 많습니다.

오프 화이트는 카니예 웨스트의 스타일 어드바이저였던 버질 아블로Virgil Abloh가 2014년에 창립한 고급 스트리트 패션 브랜드입니다. 그는 2018년에 루이비통의 남성복 부문 아트 디렉터로 임명되었는데 나이키는 그의 취임을 기념해 루이비통의 모노그램 무늬가 들어간 '에어 조던 1'을 10켤레만 제작해 4,000달러에 판매했습니다. 그 후 2021년이 되자 나이키는 아블로와의 관계를 기반으로 루이비통과 대규모 협업 모델을 발표했습니다.

루이비통의 남성 부문의 전임자는 고급 스트리트 웨어 디자인의 귀재인 킴 존스Kim Jones로, 그는 현재 디올의 남성복과 펜디FENDI의 여성복 디자이너를 맡고 있습니다. 앞서 언급한 에어 조던과 디올의 협업은 그가 담당하고 있었습니다. 참고로 킴 존스는 영국의 패션디자이너로, 그 재능을 인정받아 유럽의 수많은 고급 브랜드와 일해 왔는데, 나이키와의 관계는 2016년에 시작됐습니다. 그는 열렬한 스니커헤드이며, 나이키 운동화 수집가이기도 합니다. 따라서 '킴 존스' 브랜드를 이용해서 나이키와 운동화나 의류 부문에서 협업하는 것은 자연스러운 흐름이라 할 수 있습니다.

스트리트 패션 브랜드와의 협업이나 래퍼와의 협업, 나아가 럭셔리 브랜드에 속하는 디자이너와의 협업은 젊은이들을 나이키로 끌어들이는 데 중요한 역할을 하며 리셀 시장을 확장시키는 데 기여하고 있습니다. 또 럭셔리 브랜드도 스트리트 패션이나 애슬레저라는 젊은이들의 트렌드를 받아들이지 않으면 차세대 소비자를 끌어들일 수 없다는 사정 때문에 나이키와의 관계를 필요로 합니다. 따라서 디올과의 협업 운동화를 실현하는 것은 어디까지나 새로운 단계의 시작이며, 앞으로도 확대해 나갈 것이 분명합니다.

흥미롭게도 럭셔리 브랜드와 나이키의 관계 강화의 흐름은 여성 스니커헤드를 새롭게 부각시켰습니다. 2020년 8월의 비즈니스 인사이더에 따르면, 스탁엑스에서 여성용 '오프 화이트 에어 조던 4 세일 Off-White Air Jordan 4 Sail'이 리셀 기록을 갱신합니다. 원래 리셀 가격이 200달러였던 이 운동화는 팬데믹 위기가 한창일 때 불과 48시간 만에 평균 1,200달러까지 올라, 정가에서 500% 이상 상승했습니다. 이는 리셀 여성 운동화 가격 상승률로는 사상 최고로, 이 사이트에서는 리셀 여성 운동화의 매출 증가율이 전체의 70%를 웃돌고 있다고 합니다. 원래 남성 중심의 커뮤니티였던 운동화 리셀 시장이 여성들 사이에도 확산된다면, 여성을 주요 고객으로 하는 럭셔리 브랜드로서도 나이키가 제휴 상대로 가장 중요한 브랜드가 될 것입니다.

시장 조사 매체인 포춘 비즈니스 인사이트Fortune Business Insights에 따르면 2019년 럭셔리 브랜드 시장은 3,160억 달러였지만 팬데믹의 영향으로 2020년에는 매출액이 18.6%나 감소했습니다. 하지만 이 시장의 CAGR(연평균 성장률)은 4.6%이며, 2027년에는 3,528억 달러의 시장이 될 것으로 추정됩니다.

한편, 또 다른 시장 조사 매체 그랜드 뷰 리서치$^{Grand\ View\ Research}$가 추계하는 스포츠웨어 시장은 2020년에 2,884억 달러로 CAGR은 10.4%이며, 2025년에는 4,796억 달러에 달해 2027년 전까지 럭셔리 브랜드의 시장 규모를 추월할 것으로 예상됩니다. 럭셔리 브랜드가 스트리트 브랜드와 협업하거나, 나이키 같은 스포츠 브랜드와 협업하는 것은 두 자릿수 성장률을 달성하겠다는 의미에서도 매우 중요한 과제가 되고 있습니다.

결국 젊은이들을 매료시키는 스트리트 컬처가 서브 컬처에서 메인 무대로 올라오려고 하는 큰 그림이 명확해집니다. 그 중심에는 협업을 축으로 한 나이키 한정판 운동화가 있습니다. 만약 럭셔리 브랜드와의 관계를 앞으로 더욱 강화할 수 있다면 나이키는 리셀 시장을 비약적으로 성장시킬 수 있을 것입니다. 그리고 이는 곧 나이키 운동화 자체의 가격 상승 전략을 보증하는 것으로도 이어집니다.

나이키의 NFT 특허와 새로운 리셀 시장

잘 알려지지 않았지만 나이키는 지금까지 살펴보았던 실제 운동화 리셀 시장 이외에도 새로운 리셀 시장의 탄생을 가능하게 하는 디지털 특허를 가지고 있습니다.

2019년 12월 나이키는 NFT(대체 불가능한 토큰)를 이용한 '크립토킥스CryptoKicks'라는 특허를 취득했습니다. '크립토'는 암호를 의미하며, 가상 통화를 의미하는 '크립토코인'에서 사용되는 말로, '가상 운동화'라는 뜻입니다.

NFT는 암호 화폐에서 이용되는 블록체인(고도로 암호화된 분산 원장 기술)을 이용해 디지털 데이터에 별도의 고유한 인식 값을 부여해 새로운 자산 시장을 만들어 내는 기술입니다. 일반적으로 이 기술을 이용하면 데이터를 조작하거나 복제할 수 없고, 지금까지 소유자를 보호할 수 없었던 예술이나 게임의 아이템, 트레이딩 카드쿠터 트워터 이미지까지 모든 디지털 데이터의 소유권을 확보할 수 있습니다. 그리고 출품 데이터가 인기를 끌면 거기서 큰 수익을 얻을 수 있습니다. '오픈 시Open Sea' 등 여러 신규 시장뿐만 아니라 크리스티Christie's를 비롯한 전통적인 경매회사도 이 분야에 진출하면서 디지털 데이터가 자산이 되는 역사적인 전환이 일어났습니다.

2021년 3월에 트위터 창업자 잭 도시Jack Dorsey가 '밸류어블스Valuables' 플랫폼에서 자신의 첫 트위터 게시물 '방금 내 트위터를 만들었다Just Setting Up My Twttr'를 NFT 저작물로 전환해 자선사업을 위한 경매에 부쳤는데, 290만 달러에 낙찰되었다는 뉴스가 퍼지면서 NFT는 단숨에 전 세계의 주목을 받았습니다. 특히 게임이나 아트의 세계에서는 큰 열광을 일으켜, 2021년 5월에 크리스크의 첫 NFT 경매에서 디지털 아티스트 '비플Beeple'의 작품이 6,930만 달러(한화 680억 1,300만 원)에 낙찰되었습니다. 그 후 구찌도 크리스티에서 최초의 NFT 경매를 실시했으며, NBA(미국 프로 농구협회)는 블록체인 기업 '대퍼 랩스Dapper Labs'와 제휴해 프로 농구 경기의 짧은 동영상을 구매할 수 있는 온라인 마켓플레이스 'NBA 톱샷Top Shot'을 개설했습니다. 이후 5

억 달러 이상의 매출을 올리며 완전히 새로운 디지털 사업을 형성했습니다.

미국 특허상표청에 따르면 나이키는 이 크립토킥스를 이용해 NFT와 물리적인 운동화를 연결하여 위조품 유통을 방지하는 것을 첫 번째 목적으로 삼았습니다. 소비자가 크립토킥스 라인의 운동화를 구입하면 해당 신발에 첨부된 개체 식별이 가능한 디지털 자산 크립토킥스 NFT도 함께 소유할 수 있습니다. 이런 방식을 통해 그 운동화가 정품이며 누가 소유하고 있는지 블록체인상에 등록되고, 그 운동화를 다른 사람에게 리셀할 경우 현물 운동화와 함께 디지털 자산인 크립토킥스를 함께 리셀함으로써 소유권을 올바르게 양도할 수 있습니다.

특허에서 이 디지털 자산은 암호 화폐 지갑인 '디지털 로커Digital Locker'에 저장되고 '비밀 키'가 있어야 꺼낼 수 있는 구조로 되어 있습니다. 이런 발상은 블록체인을 사용하여 실제 운동화가 정품임을 완벽하게 증명하고, 리셀 시장에서 크립토킥스가 수반되지 않은 매매는 위조품이라는 것을 명확히 할 수 있는 이점이 있습니다. 또 나이키 스스로도 소유권을 추적하여 블록체인상에서 운동화가 누구의 소유인지 확인할 수도 있습니다.

사실상 NFT에서는 소유권을 이전하더라도 저작권은 제작자에게 귀속됩니다. 즉 프로그램만 내장하면 이론적으로는 지금처럼 리셀 시장에서 여러 번 판매가 반복될 경우 나이키가 저작권료로 일정한 로열티 수입을 얻을 수도 있습니다. 즉 크립토킥스를 발행하면 하나의 디지털 자산이 장기적으로 나이키의 수익을 창출하게 된다는 뜻입니다.

성장하는 리셀 시장에서 중요한 것은 위조품을 배제하고 정품을 올

나이키 크립토킥스 특허

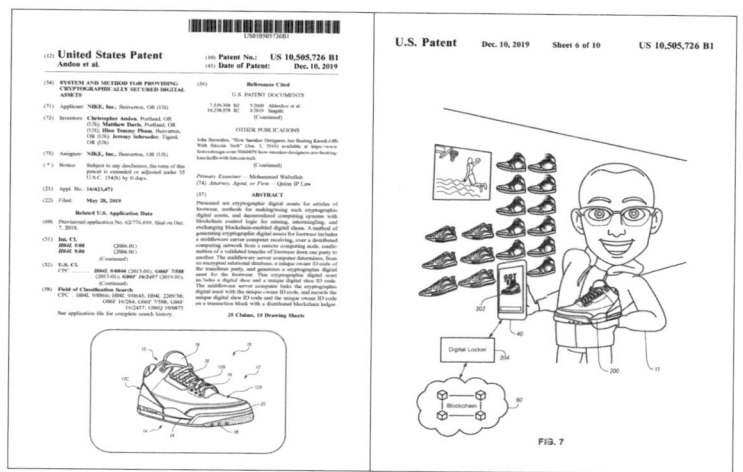

출처 : 미국 특허상표청USPTO / 특허번호 US 10,505,726 B1

바르게 유통하는 것입니다. 나이키는 위조 방지 대책을 위해 2018년에 한정판 운동화에 RFID(교통 카드나 자동차의 스마트키처럼 전파로 데이터를 읽고 쓰는 기술) 태그가 내장된 버클을 부착했고, 그다음 해부터는 상자에 RFID 태그를 부착했습니다. 하지만 RFID 해킹은 해커에게는 너무 쉬운 일이어서 이 소프트웨어도 나돌고 있을 정도이므로 RFID를 부착하는 것만으로는 완전한 위조 방지 대책이 될 수 없었습니다.

그래서 대안으로 등장한 것이 네덜란드의 NXP 세미컨덕터스NXP Semiconductors 등이 제안하는 RFID와 블록체인을 연결하는 기술입니다. 일본에서도 시티디지털City Digital이 경매 플랫폼 KCKC에서 RFID 태그와 블록체인을 연결해서 진품임을 보증하는 시스템을 채택하고 있습니다. 하지만 나이키 크립토킥스의 NFT화가 실현될 경우 RFID도 불필요하게 되어 제조사 주도로 위조품을 완전히 배제하는 시스템이 완성됩니다.

　크립토킥스의 특허에는 더욱 혁신적인 내용이 기재되어 있습니다. 그것은 소유자가 디지털 운동화를 다른 디지털 운동화와 결합해서 새로운 것을 번식시켜 '디지털 운동화의 자손을 만들 수 있다'는 것입니다. 또 그 '자손'을 새로운 유형의 신발로 만들 수도 있다고 합니다. 아주 재미있는 기술이지만, 현실적으로 운용을 해 보지 않으면 어떤 것인지 알 수 없습니다. 하지만 이 부분을 보면 정품임을 보증하는 용도에 그치지 않고 NFT를 사용해서 디지털 운동화를 실제 운동화로 만들어 새로운 시장을 만들고 싶다는 나이키의 의욕을 엿볼 수 있습니다. 2021년 4월, 유명 프로농구 선수 케빈 듀란트$^{Kevin\ Durant}$ 등이 설립한 스포츠 비즈니스 매체 보드룸TV$^{Boardroom.TV}$는 나이키의 특허에 대해 다음과 같이 말했습니다.

　"나이키의 크립토킥스 특허를 보면 두 켤레의 가상 운동화를 연결하여 새로운 신발을 만들 수 있으며 그 가능성은 무궁무진합니다. 이것은 운동화의 '번식' 계획을 말합니다. 특정 신발의 구조가 제한된 탓에 만들 수 있는 것과 만들 수 없는 것이 규제되어 있기에 이 방법은 무제한이 아닙니다. 하지만 실물 신발을 NFT와 대조하면 번식이 여러 번 이루어진다고 해도 블록체인상에서 원래 위치까지 반드시 추적할 수 있게 됩니다. 이에 따라 디자인에 대한 완전히 새로운 접근 방식이 탄생하고 잠재적으로는 완전히 새로운 종류의 시장이 생깁니다."

　현실적인지 여부를 떠나 그 디지털 운동화의 자손을 나이키가 실제로 현물 운동화로 생산할 수 있다면 이것은 혁신적인 디자인이 되어 점점 나이키 운동화의 인기가 높아질 것이며, 동시에 새롭게 NFT 운동화를 리셀하는 시장의 성립도 뒷받침할 수 있게 됩니다.

310만 달러의 매출을 올린 NFT 운동화

눈에 띄는 NFT 운동화 브랜드로는 두 가지가 있습니다. 하나는 디지털 아티스트와 제휴한 '아티팩트RTFKT'입니다. RTFKT는 2020년 1월에 팬데믹 위기에서 설립되었습니다. 2021년 2월에는 약 7분 만에 310만 달러짜리 NFT 운동화를 판매했다고 보도되어 눈길을 끌었습니다. 독일 온라인 매거진 〈하이스노바이어티Highsnobiety〉에 따르면 RTFKT는 슈프림의 암호자산 버전을 만드는 것이 목표이며 안드리센 호로위츠Andreessen Horowitz가 이끄는 세계 최강 벤처캐피털로부터 시드 자금(스타트업 기업에 제공되는 초기 자금)으로 800만 달러를 확보했다고 합니다.

RTFKT의 홈페이지에는 이렇게 설명하고 있습니다.

"오랜 세월 RTFKT는 정의되지 않은 집단이었으며 지금까지 무대 뒤에서 일해 왔습니다. 게임 회사와 몇몇 엄선된 패션 브랜드에 디자인과 콘셉트를 제공해 왔지만, 2020년에 서비스를 퍼블릭 메타 마켓(물리적 상품이 아닌 데이터 작품을 판매하는 오픈된 가상 마켓)으로 확대하기 위해 회사를 설립했습니다. 반응은 놀라웠고, RTFKT는 무서울 정도로 성장했습니다. 원래 RTFKT 프로젝트는 2040년에 시작될 예정이었지만 예상보다 빠른 속도로 실현되었습니다. 우리는 지금 디지털의 미래를 가속하기 위해 여기에 있습니다."

RTFKT의 사이트에서 NFT 작품을 살펴보면 3D로 표현된 매우 아름다운 디지털 운동화를 볼 수 있는데, 확실히 예술성이 높은 창조물이라고 할 수 있습니다. RTFKT의 설립자 브누아 파고토Benoit Pagotto는 "우리는 창작자들과 협력하고 창작자들에게 힘을 실어 주며 수익을 분배할 것입니다"라고 했습니다. 실제로 7분 만에 310만 달러의 매출을 올린 디지털 운동화는 디지털 아티스트와 협업한 이미지입니다. 이 아티스트는 세계적으로 유명한 18세의 트랜스젠더 '푸오셔스Fewocious'로, 그의 작품은 크리스티에서 NFT 경매에 부쳐질 정도로 인기가 있습니다.

브누아 파고토는 자신의 회사를 '게임에서 태어난 패션 기업'이라고 표현합니다. 전 세계의 젊은이들이 '포트나이트Fortnite' 같은 게임에 빠져 있는데, 그 게임에서 자신의 아바타를 위한 디지털 스킨(의류나 신발 등)을 구입합니다. 이 스킨은 당연하게도 패션성을 가지며, 특히 젊은이들의 스트리트 컬처가 짙게 반영되어 있습니다. 즉 게임 속에서는 이미 디지털 패션이 유통되고 있으며, 그 발전형으로 NFT 운동화가 등장하는 것은 필연이라고도 할 수 있습니다.

디지털 운동화를 NFT화한 또 다른 기업은 팬데믹이 계속되는 2021년 3월에 창업한 미국 '메타기어METAGEAR'입니다. 이 회사는 설립한 지 한 달 만에 '크립토키커스CryptoKickers'라는 사이트를 오픈했습니다. 크립토키커스의 디지털 운동화는 RTFKT와 전혀 달라 특별한 예술성은 없고 마치 레고의 조합처럼 단순합니다. RTFKT가 예술이나 패션성을 추구하는 반면, 이 회사는 기호를 추구하는 운동화 같은 느낌입니다.

크립토키커스의 가장 큰 특징은 뒷받침이 되는 가상 화폐입니다. 일반적으로 NFT에서 이용되는 가상 화폐 플랫폼은 이더리움Ethereum이 주류인데, 크립토키커스는 2020년에 출범한 '솔라나Solana'라는 플랫폼에 있습니다. 이것이 중요한 이유는 트랜잭션(온라인 결제)마다 지불해야 하는 수수료가 엄청나게 저렴하고 처리 속도가 압도적으로 빠르다는 것입니다.

참고로 당시 이더리움의 트랜잭션 수수료는 10달러에서 20달러인데 비해 솔라나는 0.00005달러였고, 건당 블록 생성 속도는 이더리움이 300초인데 비해 솔라나는 0.4초였습니다. 이 정도라면 디지털 운동화가 높은 가격에 낙찰되지 않아도 충분히 비즈니스를 전개할 수 있는 수준입니다.

메타기어는 뉴욕 닉스New York Knicks와 덴버 너기츠Denver Nuggets에서 활약한 NBA의 베테랑 선수 윌슨 챈들러Wilson Chandler와 파트너십을 맺고 설립된 회사입니다. 챈들러와 계약한 이유는 디자인에 기대한 것이 아니라 챈들러의 인지도 때문이었습니다. 이 회사는 2021년 4월에 21켤레의 '윌슨 챈들러 1'이라는 시그니처 슈즈를 출시했습니다. 디지털 아트의 예술성보다 운동선수의 시그니처를 한정 판매함으로써 미래의 가격 상승 기회에 베팅한 것입니다. 운동선수의 이름을 딴 시그니처 모델을 가상 자산(암호 화폐)으로 출시하겠다는 발상은 나이키가 실제로 하고 있는 것과 기법을 NFT 상에 가지고 온 것입니다. 미국에서는 그 외에도, 아크 풋웨어Ark Footwear 등 NFT 운동화에서 비즈니스 기회를 찾는 벤처 기업이 잇달아 들어섰습니다. 앞으로도 전 세계적으로 이런 비즈니스에 도전하는 기업이 늘어날 것으로 보입니다.

사실 나이키도 2019년에 포트나이트의 에픽 게임사와 협업하여 조던 의류와 에어 조던 1의 스킨을 출시했습니다. 가격은 13달러에서 18달러입니다. 이 스킨은 기간이 한정된 출시였는데, 도대체 얼마나 팔렸는지는 발표되지 않았습니다. 하지만 전 세계에 등록된 플레이어가 2억 5,000만 명이나 되는 게임이라는 것을 감안하건 두 회사가 나름

대로 큰 매출을 올렸다는 것은 의심할 여지가 없습니다.

　참고로 이 포트나이트라는 배틀 로얄 게임은 무료로 플레이할 수 있으며, 회사는 아바타와 스킨 구입에 따른 수익 모델로 성장했습니다. NFT는 아니지만 이 에어 조던 1의 스킨 판매는 나이키 최초의 디지털 운동화 출시라고도 할 수 있어, 당시 나이키가 NFT에 진출할 것이라는 추측이 무성했습니다. 그런 추측은 2년 후인 2021년 12월, 나이키가 앞서 언급한 RTFKT를 인수하겠다고 발표하면서 현실화되었습니다. 이 인수에 대해 나이키 CEO 존 도나호는 "우리 회사는 RTFKT 브랜드에 투자하여 혁신적이고 창의적인 커뮤니티를 육성해 나갈 것입니다. 그리고 나이키는 디지털 세계로의 진출을 강화해 나갈 계획입니다"라고 말했습니다. 또 이 인수 건이 있기 전에는 구찌 등도 참여하고 있는 '로블록스Roblox'라는 온라인 게임 플랫폼에 '나이키랜드'를 오픈하여 게임에 나오는 신발과 스킨을 판매하기 시작했습니다.

　나이키는 인수 금액을 발표하지 않았지만, 비즈니스 인사이더에 따르면 RTFKT의 가치는 2021년 5월 기준 3,300만 달러로 추정되며, 아마도 이 금액을 훨씬 넘는 자금이 투입됐다고 보는 것이 자연스러울 것입니다. 하지만 나이키는 향후 RTFKT에 의해 협업 신발이 출시되면 엄청난 수익이 계속 발생하리라고 내다보았을 것입니다. 이 인수로 나이키는 실제 신발과 마찬가지로 디지털 신발의 새로운 재판매 시장 형성을 꾀했으며, 메타버스의 도입 등 새로운 성장을 기대했습니다.

게이미피케이션으로 판매되는 가상 운동화

　디지털 세상은 항상 현실보다 먼저 펼쳐집니다.

2019년에 출시된 앱 '애글릿Aglet'은 디지털 운동화를 포켓몬 GO 처럼 모으거나 구매하는 게임 앱입니다. 애글릿은 포켓몬 GO와 마찬가지로 위치 정보 게임으로, 스니커헤드를 대상으로 한 나이키의 SNKRS 앱과 비슷한 보물찾기 놀이입니다. 회원이 야외를 돌아다니면 1,000보 단위의 걸음 수에 따라 애글릿Aglet이라는 게임 머니가 적립되고, 그 게임 머니로 나이키나 아디다스 등의 디지털 운동화 이미지나 운동화 수리 굿즈를 구매하고 모을 수 있습니다. 또 희귀한 한정판 운동화는 '골드 애글릿Gold Aglet'이라는 게임 머니를 구입해서 대금을 지불하면 가질 수 있습니다.

앱의 지도상에는 '데드스톡 스테이션Deadstock Station', '리페어 스테이션Repair Station', '트레저 스태시Treasure Stash(보물 창고)'가 표시되어 있어, 그 장소로 걸어가면 운동화를 새 운동화 상태로 되돌리거나 수리하거나, 혹은 '보물'을 얻거나 할 수 있습니다. 각 장소에는 시간제한이 있으며, 그 시간 내에 장소에 도달해야 합니다. 이 게임에서는 신발을 신고 걸으면 운동화가 마모되거나 더러워진다는 점이 매우 재미있습니다. 게임 내 운동화는 모두 현실의 브랜드 제품이지만 운동화 이미지는 사진이 아닌 독자적인 일러스트로, 미묘한 저작권 문제를 일러스트로 회피하고 있습니다.

비록 일러스트이지만, 현실 세계에서는 구하기 힘든 희귀 운동화를 가상 세계에서 구할 수 있다는 아이디어가 스니커헤드에게는 매우 매력적인 것 같습니다. 미국의 테크놀로지 정보 사이트 벤처 비트 닷컴VentureBeat.com에 의하면, 이 회사는 2020년 12월 기준으로 10만 명의 플레이어를 보유하고 있으며, 이 커뮤니티에서는 이미 84억 걸음이 기록되어 총거리는 430만 마일이라고 합니다. 게다가 약 20만 켤레의

'보물찾기' 앱도 등장

디지털 운동화를 모으는 게임 앱 '애글릿'의 화면 캡처

가상 운동화가 판매되었다고 하니 놀랍습니다.

이 새로운 게임의 아이디어는 아디다스의 전 직원이었던 이 회사 CEO 라이언 멀린스Ryan Mullins가 개발한 것입니다. 그가 이 앱을 개발하려고 생각한 동기는 자신이 400켤레나 되는 운동화 컬렉션을 가지고 있고 10살 때부터 수집하기 시작한 확고한 스니커헤드이지만, 현실 세계에서는 한정판 운동화를 구하기가 굉장히 어렵다는 점 때문이었습니다. 또 멀린스는 게임 마니아로, 2016년에 독일에서 처음으로 포켓몬 GO를 플레이하면서 이 게임을 비즈니스에 응용할 수 있지 않을까 생각했다고 합니다.

실제로 Z세대에 속하는 젊은이들은 현실 세계에서 한정 운동화를 찾아 나이키의 SNKRS 앱을 돌아다닙니다. 하지만 그러한 노력은 거의 보답받지 못합니다. 그렇다면 게임의 세계에서 그것을 가능하게 한다면 된다고 멀린스는 생각한 것입니다. 비록 일러스트이기는 하지만 돈만 지불하면 구하기 어렵고 비싼 나이키 머그나 트래비스 스콧의 에어 조던을 자신의 것으로 만들 수 있습니다. 이러한 게임 모델을 멀린스는 '게이미피케이션을 통한 쇼핑 체험'이라고 합니다.

애글릿은 빠르게 벤처캐피털로부터 700만 달러의 자금을 모았습니다. 게임 구축 전문가뿐만 아니라, 조던 브랜드의 전 사원이나 아디다스의 전 사원이 참가한 데다, 리셀 사이트인 스타디움 굿즈와 럭셔리 브랜드 구찌와의 협업도 실현되었습니다. 게다가 2021년 4월에는 게임 내에서도 수집되고 있는 애글릿의 독자적인 운동화 일러스트를 사용하여 NFT를 출시한다고 발표했습니다.

하지만 애글릿에는 위험한 문제가 남아 있었습니다. 그것은 이 게임 앱의 나이키나 아디다스 일러스트가 저작권 소송으로 발전할 가능성을 부정할 수 없다는 것입니다. 2020년 8월에 포브스지는 "애글릿은 앱에서 제공되는 운동화의 실제 버전을 만드는 기업과 라이선스 계약을 맺지 않았다. 그런데도 이 회사에게 업계의 거대 기업이 저작권 소송을 걸어 이것을 무너뜨리지 않은 것은 다행스러운 일이다"라고 말했습니다. 특히 저작권에 민감한 나이키가 이 앱을 2019년부터 계속 묵인한 것은 새로운 디지털 비즈니스 공간으로서 동향을 지켜보기 위해서였을 것입니다.

사실상 이 앱 사용자가 더 많아지면 나이키에게도 상당히 이득이 되는 상황이었습니다. 어쨌든 이 앱을 이용하는 것은 나이키가 증식시켜 온 스니커헤드이기 때문에, 예를 들어 게임 내의 '트레저 스태시(보물 창고)'에 나이키 할인 쿠폰이나 특별 선물을 제공하는 등 실제 시장을 활성화시키기 위한 다양한 가능성도 존재했습니다.

애글릿에 투자한 NBA 선수 안드레 이궈달라Andre Iguodala는 "가상 세계에서 시장은 거대합니다. 플랫폼에 맞춰 무엇이든 확장할 수 있습니다"라고 말했습니다. 물론 맞는 말이지만, RTFKT와 달리 타사 제품이 일러스트로 등장하는 이 기업을 인수하는 것은 어느 브랜드에게도 어려운 일입니다. 따라서 애글릿의 가능성은 각 브랜드가 함께 하는 게임 공간으로서 성장하는 데 있습니다. 물론 나이키가 이 앱에 적극적으로 참여하는 것이 조건일 것입니다.

나이키는 가상 세계인 메타버스에서 SNKRS 앱, 그리고 현실의 제품을 뛰어넘는 수익 기회를 추구하고자 했습니다. 앞서 언급한 RTFKT의 인수는 그 시작이었습니다. 쉽게 말하면 나이키는 운동화를 중심으로 한 전통적인 스포츠 용품 사업에 새로운 디지털 콘텐츠 사업을 추가하려 한 것입니다.

나이키는 운동화만으로 이렇게까지 강한 브랜드를 만들어 내고, 빠르게 성장하는 리셀 시장을 견인하며, 디지털 세계에서도 기회를 넓혀 나갔습니다. 이처럼 쉽지 않은 지위는 어떻게 얻었을까요? 마지막 5장에서는 그 근본적인 브랜드의 동력에 대해 알아보겠습니다.

제5장

스포츠 마케팅과 메시지 전략

스포츠 마케팅의 시작

앱 전략을 중심으로 한 나이키의 디지털 전환은 왜 이렇게 성공을 거두었을까요? 그 본질적인 대답은 '스포츠 마케팅'과 나이키의 '메시지 마케팅'에 있습니다. 제품의 혁신성도 상당히 중요하지만, 지금까지 살펴본 것처럼 과거의 운동화를 복각해서 리셀 시장을 활성화시켜 온 사실이 '제품의 혁신성'이 결정적인 키워드가 아님을 명시하고 있습니다.

스포츠 용품 업계에는 '스포츠 마케팅'이라는 말이 있는데, 이것은 자사 상품의 홍보를 위해서 스포츠 선수와 '인도스먼트endorsement 계약(초상권의 이용이나 상품화권에 대한 독점적인 계약)'을 맺어, 그 선수의 후광 효과halo effect(어떤 사람에 대한 좋은 이미지가 제품 평가에 영향을 미치는 현상)를 활용하여 다양한 상품을 판매하는 방법을 말합니다. 나이키는 스포츠 마케팅의 전설로 불리는 마이클 조던 선수와의 인도스먼트 계약을 통해 큰 성공을 거두어 이 업계에서 스포츠 마케팅의 디팩토 스탠더드de facto standard(사실상의 표준)를 만들었습니다.

나이키는 그 후에도 '소비자의 마음을 흔드는' 운동선수와의 계약을 계속 확대하였고, 그에 따라 매출도 꾸준히 증가했습니다. 운동선수와 브랜드의 관계를 일종의 무형 자산으로 만들어 거기서 반복적으

세계 고액 연봉 운동선수 순위

	운동선수명	종목	총수입	상금	인도스먼트 계약	계약 브랜드
1	코너 맥그리거	종합격투기	1억 8,000만	2,200만	1억 5,800만	리복
2	리오넬 메시	축구	1억 3,000만	9,700만	3,300만	아디다스
3	크리스티아누 호날두	축구	1억 2,000만	7,000만	5,000만	나이키
4	닥 프레스콧	NFL	1억 750만	9,750만	1,000만	조던 브랜드
5	르브론 제임스	NBA	9,650만	3,150만	6500만	나이키
6	네이마르	축구	9,500만	7,600만	1,900만	푸마
7	로저 페더러	테니스	9,003만	3만	9,000만	유니클로
8	루이스 해밀턴	자동차 경주	8,200만	7,000만	1,200만	타미힐피거
9	톰 브래디	NFL	7,600만	4,500만	3,100만	언더 아머
10	케빈 듀란트	NBA	7,500만	3,100만	4,400만	나이키

출처 : 포브스지 2021년 5월 12일자 기사를 기초로 필자가 작성 / 단위 : 달러
Knight, Brett. "The World's 10 Highest-Paid Athletes : Conor McGregor Leads A Group Of Sports Stars Unfazed By The Pandemic". Forbes. Retrieved 2021-05-12.

로 수익 기회를 창출한 것입니다.

나이키가 1990년대 이후에 계약한 선수는 N3A에서는 케빈 듀란트, 찰스 바클리, 코비 브라이언트, 르브론 제임스, 테니스에서는 안드레 애거시, 로저 페더러, 마리아 샤라포바, 육상 경기에서는 마이클 존

슨, 야구에서는 켄 그리피 주니어, 자전거에서는 랜스 암스트롱, 골프에서는 타이거 우즈, 축구에서는 크리스티아누 호날두와 호나우지뉴 등 모두 거물급 선수입니다. 이 계약 선수들과 계약 팀에 지출한 비용이 연간 13억 달러에서 15억 달러로, 2021년 5월 말 시점에서 남은 계약금은 총 83억 달러(한화 약 9조 684억 원)에 이릅니다.

나이키가 최초로 계약한 선수는 전설적인 러너 스티브 프리폰테인 선수라고 일반적으로 알려져 있습니다. 하지만 이는 사실과 다릅니다. 실제 처음으로 돈을 지불하고 계약한 선수는 1972년에 뮌헨 올림픽 웰터급 레슬링 금메달리스트 웨인 웰스 선수입니다. 그는 나이키 시그니처 슈즈(특정 선수 전용 모델)의 영예를 안은 최초의 선수로, 나이키 디자이너는 그의 요청에 따라 하이컷의 레슬링 부츠를 제작했습니다.

나이키 웹사이트에 따르면 "나이키에서 시그니처 운동선수가 되는 것은 매우 드물고 명예로운 일입니다. 우리 회사 역사상 모든 계약 선수의 1% 미만이 시그니처 슈즈를 만들 수 있습니다"라고 말했습니다. 웨인 웰스 선수에게 얼마를 지불했는지는 분명하지 않지만, 창업 첫해라고도 할 수 있는 이 시기에 올림픽 선수와 계약 가능한 종목은 미국에서는 마이너 스포츠인 레슬링밖에 없었을 것입니다. 이 선수가 금메달을 획득한 것은 나이키에게도 큰 행운이 따른 사건이었다고 할 수 있습니다.

하지만 1970년대에는 미국에서 조깅 붐이 시작되었고, 게다가 '코르테즈'라는 히트 상품을 가진 나이키에게 가장 중요한 스포츠는 달리기였습니다. 따라서 레슬링에 깊이 파고드는 것은 아무 의미도 없었습니다. 게다가 창업자는 달리기 선수였던 필 나이트와 그의 코치인 빌

전설적인 러너와의 계약

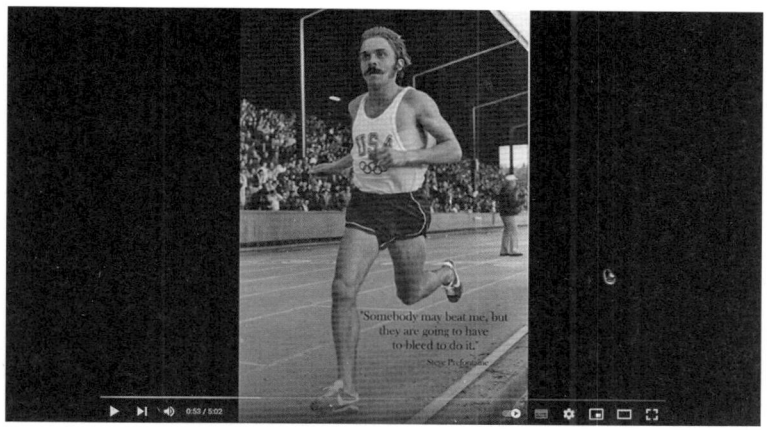

미국 장거리 종목의 천재로 통했던 스티브 프리폰테인. 나이키는 1973년부터 연간 5,000달러의 지원금을 그에게 지급했다.

출처 : Steve Prefontaine Tribute(https://www.youtube.com/watch?v=5NDAydXCoxI)

바우어만이기 때문에, 달리기의 아이콘이라고 할 수 있는 선수가 출발점이 되어야 하고 거기에 기업의 뿌리를 두어야 했습니다. 이것이 나이키의 인도스먼트 계약 역사에서 이 레슬링 선수가 잊히게 된 이유 중 하나입니다.

'프리'라는 애칭으로 알려진 스티브 프리폰테인 선수는 오리건 대학 육상 코치를 맡고 있던 빌 바우어만의 초청으로 이 대학에 들어갔습니다. 그는 15세에 2마일 달리기에서 기록을 세운 뒤, 수많은 기록을 수립했습니다. 대학 1학년인 1970년에는 유명한 미국 〈스포츠 일러스트레이티드Sports Illustrated〉 잡지의 표지를 장식했는데, 그 잡지에는 '미국 장거리 종목의 천재'라는 제목이 붙어 있었습니다.

그는 재능만으로 유명해진 선수는 아니었습니다. 나이키 공식 사이트 뉴스에서는 "전사처럼 강한 의지를 가진 이 러너는 마치 목숨을 거는 듯한 각오로 모든 레이스에 임했습니다. 그 투지, 대담한 레이스 전술과 타고난 카리스마가 많은 사람에게 영향을 주어 젊은 러너들에게 달릴 의욕과 전력을 다할 수 있는 의지를 주었습니다"라고 설명했습니다. 그는 레이스에 대한 생각을 이렇게 표현했다고 합니다.

"말이나 음악으로, 혹은 붓과 물감을 사용해 창작 활동을 하는 사람도 있다. 나는 달리기를 통해 아름다운 것을 만들고 싶다. 사람들의 눈길을 사로잡아 '저런 식으로 달리는 사람은 지금까지 본 적이 없어'라고 말하게 하고 싶다."

단지 이기기만 하는 것이 아니라 사람들을 감동시킬 수 있는 레이스를 하고 싶다는 그의 생각은 관객뿐만 아니라 나이키 관계자들을 매료시켜 나이키의 스포츠 마케팅의 출발점이 되었습니다.

사실 조깅 붐이 시작되기 전의 미국에서 러닝은 주목받는 스포츠가 아니라, 오히려 도로를 주행하는 자동차에 방해가 되는 스포츠였습니다. 프리 선수의 등장은 그러한 상황을 바꾸는 하나의 계기가 되었습니다. 그는 관중을 홍분시키는 레이스를 통해 감동을 불러일으켰고, 러닝을 구도적이고 멋진 것으로 변모시켰습니다. 창업자 필 나이트는 프리에 대해 이렇게 말했습니다.

"프리는 노동자 계급의 반항적인 인물이며, 건방지고 배짱이 넘치는 남자였습니다. 그런 프리의 정신이 나이키 영혼의 근간에 있습니다."(미국 나이키 뉴스, 2015년)

나이키가 프리에게 연간 5,000달러의 지원금을 지급하기 시작한 것은 1973년입니다. 그 전년도 뮌헨 올림픽에서는 신발을 만들기도 했던 빌 바우어만이 와플 과자의 틀에서 힌트를 얻어 나이키 와플 레이싱 슈즈(일명 문 슈즈Moon Shoes)를 12켤레 손수 제작했지만, 그는 이 운동화를 올림픽에서 신지 않았습니다. 그가 올림픽 5,000미터 레이스에서 착용한 신발은 어이없게도 라이벌인 아디다스의 레이싱 슈즈였습니다.

나이키는 프리가 24세의 젊은 나이에 자동차 사고로 요절한 후 그의 추모 광고를 방영했는데, 그중 올림픽 장면은 발밑이 보이지 않는 장면을 내보냈습니다. 나이키 창업자 두 명과 밀접한 관계에 있었는데도 프리가 아디다스를 착용했던 이유는 나이키의 트랙 레이싱 신발이 아직 프로토타입(시제품)에 불과했기 때문이었습니다. 러너가 좋은 결과를 얻기 위해 유일하고 중요한 도구라고 할 수 있는 신발에는 절대적인 신뢰가 필요합니다. 당시 모든 운동선수에게 아디다스에 대한 신뢰는 절대적이었고, 나이키는 이를 굴욕적인 사건으로 마음 깊이 새겼습니다.

뮌헨 올림픽 후에, 창업자 두 사람은 천재적이고 대중을 열광시키는 프리를 전속 선수로 할 필요가 있다고 판단했고 그것이 위에서 언급했던 지원금 지급으로 이어졌는데, 이것은 프리의 생활고를 구제하는 목적도 있었습니다. 지원금은 나이키 매장에서 일을 해서 얻는 식으로 지급되었습니다. 당시 미국 아마추어 경기 단체의 규정은 선수들에게 매우 까다로워서 올림픽에 프로 선수는 참가할 수 없게 되어 있었습니다. 프리가 다음 몬트리올 올림픽에 출전하려면 프로 계약을 거부하고 하루 3달러의 지원금으로 훈련해야 했습니다. 뒤에 설명하겠지만, 항상 운동선수의 편에 서서 지원하고자 하는 나이키의 기본적인 자세는 프리에 대한 지원이 발단이 되었다고 할 수 있습니다.

흥미롭게도 나이키의 프리에 대한 지원은 예상치 못한 효과를 가져왔습니다. 프리가 친분이 있는 전 세계의 러너들에게 메시지와 명함을 첨부해 나이키 신발을 보내기 시작한 것입니다. 이 행위는 샌디에이고의 메리 데커, 뉴질랜드의 존 워커, 영국의 브랜든 포스터, 케냐의 킵초게 케이노 등 많은 러너가 나이키 신발을 신고 활약하는 계기가 되었습니다. 지금으로 말하면 러너 동료 간의 소셜 네트워킹이 기능을 한 것입니다.

프리의 공헌은 이것뿐만이 아닙니다. 나이키는 프리가 사망한 후 프리처럼 멋지고 반항적이며 구도적인 선수를 찾게 됩니다. 그 이유는 그런 운동선수가 영웅이 되면 대중은 강하게 끌린다는 법칙을 발견했기 때문입니다. 이런 히어로 운동선수가 신는 신발은 엘리트 운동선수들뿐만 아니라 일반 대중들도 신으려고 하므로 신발의 매출 증가로 직결됩니다. 즉 회사의 성장으로 이어지는 것입니다. 이것은 나이키에 있어서 가장 중요한 발견으로, 여기에서 선수를 일종의 자산으로 간주하는 전략의 시초를 볼 수 있습니다. 나이키는 프리 이후 '악동'으로 불리던 테니스 선수 존 매켄로를 비롯해 개성 있는 선수들과 잇달아 계약하게 되었고, 마침내 영원한 농구의 레전드 마이클 조던과 계약하면서 정점을 찍었습니다.

운동선수를 중심으로 한 스포츠 마케팅 전략은 사라지지도 가치가 떨어지지도 않고, 그 감동이 사람들의 기억에 남아 계속 기업 내에 축적될 뿐입니다. 이것은 달리 유례가 없는 그야말로 강력한 자산이지만 그것이 대차대조표에 오르는 일은 없습니다. 하지만 이 전략이야말로 장기적이고 지속적으로 대중의 열광과 막대한 이익을 나이키에 가져다주는 원천이 되었습니다.

테니스와 농구

프리를 시작으로 나이키의 운동선수 인도스먼트는 나이키의 성장과 함께 늘어났습니다. 초기 조깅 붐이 불던 시대에는 프리가 만든 장래가 유망한 러너들과의 네트워크를 통하거나, 미국 육상 경기의 성지라고도 불리는 유진시의 오리건 대학 선수에 의존해서 그들에게 신발을 보내는 풀뿌리 프로모션이 중심이었습니다. 물론 재정적으로도 러너에게 돈을 지불할 여유가 없었지만, 다행히 조깅 붐이 불기 시작하면서 나이키 러닝화는 자연스럽게 러너들에게 받아들여졌습니다. 물론 나이키의 신발이 획기적이고 우수했던 것은 틀림없지만, 단지 신발이 우수한 것만으로는 폭발적인 기업 성장으로 이어지지 않습니다.

성장의 돌파구는 나이키 창업부터 1970년대 내내 이 회사의 매출 성장을 뒷받침했던 '코르테즈'가 러너들뿐만 아니라 대중에게도 조깅화나 캐주얼화로 폭발적인 인기를 끌었기 때문입니다. 특히 1974년에 최초의 여성용 코르테즈인 '세뇨리타 코르테즈Senorita Cortez'가 출시되자 대이변이 일어났습니다. 1976년에 미국 ABC 텔레비전에서 방영되기 시작한 드라마 〈미녀 삼총사Charlie's Angels〉의 주인공 중 한 명인 파라 포셋Farrah Fawcett이 세뇨리타 코르테즈를 신고 드라마에 등장했던 것입니다. 이 드라마는 큰 인기를 얻었고 파라 포셋은 1970년대 미국의 섹스 심벌이 되었습니다. 영향력 있는 배우 파라 포셋을 통해 나이키의 스우시Swoosh 로고를 미국 전역의 사람들이 알게 된 것입니다. 이후 코르테즈는 러너의 세계를 뛰어넘어 할리우드의 인기 신발이 되어 대중문화를 대표하는 패션 아이템이 되어 갑니다.

애초에 조깅 운동은 나이키에게 매우 유리한 요소가 있었습니다.

그것은 1970년대 대중 조깅 붐을 일으킨 시발점 중 하나가 《조깅》이라는 책이었기 때문입니다. 이 책은 '조깅의 건강상 유용성'을 설파한 내용으로, 책의 공저자 중 한 사람이 공동창업자 빌 바우어만입니다. 조깅의 바이블이라고도 할 수 있는 저서의 집필자가 만든 코르테즈 운동화가 미국인들의 조깅에서 빠질 수 없었던 것은 당연합니다. 참고로 1970년대 후반 러닝화 시장에서 나이키의 점유율이 약 50%까지 올라갔다고 합니다. 이때는 좋은 제품을 만들고 가격을 낮추면 팔리는 나이키의 '마케팅 1.0' 시대였다고 할 수 있습니다.

물론 나이키도 조깅 붐의 성공에만 의존해서는 오래 성장할 거라고 생각하지 않았습니다. 그들이 러닝 다음으로 목표한 스포츠는 테니스와 농구였습니다. 그 증거로 도서 《The Story of Nike(더 스토리 오브 나이키)》에 따르면 1972년에 나이키가 판매한 신발은 러닝화가 25만 켤레, 농구화가 5만 켤레였다고 합니다. 실제로 뮌헨 올림픽 때 레슬링 선수의 계약 외에 같은 해 이미 루마니아의 테니스 선수 일리에 너스타세와 계약했고, 그 이듬해는 당시 '아이스맨'이라는 별명으로 불리던 NBA 선수 조지 거빈과도 계약했습니다. 테니스도 NBA도 아디다스의 독무대였기 때문에 나이키는 창업 초기부터 이 두 시장을 노리고 있었습니다.

1975년에는 엘빈 헤이즈와 스펜서 헤이우드를 포함한 여러 NBA 선수와 계약했습니다. 각 선수에게 연간 2,000달러와 나이키의 농구화 매출에 따른 소액의 로열티가 주어지는 계약이었습니다. 이러한 신발의 매상에 연동한 인센티브(매출 비율)는 원원 방식이라고도 할 수 있으며, 이후 나이키의 인도스먼트 계약의 일반적인 방식이 됩니다. 물론 이 인센티브 방식은 재무적으로 여유가 없었던 나이키 입장에서는 선수에게 지불을 미루고 자금 조달 부담을 줄이는 효과가 있었습니다. 실제로 이런 방식이 선수가 스스로 자신의 로열티 수입을 늘리기 위해 적극적으로 나이키를 홍보하는 동기가 된다는 것을 알게 되었습니다. 게다가 이 로열티 수입 증가 효과로 인해 많은 선수가 나이키에 충성을 맹세하게 되었습니다.

운동선수를 활용한 나이키의 본격적인 스포츠 마케팅이 시작된 것은 1980년 상장에 따라 막대한 자금을 조달할 수 있는 목표가 세워진 후부터입니다. 나이키는 이미 미국에서는 아디다스를 앞질렀지만, 이는 러닝화 매출에 따른 것이었습니다. 우선은 1970년대 말경부터 세계적인 인기 스포츠가 된 테니스 분야에서 '나이키다움'을 구현할 선수를 확보해야 했습니다.

상장 직전인 1978년, 나이키는 바로 그런 선수를 발견했습니다. 이름은 존 매켄로. 앞서 언급했듯이 코트 위의 '악동'으로 불리며 성질이 고약해 라켓을 코트에 내리치거나 심판에게도 자주 불평을 늘어놓는 이 미국 청년은 승리에 집착하는 나이키의 이상 그 자체이면서 대중의 갈채를 받을 수 있는 캐릭터였습니다. 1983년 〈뉴욕 매거진〉에 따르면 매켄로는 의류 계약을 세르지오 타키니와 맺었지만, 신발은 나이키와 계약했습니다. 추정치로 연간 30만 달러 상당의 계약으로, 연간 고정 보수가 10만 달러에 신발의 로열티 수입 전망이 20만 달러였다고 합니다. 1975년 NBA 선수와의 계약금 2,000달러에 비교하면 자릿수가 완전히 다르므로 나이키가 매켄로에게 얼마나 기대했는지 짐작할 수 있습니다.

당시 테니스에서는 스웨덴의 천재 선수 비외른 보리가 스타 선수였는데, 그는 이탈리아 디아도라Diadora사와 신발 계약을 했습니다. 여기에 나이키를 신은 매켄로가 도전자로 등장하게 되면서 갑자기 그가 신은 신발이 주목의 대상이 됩니다. 1980년과 1981년의 윔블던 결승전에서 정적인 비외른 보리와 동적인 존 매켄로의 싸움은 매우 대조적이면서 드라마틱했습니다. 특히 1980년의 3시간 55분에 이르는 장시간의 경기는 텔레비전으로 지켜보던 전 세계 시청자들을 매료시켰습니다.

덕분에 매켄로가 경기에서 착용했던 '나이키 윔블던 포레스트 힐스 Nike Wimbledon Forest Hills' 등 테니스화는 폭발적으로 히트했고, 메켄로는 그야말로 나이키에게 훌륭한 자산이 되었습니다. 이렇게 해서 나이키는 1980년대에 많은 선수와 소액으로 계약하는 것이 아니라 매켄로처럼 대중을 매료시키는 히어로 선수에 한정해서 거액을 투자하는 방침을 굳혔습니다.

나이키가 농구보다 테니스에 더 힘을 쏟은 것은 지금 돌이켜보면 이상하다는 생각이 들 수도 있습니다. 어쨌든 농구는 미국에서 시작된 스포츠이기 때문에 원래 농구가 먼저였어야 합니다. 하지만 안타깝게도 1970년대의 NBA는 선수들의 약물 복용 소식이 끊임없이 터져 나왔고, 노사 간의 대립에다, 또 다른 프로 리그인 ABA와의 불화도 있어 인기가 저조했습니다.

이 상황을 바꾼 것이 1984년 제4대 NBA 커미셔너commissioner(최고관리자)로 취임한 데이비드 스턴David Stern입니다. 그는 파산 직전의 리그를 재건하기 위한 대책으로, 먼저 약물을 리그에서 배제시켰습니다. 악화된 이미지를 해소하기 위해 노력하는 동시에, 케이블 텔레비전의 방영권료를 확보하고 NBA 엔터테인먼트를 설립하여 선수와 영상 관련 상품화로 수입 확대를 도모했습니다. 그에게는 사업적 센스뿐만 아니라 행운도 따랐는지 취임하던 해의 결승전은 명문팀 '보스턴 셀틱스Boston Celtics'와 '로스앤젤레스 레이커스Los Angeles Lakers'의 대결이 되었는데, 양 팀에는 각각 전설의 선수 래리 버드와 매직 존슨이 있었습니다. 이 결승전은 동서 대결이라는 의미도 있어 미국 전역에서 큰 주목을 받아 농구의 인기가 고조되어 갔습니다. 참고로 당시 이 두 팀의 스타 선수 두 명이 계약해서 착용하고 있던 신발은 아디다스도 나이키도 아닌 현재 나이키의 자회사가 된 컨버스였습니다.

데이비드 스턴이 리그 개혁을 추진하면서 NBA의 인기가 상승하고 있다는 흐름을 읽은 나이키는 NBA에서 유망한 운동선수를 신속하게 확보해야 했습니다. 그래서 결론을 내린 것이 1984년 시즌 종료 후 NBA 드래프트에서 시카고 불스의 지명을 받은 마이클 조던입니다. 조던은 이미 여름 로스앤젤레스 올림픽에서 미국 대표로 활약하며 관객을 사로잡는 플레이를 선보이고 있었지만, 본인은 아디다스를 좋아해 스스로를 '아디다스 너트Adidas nut(아디다스 다니아)'라고 부르기도 했습니다. 이를 뒤집고 계약하기 위해 끈질긴 협상과 설득이 필요했지만, 나이키는 결국 조던과의 계약에 성공했습니다. 이때 나이키는 다수의 선수가 아니라 단 한 명의 선수에게 회사의 운명을 건 전대미문의 금액을 제시했습니다. 이 계약은 연간 50만 달러의 5년 고정 보수 외에 그의 시그니처 슈즈인 '에어 조던'의 판매량에 따른 로열티 수입을 추가한다는 내용이었습니다.

당시 월가의 애널리스트들은 이 계약이 나이키의 재무 기반에 과도한 부담을 주는 미친 짓이라고 비판했습니다. 애널리스트들은 나이키가 역사상 가장 뛰어난 자산을 확보했다는 것을 이해하지 못했습니다. 결과적으로 조던과의 계약은 나이키의 비약적인 성장을 이끌어 재무 기반을 더욱 공고히 하는 계기가 됩니다.

마이클 조던과 나이키의 스토리는 "스포츠 마케팅을 영원히 바꿔 놓았다"는 말을 들을 정도로 성공적이었습니다. 그 출발점은 'NBA가 규정 위반으로 착용 금지'했던 '에어 조던 1'의 대히트로부터 시작됩니다. 빨강과 검정 디자인의 에어 조던 1은 NBA에서 '착용 금지'된 신발이라는 텔레비전 광고를 내보내며 유명해졌습니다. 이 농구화는 1985년 4월에 매장에 진열되었는데, 스포츠 전문채널 ESPN은 이 신발이 한 달 만에 7,000만 달러의 출하를 기록했으며 연말까지 1억 달러 이상 판매되었다고 보도했습니다.

훗날 나이키는 조던을 브랜드화해서 '조던 브랜드'를 시작합니다. 이 브랜드는 2021년 4분기에 전년 동기 대비 30% 증가한 47억 달러의 매출을 올려 캐주얼 카테고리인 스포츠웨어 부문의 151억 달러에 이어 두 번째 매출을 기록했습니다.

창업자 필 나이트는 '에어 조던 1'의 성공을 '고품질의 제품, 마케팅, 운동선수의 지지, 이 3가지의 완벽한 조합'이라고 평가했습니다. 그에 따라 조던이 나이키로부터 받는 보수도 계속 늘어나 현재의 기준으로는 연간 1억 3,000만 달러나 되는 엄청난 금액이 되었습니다. 바로 이것이 선수와 나이키의 윈윈 전략이 성공한 모범 사례로서, 대차대조표에 실리지 않더라도 운동선수라는 자산을 확보하는 것이 얼마나 막대한 매출을 창출하며, 선수에게 거액의 보수를 가져다줄 수 있는지 말해 줍니다.

나이키는 과거 소수의 선수에게 선별적으로 투자하는 전략을 취했지만, 지금은 NBA 선수의 77% 이상이 나이키와 조던 브랜드의 농구화를 착용하고 있습니다(Baller Shoes DB 자료 참고). 또 미국의 퍼포먼스 농구화(실제로 경기에서 사용되는 신발) 시장의 나이키 점유율은 86%

에 이른다고 합니다(NPD 그룹 자료, 2019년). 단 한 명의 히어로 선수 마이클 조던 덕분에 미국 농구 시장에서 나이키는 최고 수준의 운동선수들을 자산으로 확보하기에 이르렀습니다.

그동안 나이키는 농구 시장뿐만 아니라 테니스, 축구, 골프, 야구, 자전거 등 다양한 스포츠의 히어로 선수들과 인도스먼트 계약을 맺어왔습니다. 그 움직임은 꾸준히 확대되어 왔고 연평균 투자액은 약 1조 4000억 원에 달했습니다. 하지만 나이키에게 이것은 충분히 합리적인 투자였습니다.

스포츠 전체를 나이키의 자산으로

미국의 4대 프로 스포츠 리그라고 하면 NFL(미식축구), MLB(야구), NBA(농구), NHL(아이스하키)입니다. 세계 프로 스포츠 리그를 수입별로 비교하면 미국의 이 4개 스포츠 리그가 1위부터 5위 안에 모두 올라갑니다.

인도의 스포츠 뉴스 사이트 〈스포츠 언폴드Sports Unfold〉의 2021년 보고서에 따르면, 세계에서 가장 수입이 많은 프로 리그는 미식축구로 불리는 NFL National Football League로, 연간 160억 달러의 수입을 확보한다고 합니다. 2위는 MLB Major League Baseball로 100억 달러, 3위는 미국 NBA National Basketball Association로 80억 달러입니다. 4위는 인도 크리켓이 70억 달러, 5위는 웨일스Wales와 잉글랜드를 합친 영국 프리미어 리그(축구)가 53억 달러로 뒤를 이었습니다. 6위는 마이너 인상을 주는 북미 아이스하키 NHL National Hockey League로 48억 달러의 수입을 올렸습니다. 세계 최대의 스포츠는 축구라고 알려져 있지만, 영국의 프리미어 리그에 스페인의 라리가LaLiga, 독일의 분데스리가Bundesliga, 이탈리아의 세리에 ASerie A를 합한 수입이 164억 달러로, 미국의 NFL과 거의 같은 수준입니다. 결과적으로 미국 프로 스포츠의 비즈니스 파워가 얼마나 막강한지 다시 한번 이해할 수 있습니다.

따라서 스포츠웨어 업계에서 성장하려면 먼저 이 비옥한 미국 시장에서, 그것도 4대 스포츠에서 점유율을 확보하는 것이 필수 요건입니다. 특히 NBA의 프로 선수들이 신는 농구화는 캐주얼화로도 이용되므로 4대 스포츠 중에서 가장 중요합니다. 슈퍼 히어로가 신는 신발은 시그니처 모델로 시판되는데, 이런 신발들은 대학이나 고등학교의 농구 선수뿐만 아니라 뮤지션이나 스타 배우가 패션 소품으로 활용하면서 캐주얼 신발로도 인기를 얻게 됩니다.

게다가 마이클 조던 같은 전설적인 선수가 모델이 되면 과거의 신발 모델이 반복적으로 재생산되어 거액의 매출을 지속적으로 벌어들입니다. 이는 시간이 지나도 반복해서 수익화할 수 있는 자산이자, 그야말로 '화수분(돈이 생기는 나무)'입니다. NFL이나 MLB는 인기로는 1위와 2위이지만, 특수한 스파이크 슈즈를 사용하는 스포츠이므로 기본적으로 캐주얼 신발을 만들지 않습니다. 즉 이런 스포츠에서 발생하는 신발의 직접적인 매출은 그다지 크지 않습니다. 하지만 이 두 스포츠의 주목도가 압도적으로 높기 때문에 나이키의 스우시 라인이나 아디다스의 3줄 라인이 들어간 스파이크 슈즈를 많은 선수가 착용하는 것은 매우 의미 있는 광고 효과가 있습니다. 현재 나이키는 이 4대 프로 스포츠 중 NFL, MLB, NBA 3개 리그와 스폰서 계약을 맺고 공식 유니폼 공급업체로 되어 있습니다. 유일하게 NHL만이 아디다스인데, 가장 인기 없는 프로 리그인 동시에, 스케이트화는 사용자 수가 한정되

도쿄 올림픽 대표 선수들의 주요 스폰서 브랜드 및 국가별 메달 수*

국가별	남자 육상	남자 축구	남자 농구	메달 수 합계	금메달 수
미국	NIKE	-	NIKE	113	39
중국	NIKE	-	-	88	38
일본	ASICS	adidas	NIKE	58	27
영국	adidas	-	-	65	22
ROC(러시아)	ZASport	-	-	71	20
호주	ASICS	ASICS	ASICS	46	17
네덜란드	ASICS	-	-	36	10
프랑스	ASICS	NIKE	Jordan Brand(NIKE)	33	10
독일	NIKE	adidas	adidas	37	10
이탈리아	ASICS	-	SPALDING	40	10

출처 : IOC Olymics.com 참고로 필자 작성

* 출전하지 않은 경기는 빈칸

어 있기 때문에 나이키는 중요하게 생각하지 않는 것 같습니다.

앞서 언급했듯이 나이키와 계약한 NBA 선수는 전체의 70%를 넘을 정도로 압도적인 수를 자랑하지만, 리그의 공식 스폰서는 원래 아디다스였습니다. 참고로 그 전에는 리복이었으며, 그때까지 나이키가 NBA의 공식 후원사가 된 적은 한 번도 없었습니다.

하지만 2015년에 나이키는 갑자기 방침을 전환하여 8년 만에 10억 달러의 계약금을 지불하고 공식 스폰서가 됩니다. 게다가 이 계약으로

스우시 로고를 유니폼에 명시하는 조건을 리그로부터 승인받게 됩니다. 이전까지 NBA 가이드라인에서 팀 유니폼에 기업의 로고를 표시하는 것은 금지되어 과거 어느 브랜드도 NBA 유니폼에 로고를 표시할 수 없었습니다. 아디다스의 2배라고도 할 수 있는 거액의 계약금을 지불하긴 했지만, 농구가 비즈니스로서 갖는 중요도로 볼 때 이는 획기적인 계약이었다고 할 수 있습니다. 아디다스는 10년간 NBA를 지원했지만, 결국 대부분의 선수가 스우시 로고가 그려진 신발을 신고 있어 리그의 스폰서는 나이키나 다름없는 상태입니다. 계약금뿐이라면 아디다스로서도 더 많은 금액을 제시할 수 있었지만, 이제 NBA는 사실상 나이키의 독무대가 되고 있어 아디다스로서는 그렇게까지 하면서 리그 계약을 계속할 의미가 없었을지도 모릅니다.

2019년에 나이키는 NFL과 계약을 연장하여 2028년까지 리그의 32개 팀 모두에게 유니폼과 트레이닝복을 제공하기로 했습니다. 또 MLB에서도 2020년부터 그때까지의 스폰서였던 언더 아머를 대신해 스폰서 계약을 체결했습니다. 이 두 리그와의 계약금에 대한 자세한 내용은 발표되지 않았지만, 10억 달러를 밑돌지는 않을 것입니다. NFL와 MLB 선수들 전원이 스우시 로고가 들어간 유니폼, 혹은 글러브, 언더웨어 등을 착용하고 있습니다.

참고로 세계적인 스포츠인 프로 축구에서는 공식 축구공 로고의 홍보 효과가 가장 높아, 영국 프리미어 리그와 중국 슈퍼 리그를 비롯하여 이탈리아의 세리에 A, 브라질의 캄페오나토 브라질레이로 Campeonato Brasileiro 등 세계 20개 이상의 리그가 나이키와 스폰서 계약을 맺고 나이키의 축구공을 사용하고 있습니다.

원래 1980년대부터 나이키의 기본 전략은 개별 선수와의 계약을 중시하여, 올림픽과 마찬가지로 프로 리그와의 스폰서 계약에는 오랫동안 소극적이었습니다. 하지만 매출이 비약적으로 확대됨에 따라 선수뿐만 아니라 리그까지 스포츠 마케팅에 활용하려는 야심이 생기기 시작했습니다. 연도순으로 살펴보면, 그 전환점은 역시 런던 올림픽의 공식 스폰서가 된 2012년 무렵입니다. 이 무렵부터 리그와 올림픽을 통째로 수용함으로써 나이키는 팀 스포츠의 감동과 자사 브랜드를 일체화시키는 전략으로 전환했습니다.

미국의 4대 스포츠나 축구공의 로고뿐만이 아닙니다. 나이키는 세계 200개 이상의 클럽 팀과 공식 유니폼 및 의류 공급에 대한 계약을 맺고 팀을 통째로 확보하려는 방안도 추진하고 있습니다.

프리미어 리그에서는 유명한 첼시와 리버풀, 프랑스 리그앙Ligue 1에서는 파리 생제르맹, 스페인 라리가에서는 아틀레티코 마드리드와 바르셀로나, 분데스리가에서는 프랑크푸르트 등이 스우시 로고의 유니폼을 입고 경기를 하고 있습니다. 하지만 이런 프로 축구에서 특징적인 계약상 팀의 독립성은 비용 대비 효과를 현저하게 저하시킵니다. 프리미어 리그의 명문 맨체스터 유나이티드와의 계약은 2014년에 아디다스에게 빼앗겼는데, 10년간 계약 총액이 무려 7억 5,000만 파운드(약 1조 3,500억 원)에 상당합니다. 아디다스뿐 아니라 푸마PUMA, 엄브로UMBRO, 로또LOTTO 등 축구 유니폼의 유명 브랜드가 상당히 많은데 이들과의 경쟁에서 수익 효과가 높은 팀과의 계약을 쟁취하기란 상당히 어려운 실정입니다.

가장 양질의 팀에 자금을 투자한다는 관점에서 보면 세계적인 인기팀과 계약하는 것도 중요하지만, 그보다 가치가 높은 것은 축구라면 월드컵 대표팀, 올림픽이라면 각국 대표팀입니다. 이 양대 이벤트는 세계가 주목하는 스포츠이므로 우승할 확률이 높은 나라, 미국처럼 메달 확보 수가 많은 나라의 대표팀을 후원하면 나이키와 강인함의 이미지를 효과적으로 연결할 수 있습니다. 2022년 기준 나이키는 월드컵에서는 브라질, 프랑스, 잉글랜드 등 36개국을 후원했으며, 올림픽에서는 미국을 비롯하여 캐나다와 중국 등 25개국을 후원했습니다.

스포츠 강국인 미국에서는 대학 스포츠와 고교 스포츠가 활발하므로, 나이키는 이런 점에도 일찍부터 주목했습니다. 현재 NCAA(미국 대학 체육 협회)에 소속된 오리건 대학과 켄터키 대학, 노스캐롤라이나 대학 등 수많은 스포츠 명문 대학과 파트너십 계약을 맺고 있으며, 그 외 고등학교 농구팀과 미식 축구팀을 후원하고 있습니다.

후원의 목적은 두 가지입니다. 첫 번째는 유력한 선수를 젊은 시절에 발견해서 확보하는 것, 두 번째는 스우시 로고가 들어간 유니폼과 의류, 신발을 선수들에게 착용시켜 젊은이들의 마음을 계속 끄는 것입니다. 컨설팅회사 에이팩스 마케팅 그룹Apex Marketing Group이 조사한 바에 따르면, NCAA의 2019년 남자 농구 토너먼트에 출전한 68개 팀 중 무려 40개 팀이 대학팀으로 나이키와 계약했습니다.

이처럼 프로 리그부터 고교팀까지 폭넓게 후원하는 나이키의 목적은 바로 '스포츠를 전체를 나이키의 자산으로 만드는 것'입니다. 그렇게 함으로써 나이키 브랜드는 스포츠의 융성을 통해 누적되는 성장의 과실을 계속 누릴 수 있기 때문입니다. 그 투자 규모에 대항하기 위해서는 거대한 자본이 필요하며, 지금으로서는 아디다스가 간신히 대항할 수 있을 정도입니다.

육상 경기

그런데, 초기 나이키 성장의 원동력이 된 달리기 종목은 어떨까요?

2021년 하코네 역전 경주(217km 10개 구간을 10명이 교대로 달리는 경기)에서 구간상을 수상한 10명 중 8명이 나이키 '통굽 운동화'를 신고 있었다는 사실이 일본 언론에서도 화제가 되었습니다. '통굽 운동화'로 대표되는 러닝화는 창업 카테고리로서 항상 기술 혁신이 이루어지고 있어, 신기술을 탑재한 신발이 계속 출시되고 있습니다.

하지만 러너와의 계약은 미국의 4대 프로 스포츠나 프로 축구 선수만큼의 비용은 들지 않습니다. 괜찮은 기록을 가진 선수라도 다년 계약에 계약금이 최대 100만 달러 정도이며, '베이퍼 플라이 넥스트%VaporFly Next%'라는 신발을 신고 마라톤 최초로 2시간대 이하 기록을 세우고 도쿄 올림픽 마라톤에서도 우승한 케냐의 엘리우드 킵초게 선수조차도 나이키와 체결한 계약금은 650만 달러로 알려져, 러너와는 상당히 낮은 비용으로 계약을 체결한다는 것을 알 수 있습니다. 참고로 트랙 경기의 경우, 미국의 톱 텐 선수들의 평균 연봉은 불과 5만 달러 정도로 매우 낮아, 하위 브랜드에서도 참가할 여지가 큰 분야입니다.

세계 6대 마라톤 대회는 애보트 월드 마라톤 메이저Abbott World Marathon Majors라는 단체가 공인하는 대회로, 보스턴 마라톤, 런던 마라톤, 베를린 마라톤, 시카고 마라톤, 뉴욕시티 마라톤에 2013년부터 가입이 인정된 도쿄 마라톤을 포함한 대회를 말합니다. 이 중 나이키가 후원하는 것은 시카고 마라톤뿐입니다. 그 외에는 뉴발란스와 아디다스가 스폰서 계약을 맺고 있습니다.

하지만 이 대회들의 스폰서 계약도 나이키의 '통굽 운동화'가 장악해서 일종의 '앰부시 마케팅(매복 마케팅, 공식 후원사가 아닌 기업들이 광고 문구 등을 통해 공식 스폰서인 것처럼 위장하여 고객들에게 홍보하는 전략)'이 성립되어, 메인 스폰서라는 의미가 사라지고 있습니다. 예를 들어 일본의 아식스가 메인 스폰서인 도쿄 마라톤 2020에서는 상위 10명의 선수 전원이 나이키의 통굽 운동화를 신고 있었습니다. 물론 주요 선수와 대표팀은 나이키와 계약을 맺은 상태이지만, 그보다 더 중요한 것은 나이키 신발을 신지 않으면 빠르게 달릴 수 없다는 선입견이 생겨, 스폰서 계약 없이도 스스로 시판품인 나이키 통굽 운동화를 사 신고 달리는 선수가 다수라는 사실입니다. 이렇게 되면 많은 돈을 지불한 아식스의 홍보 효과가 크게 줄어듭니다.

나이키는 자신의 뿌리이자 올림픽의 상징이라고 할 수 있는 육상 경기에 강한 집념을 가지고 있어 큰 예산을 투입해서 최신 러닝화 개발을 진행하면서, 동시에 각국의 육상협회와 스폰서 계약을 체결했습니다.

리우 올림픽에서 메달 확보 1위를 한 미국 육상경기연맹USATF과는 2040년까지의 계약에 무려 5억 달러를 지불했고, '금메달 수집가'로 불리는 중장거리 달리기 선수 모하메드 파라Mohammed Farah 등 실력자들을 갖춘 영국 육상경기연맹UKA과도 2030년까지 공급업체 계약을 맺었습니다. 계약금은 미국 육상경기연맹만큼은 아니더라도 수억 달러 규모로 추정됩니다. 또 2013년에는 중국 육상경기협회CAA와 파트너십 계약을 체결했고, 이 계약을 2033년까지 연장했습니다. 선수와의 계약이 저비용인 만큼 나이키는 메달 확보 가능성이 높은 육상협회에 자금을 투입하는 전략을 취하고 있습니다.

하지만 러너와 그 외 육상 경기 선수와의 계약금이 비교적 소액이라는 것은, 달리 말하면 잠재력이 큰 운동선수를 저예산으로 확보할 가능성이 높아서 신흥 브랜드가 쉽게 진입할 위험성도 있습니다. 그 증거로 푸마는 자메이카의 천재적인 단거리 달리기 선수 우사인 볼트를 15세에 발견하고 그와 스폰서 계약을 맺었습니다. 2013년 계약을 갱신할 때는 연간 1,000만 달러를 지불했는데, 그 전까지는 훨씬 소액의 계약이었습니다. 잘 알려져 있듯이 그의 금메달 러시와 독특한 퍼포먼스 덕분에 푸마의 러닝화는 '쿨cool'한 러닝 아이템이 되어 러닝화 매출 확대에 크게 기여했습니다. 나이키의 러닝 카테고리에는 이러한 리스크가 항상 존재하며, 만약 천재적이며 사람들을 매료시키는 개성 있는 선수를 다른 브랜드가 발굴하여 확보한다면 나이키의 점유율은 단번에 침식당할 가능성도 있습니다.

실제로 러닝화 시장에서는 새로운 브랜드가 계속 나오고 있습니다. 2009년에는 '호카Hoka(옛 호카오네오네)'라는 브랜드가 프랑스에서 출시되었고, 2010년에는 스위스에서 '온On'이라는 브랜드가 등장했습니다. 둘 다 참신한 콘셉트와 기술을 가지고 있습니다. 즉 나이키의 러닝화에 대한 잠재적인 위협은 기존의 라이벌인 아디다스와 푸마, 뉴발란스, 아식스만이 아닙니다. 새로운 브랜드는 그 자체로 '신선함'이라는 우위성을 가지고 있기 때문에, 이러한 성장의 싹을 일찍부터 잘라 내기 위해서라도 육상 경기에 투자할 필요가 있었습니다.

청소년에게도 투자

2017년, 나이키는 9세 축구 소년과 역사상 최연소 스폰서 계약을 맺어 세상을 놀라게 했습니다. 이 소년은 월드컵에서 네덜란드 대표로 활약한 파트릭 클라위버르트Patrick Kluivert의 아들 셰인 클라위버르트Shane Kluivert입니다. 영국의 스포츠 정보 매체인 스포츠프로 미디어SportsPro Media에 따르면 계약 당시 셰인은 파리 생제르맹 산하의 팀에 소속되어 있었습니다. 나이키는 셰인이 그의 아버지에게 물려받은 운동선수로서의 우수한 유전자 외에 유튜버로서의 놀라운 영향력에 주목했습니다. 계약 당시 셰인의 유튜브 팔로워 수는 3만 2,000명, 인스타그램은 12만 8,000명에 달했습니다. 셰인은 계약 후에도 SNS에 축구뿐만이 아니라 음식이나 라이프 스타일 등 다양한 콘텐츠를 계속 올려, 이후 팔로워 수가 폭발적으로 증가했습니다. 유튜브 채널 구독자는 약 9만 명, 인스타그램 팔로워 수는 38만 명이 넘는 대단한 인플루언서입니다. 그는 소셜 미디어를 통해 많은 청소년들에게 영향을 주고 있어, 일설에는 유튜브에서 얻은 수입만 100만 달러라고도 합니다.

이처럼 소셜 미디어 세대의 선수를 확보하는 것은 나이키의 앱 생태계를 중심으로 한 디지털 전환 전략에 매우 중요합니다. 참고로 2021년에 나이키의 최연소 계약 선수 기록은 브라질의 천재 축구 소년 카우안 바실레Kauan Basile와 계약하면서 깨졌습니다. 계약 당시 그의 나이는 겨우 8살이었습니다. 카우안은 산토스의 U9 인도어 풋볼Indoor Football팀에서 뛰고 있는데, 놀랍게도 그의 인스타그램 팔로워 수는 2만 명이 넘습니다.

셰인이나 카우안과 비슷한 이유로 계약한 소녀도 있습니다. 2019년, 나이키는 캘리포니아주 산타클라리타 출신의 13세 여자 축구 선수 올리비아 몰트리와 스폰서 계약을 맺었습니다. 나이키는 바로 그해의 '드림 크레이지Dream Crazy' 캠페인 중 하나에 그녀를 등장시켰습니다.

프로 테니스 선수 세레나 윌리엄스가 내레이션을 맡은 이 캠페인은 인상적인 여성과 스포츠 메시지를 함께 등장시킨 것으로, 동영상 한 컷에 올리비아 몰트리가 정지화면으로 등장합니다. 이 광고는 전 세계적으로 주목을 받았는데, 올리비아 몰트리를 등장시킨 이유는 셰인과 마찬가지로 인스타그램에서 11만 6,000명의 팔로워를 가지고 소셜 미디어에서 큰 존재감을 보여 주고 있기 때문입니다. 나이키가 이 소녀에게 지불한 계약금은 다년간 30만 달러 이상으로 추정되지만, 만약 올리비아 셰인이나 카우안 바실레가 세계적인 스타 선수로 성장할 경우 그들의 소셜 미디어 계정은 엄청나게 큰 존재감을 드러낼 것입니다.

미국 소셜 미디어 분석 회사 언메트릭Unmetric 닷컴에 따르면 나이키의 전 세계 소셜 미디어 계정 수는 269개이며, 페이스북 계정 108개, 트위터 계정 104개, 인스타그램 계정 16개, 유튜브 41개 채널을 운용하고 있다고 합니다. 인스타그램은 계정 수가 적지만 나이키가 가장 중시하는 소셜 미디어로, 그중에서도 기업 브랜드로 운용되는 'nike' 계정은 3억 명 이상의 팔로워를 보유하고 있으며 평균적으로 주 1회 동영상이나 이미지를 제공하고 있습니다. 한동안 'nike' 계정은 전 세계 인스타그램 팔로워 수 순위 16위에 올라 기업 계정으로는 1위가 되었습니다.

인스타그램을 제외한 전체 팔로워 수 1위는 바로 크리스티아누 호날두 선수로, 6.4억 명이나 됩니다(2024년 10월 5일 시점). 말할 것도 없이 그는 나이키의 히어로 선수이며, 호날두의 팔로워가 'nike' 계정에 다수 유입되고 있다는 것은 쉽게 상상할 수 있습니다. 또 NBA의 히어로 선수이자 나이키의 계약 선수인 르브론 제임스도 1.5억 명의 팔로워를 보유하고 있어 나이키 기업 계정의 팔로워 수 증가에 크게 기여하고 있습니다.

이처럼 운동선수를 통해 소셜 미디어에서 압도적인 수의 팬을 확보할 수 있고, 그것이 나이키의 브랜드 위상brand presence에 큰 역할을 하고 있습니다. 따라서 애초에 일상적으로 소셜 미디어를 이용하고 있는 청소년 선수들을 일찌감치 발견해서 포용하는 것은 나이키의 디지털 전략으로 매우 중요한 일이라고 할 수 있습니다.

변화하는 광고

이처럼 운동선수를 확보하는 전략은 나이키의 광고 방식에 큰 변화를 일으켰습니다. 광고를 이른바 '감성 마케팅emotional marketing(감성을 자극해 판매를 촉진시키는 마케팅 방식)'으로 전환한 것입니다. 스티브 잡스가 한때 나이키 같은 광고를 요구한 것은 제품의 광고가 아니라 '소비자의 공감'을 얻는 광고라는 관점에서였습니다. 참고로 필립 코틀러는 앞에서 언급한 《필립 코틀러의 마케팅 4.0》에서 '인간 중심의 브랜드'를 구축하기 위해 필요한 요소 중 하나로서 '감성'을 들어 이렇게 말했습니다.

"감정을 자극하는 브랜드는 고객이 선호하는 행동을 촉진시킬 수 있다. 이러한 브랜드는 감정에 호소하는 메시지를 통해, 고객과 감정적인 수준에서 연결을 구축한다."

실제로 '감성 마케팅'을 분석한 심리학적인 연구에서도, 감정에 호소하는 것은 정보(브랜드의 속성, 특징, 사실)에 호소하는 것보다 기억에 강하게 남는다는 것이 증명되고 있습니다(미국의 심리학 전문 매체, 사이콜로지 투데이Psychology Today 닷컴 참고).

나이키는 1988년 '저스트 두 잇Just do it' 캠페인 이후 기본적으로는 제품보다 소비자의 감정을 흔드는 데 초점을 맞춘 광고를 계속 만들었습니다.

기업의 경영자라면 일반적으로 막대한 예산을 투입할 때, 아무래도 직접적인 효과를 찾아 상품을 홍보하고 싶어지는 법입니다. 그런데 왜 '스포츠의 감동'이나 '스포츠의 훌륭함'을 전하는 메시지 광고에 집중하는 걸까요. 그 이유는 많은 히어로 선수가 나이키를 실제 경기에 착용하며 이미 상품 홍보가 되고 있기 때문입니다. 나이키와 계약한 선수가 '어려운 싸움에서 승리', '놀라운 플레이', '전례 없는 기록을 수립'함으로써 상품(특히 신발)과 선수가 일체화되어 소비자의 열광적인 소유 욕구를 환기시키면 상품이 팔리게 됩니다. 나이키가 상품을 홍보하지 않는 메시지 광고에 많은 돈을 지출하는 이유는 이처럼 운동선수의 행보가 상품 홍보와 직결되기 때문입니다.

지금까지의 나이키 광고 역사에서 지속적으로 상품을 홍보한 것은 에어 조던 시리즈뿐입니다. 마이클 조던은 1991년부터 1993년까지, 1995년부터 1998년까지 시카고 불스에서 2번의 3연패를 달성한 슈퍼 히어로입니다. 그의 시그니처 슈즈 에어 조던은 매년 신제품이 출시되어 현재까지 34개의 버전이 발매되었습니다. 물론 출시할 때마다 텔레비전 광고가 나오지만, 마이클 조던을 활용한 메시지 광고라고 할 수 있는 것은 1996년의 '프로즌 모먼츠Frozen Moments'와 1999년의 '실패Failure', 2005년부터 2008년까지 4년간의 광고 정도입니다. 이 광고들도 조던의 영웅성을 말하는 내용이며, 그 외에는 거의 조던과 신발을 연관 짓는 내용의 광고입니다. 따라서 스티브 잡스가 다시 애플에 복귀해서 "나이키 광고에는 상품을 광고하지 않는다"라고 말한 것은

1995년부터 1997년까지 나이키가 내보낸 텔레비전 광고를 말하며, 조던 신발 광고를 말하는 것이 아닙니다.

나이키는 1995년에 실시한 'JUST DO IT' 캠페인에서 사회적인 메시지 두 가지를 전했습니다. 하나는 2월에 시작된 HIV(인간 면역결핍 바이러스)와 에이즈에 초점을 맞춘 텔레비전 광고 '릭 무노즈, HIV 러너 Ric Muñoz, HIV Runner'로, 이 광고에는 달리는 남성의 모습을 따라가며 화면에 다음과 같은 자막이 표시됩니다.

> 릭 무노즈 로스앤젤레스
> 매주 80마일
> 1년에 10회의 마라톤
> HIV 양성
> JUST DO IT

이 광고는 텔레비전을 통해 전 세계에 방영되어 시청자들의 높은 관심을 끌었습니다. 어떤 차별과 편견 속에서도 스포츠에 열정적으로 임하는 자세를 높이 평가해야 한다는 나이키의 신념이 담겨 있습니다. 당연히 에이즈 지원 단체들은 이 광고를 찬양하고 HIV 환자에 대한 차별과 편견을 없애는 데 도움이 될 것이라고 했습니다.

하지만 한편으로는 '에이즈를 광고에 이용해서는 안 된다'는 많은 불만도 접수되었다고 합니다. 당시 나이키는 찬반양론이 있다는 것을 처음부터 알았다고 했지만, 그래도 이런 민감한 사회 문제를 파고들어 논쟁을 일으키는 메시지 광고를 굳이 내보낸 것은 스포츠에 대한 찬미와 함께 '금기에 도전하는 브랜드'라는 이미지를 만들기 위해서입니다.

두 번째는 같은 해 8월 여성 문제에 파고든 'If You Let Me Play' 광고입니다. 이 광고에는 다양한 인종의 어린 소녀들이 등장해 다음과 같이 말합니다.

> 당신이 나에게 운동을 시켜 준다면,
> 당신이 나에게 스포츠를 하게 해 준다면,
> 나는 나 자신을 더 좋아하게 될 거야.
> 나는 좀 더 자신감을 가질 거야.
> 나는 유방암에 걸릴 확률이 60% 낮아질 거야.
> 당신이 나에게 스포츠를 하게 해 준다면,
> 우울증이 줄어들 거야.
> 나를 때리는 남자와 더 쉽게 헤어질 거야.
> 당신이 나에게 운동을 시켜 준다면,
> 원하기 전에 임신할 가능성이 낮아질 거야.
> 나는 강하다는 것이 무엇인지 그 의미를 배울 거야.

여성의 스포츠 참여를 지원하고자 하는 이 강력한 메시지는 1995년 8월 30일에 NBC에서 최초로 방영되었고 이후 MTV, ESPN, 디스커버리 채널 등에서 방송되었습니다. 나이키의 홍보 담당자에 따르면 이 광고에 대한 반응이 엄청났으며 호의적인 의견이 90%나 되었다고 합니다. 특히 페미니스트들이 광고를 극찬했습니다. 스포츠 심리학자이자 여자 스포츠 재단의 마조리 스나이더Marjorie Snyder도 "이것은 정말 훌륭한 광고입니다"라며 "예전에는 나도 스포츠를 하고 싶었지만 할 수 없었습니다"라고 말했습니다.

소녀들의 메시지는 부모를 향한 것으로, 통계까지 가져와서 스포츠에 참가하는 것이 소녀에게 매우 가치가 있다는 것을 호소하고, 육체적으로나 정신적으로 강한 여자아이를 키우는 게 중요하다는 것을 널리 세상에 인식시켰습니다. 물론 긍정적인 반응뿐만 아니라 '스포츠가 여성을 밑바닥에서 구해 낼 가능성은 아주 희박하다'는 비판적인 의견도 있었습니다.

'릭 무노즈, HIV 러너'도 'If You Let Me Play'도 상품에 대한 광고는 전혀 없이 단지 스포츠에 대한 찬미와 '금기에 도전하는 메시지'를 브랜드로서 내보낸 것입니다. 나이키가 스포츠의 관점에서 사회 문제에 관련된 의지와 함께 선진 기업의 이미지를 보여 주는 것이라 할 수 있습니다.

이러한 메시지는 반감도 사지만, 많은 소비자가 나이키와 공감대를 형성하는 계기가 되기도 합니다. 이것은 직접적으로 매출로 연결되지 않는 광고지만, 이 두 메시지 광고가 물의를 일으키고 미디어에서 많이 다루어짐에 따라 결국은 나이키의 매출 증가로 이어졌습니다(애드 트랙AD track의 조사에 의함).

나이키 메시지 광고의 본질은 굳이 반감을 살 것을 각오하면서도, 또 한편으로는 나이키 메시지에 '강한 공감'을 하는 로열티 높은 팬을 만들어, 이들을 통해 매출을 증가시키는 것입니다. 이 방법은 하나의 상품을 홍보하는 것보다 비용 대비 성능비cost performance가 훨씬 높은 방식이지만 실행하려면 상당한 용기가 필요합니다.

하지만 바로 여기서 운동선수라는 자산의 강점이 발휘됩니다. 많은 히어로 선수가 나이키의 메시지를 강력하게 지지하고, 메시지에 공감하는 댓글을 남기기 때문입니다. 운동선수의 행보와 지지는 상품의 홍보뿐만 아니라, 메시지 광고의 신뢰성과 정당성에도 연결됩니다. 이것은 나이키 특유의 전략이라고 할 수 있습니다.

'헬로 월드'와 조던의 '실패' 광고

1996년 방송된 '헬로 월드Hello world'는 같은 해 아마추어 챔피언에서 프로로 전향한 타이거 우즈의 텔레비전 광고인데, 이 역시 사회적 금기에 대해 문제를 제기하는 광고였습니다. 이 텔레비전 광고에서는 우즈의 어린 시절 영상에 다음과 같은 자막이 나옵니다.

> 미국에는 여전히
> 제 피부색 때문에 들어갈 수 없는 골프장이 있습니다
> 저는 여러분 앞에 나설 준비가 안 됐다는 말을 듣습니다
> 당신은 저를 맞을 준비가 되어 있습니까?
> 안녕하세요, 세계인 여러분

이 캠페인 역시 금기에 도전하는 광고로, 흑인 차별이라는 미국 사회의 뿌리 깊은 문제에 초점이 맞춰져 있습니다. 이 광고는 전통을 중시하는 골프계에 큰 파문을 일으켰습니다. 당시 골프 기자들조차 이 광고에 분개했다고 합니다. 비판하는 전화가 너무 많이 와서 광고를 제작한 유명한 와이든앤케네디의 짐 리즈월드는 전화번호를 바꿀까 생각했을 정도라는 에피소드를 남겼습니다. 또 골프 선수들도 광고가 자극적이라고 비판했고, 많은 클럽이 나이키 제품의 반입을 거부했습니다.

하지만 예측한 대로 강한 반발은 강한 공감을 불러일으켜, 18세부

터 29세까지의 소비자 중 48%가 광고에 호의적인 반응을 보였고 나이키의 핵심 고객층인 젊은이들의 지지를 다시 한번 확보하는 계기가 되었습니다.

나이키의 이 메시지 광고를 지원한 것은 타이거 우즈의 아버지 알 우즈의 발언이었습니다. 1996년 12월에 그는 "타이거는 인류의 진로를 바꾸기 위해 역사상 그 누구보다 더 많은 일을 할 것입니다Tiger will do more than any other man in history to change the course of humanity"라고 〈스포츠 일러스트레이티드〉지를 통해 말했습니다.

이 발언은 1997년에 타이거 우즈가 마스터스에서 우승하자 곳곳에서 인용되기 시작하면서, 그의 우승을 스포츠로서의 성과뿐만 아니라 사회 혁신을 위한 활약처럼 보이도록 만들었습니다. 하지만 재미있게도 타이거 우즈 자신은 사회 혁신에 관심이 적었습니다. 전 나이키 간부인 마이크 샤피로Mike Shapiro는 "그는 사회 문제에 관심이 없다. 그의 마음에는 오직 골프가 있을 뿐이다"라고 말했습니다. 나이키의 메시지와 선수의 의견이 반드시 일치하지는 않는다는 것은 주목해 둘 필요가 있습니다.

또 하나 스티브 잡스에게 감명을 준 광고는 마이클 조던의 '실패Failure'라는 텔레비전 광고였습니다. 이것은 1997년에 방송된 것으로, 성공 스토리가 아니라 조던이 스스로 '실패'를 말하는 인상적인 내용이었습니다. 거기에는 조던의 다른 광고와 달리 신발은 전혀 등장하지 않습니다. 영상은 조던이 시카고 불스의 홈구장인 유나이티드 센터 지하 주차장에 세워 둔 차에서 내려 경기장으로 들어갈 때까지의 모습을 따라가며 다음과 같은 조던의 내레이션이 들어갑니다.

나는 지금까지 9,000번 이상의 슛을 놓쳤다
나는 거의 300경기에서 패배했다
나는 26번이나 위닝 샷을 날렸다고 믿었지만
그것은 실수로 끝났다
나는 계속해서 실패했다
그리고 인생에 있어서
그 실패는
내가 성공할 수 있었던 이유다

〈시카고 트리뷴Chicago Tribune〉지는 "이 광고는 신발을 판매하는 좋은 방법일 수도 있고 아닐 수도 있다. 하지만 실패와 성공 사이의 필수적인 관계에 대한 비판적이고 간과되기 쉬운 진실을 전달하기 위한 훌륭한 방법이다"라고 썼습니다. 물론 타이거 우즈의 광고처럼, 이 광고 대사도 마이클 조던이 스스로 쓴 것이 아니라 와이든앤케네디의 작가 겸 크리에이티브 디렉터인 제이미 바렛Jamie Barrett이 작성한 것입니다. 제이미 바렛은 나이키 외에 ESPN, NBA, HBO 등에서 뛰어난 광고를 감독했습니다.

그는 광고맨으로서 '최대의 히트작'이 무엇이냐는 질문에 "쉐보레, 이베이, 컴캐스트Comcast 등 많은 브랜드와 일할 기회가 있었는데 나에게 가장 의미 있는 광고는 '9000 슛9000 shots'이라는 마이클 조던의 말이 들어간 광고입니다"라고 대답했습니다. 나이키는 또 바렛이 쓴 대사는 '조던과 대화한 결과'에서 나온 글이라며 "조던의 마음을 정확히 반영했다"라고 말했습니다.

실패를 반복함으로써 성공을 손에 쥘 수 있다는 것은 나이키가 조던을 묘사하는 데 있어서 중요한 스토리입니다. 그 스토리를 슈퍼 히어로인 조던이 직접 말함으로써 무게가 실리고 그 메시지는 청소년들에게 큰 영향을 미치게 됩니다. 실제로 와일드차일드 스포츠Wild Child Sports(어린이 놀이기구 등을 판매하는 사이트)에서는 아이들에게 교훈을 주는 조던의 명언들이 소개되었습니다.

"성공은 주어지는 것이 아닙니다. 손에 넣는 것입니다. 트랙과 필드, 체육관에서. 피와 땀과 때로는 눈물로."

"스포츠의 위대함으로 가는 길은 완벽함으로 만들어지는 것이 아닙니다. 역경과 실패를 끊임없이 극복하는 능력에 의해 만들어집니다."

"어떤 이유 때문인지 사람들은 위대함을 선택받은 소수의 사람들, 즉 슈퍼스타들만을 위한 것이라고 믿게 되었습니다. 진실은 위대함이 우리 모두에게 있다는 것입니다. 이것은 기대치를 낮추겠다는 말이 아닙니다. 그것은 마지막 한 사람을 끌어올리는 것을 의미합니다. 위대함은 특별한 곳에 있는 것이 아니며, 특별한 사람에게 있는 것도 아닙니다. 위대함은 누군가 그것을 발견하려고 하는 곳이라면 어디에나 있습니다."

"훈련이 어렵다고 생각하십니까? 그렇다면 게임에서 져 보세요."

"의지를 가진 힘은 장애를 모릅니다. 당신의 위대함을 발견하세요."

"무명의 출발, 기억에 남는 마지막 장면"

"포기하지 않는 한 아무것도 끝나지 않습니다."

"인생은 스포츠입니다. 소중하게 생각합시다."

사회 문제에 대한 또 다른 접근법

2017년 2월에 나이키는 르브론 제임스, 세레나 윌리엄스, 가브리엘 더글라스, 케빈 듀란트 등 흑인 히어로 선수들을 이용한 '평등Equality'이라는 광고를 출시했습니다. 이 광고는 전편 흑백 영상으로 같은 해 그래미상 방송에서 처음으로 등장하여 스포츠 평등과 세계 평등의 관련성에 대해 말하고 있습니다.

동영상은 내레이션으로 시작되고, 농구 코트 위에서 내려다보면 철망 건너편에서 르브론 제임스가 나타납니다. 내레이션의 내용은 다음과 같습니다.

> 이것이 약속된 땅의 역사인가요?
> 여기에, 이 라인들의 안쪽, 이 콘크리트 코트에서,
> 이 잔디의 패치 위에서
> 여기서 당신은 당신의 행동에 따라 정의됩니다
> 당신의 외모나 신념이 아닙니다
> 평등에는 경계가 있어서는 안 됩니다
> 여기서 찾은 유대감은 이러한 경계를 넘어서야 합니다
> 기회를 차별해서는 안 됩니다
> 공은 누구에게나 똑같이 튀어오를 것이며
> 우리가 하는 일은 피부색보다 빛나야 합니다
> 여기서 우리가 평등해질 수 있다면,
> 어디서나 평등해질 수 있습니다
> 평등에 경계는 없습니다

영국 데일리 메일에 따르면 당시 이 광고는 위선적이라는 비판의 목소리가 높았다고 합니다. 왜냐하면 나이키의 상품은 '스웨트숍 Sweatshop'이라는 아시아의 저임금 노동 착취 공장에서 생산되고 있었고, 그들의 임금과 히어로 선수가 받는 수입 사이에 천문학적인 차이가 있어 '평등'을 입에 올리는 것은 모순된 면이 있었습니다. 이는 1990년대부터 꾸준히 나이키가 비판을 받아 온 부분이었습니다. 하지만 일반 소비자들의 광고에 대한 반응은 대체로 긍정적이었습니다. 이 광고에 대한 찬사의 목소리가 이어졌고, 특히 백인 보수파에 대한 비판으로 박수를 보내는 정치적 색채도 띠었습니다. 나이키는 성명을 내고 "평등 캠페인은 스포츠가 전례 없는 방식으로 사람들을 연결시켜 준다는 나이키의 신념을 표현하고 있습니다. 나이키는 이런 가치관에 대해 언급해 온 오랜 역사가 있습니다. 그 가치관은 오늘도 평등 캠페인으로 계속되고 있습니다. 이는 스포츠에서 볼 수 있는 공평성과 존경을 존중하고, 그것을 필드 밖으로 확산시키기 위한 나이키의 지속적인 노력입니다"라고 말했습니다.

같은 해 3월에는 5명의 중동 여성 선수에게 초점을 맞춘 'What will they say about you?(사람들이 당신에 관해 뭐라고 말할까요?)'라는 동영상 광고를 출시했습니다. 광고는 여성이 히잡(이슬람교도 여성이 머리에 쓰는 스카프)을 쓰고 눈치를 보며 조깅하러 밖으로 나오는 동영상으로, 이슬람권 여성들에 대한 차별을 지적하는 내용이었습니다. 이 나이키 광고는 그 외에도 'THIS IS US(이것이 우리)'나 'What are girls made of?(여자들은 무엇으로 만들어졌을까)' 등 스포츠를 통해 여성 해방을 호소하는 내용의 캠페인을 시행했습니다. 이것은 'If You Let Me Play(나에게 운동을 시켜 준다면)' 광고와 연결되는 내용입니다.

나이키의 캠페인 중에서도 사회 문제가 가장 명확하게 표현되고 또 효과적이었던 것은 바로 'Dream Crazy'였습니다.

2018년 9월 3일, 전 NFL(미식 축구 협회)의 쿼터백이었던 콜린 캐퍼닉이 트위터에 나이키 스우시 로고가 들어간 자신의 얼굴 사진을 올리는 것으로 이 광고는 시작됩니다. 이 얼굴 사진에는 다음과 같은 메시지가 들어 있었습니다.

"모든 것을 희생해야 하더라도 신념을 가져라Believe in something. Even if it means sacrificing everything."

콜린 캐퍼닉은 2016년 흑인에 대한 경찰의 과잉 진압 행위와 인종적 불평등에 항의하는 표시로 NFL 경기 시작 전 미국 국가가 연주될 때 무릎을 꿇는 퍼포먼스를 했던 선수입니다. 그의 항의 행동에 찬반 논란이 일었고, 도널드 트럼프 대통령은 국기를 존중할 수 없다면 다른 나라를 찾아야 한다고 비난하기도 했습니다. 이를 계기로 흑인 차별에 대한 항의 운동은 대규모로 전개되었습니다.

당시 미국에서는 사회의 분단이 문제가 되고 있었고 그런 타이밍에 나이키의 'Dream Crazy(꿈에 미쳐 보자)' 광고가 시작되었습니다. 그는 2017년에 샌프란시스코 포티나이너스San Francisco 49ers를 떠난 이후 NFL의 어느 팀에도 들어갈 수 없는 상태가 되었습니다. 나이키는 캐퍼닉을 계속 지원하며 'Just do it' 슬로건의 탄생 30주년 기념 광고를 그의 트윗에서 시작한 것입니다. 물론 소비자에게는 이 트윗이 콜린 캐퍼닉 자신의 사회적 항의를 표현한 것으로 받아들여졌습니다. 'Dream Crazy' 동영상은 트윗을 올린 지 불과 이틀 만에 유튜브를 비롯한 SNS에 올라오면서 한 달여 만에 8,000만 명이 시청할 정도로 큰 호응을 얻었습니다. 트럼프 대통령은 "나이키는 대체 무슨 생각이었나?"라는 비판적인 트윗을 올렸고 SNS에는 나이키의 신발을 불태우며 항의하는 영상들이 계속 올라왔습니다.

'Dream Crazy'는 스케이트보드를 타고 실수를 연발하는 소년의 모습으로 시작해, 다리를 잃은 열 살짜리 레슬링 선수 이사야 버드 Isaiah Bird 선수의 모습, 휠체어 농구 선수, 르브론 제임스 등 프로 운동선수에 이어 여자 테니스 선수 세레나 윌리엄스의 이야기로 넘어갑니다. 참고로 세레나 윌리엄스는 인종 차별과 범죄가 만연한 캘리포니아 주 콤프턴Compton의 마을 코트에서 훈련을 시작해 그랜드 슬램을 달성한 선수입니다. 이 동영상의 내레이션은 콜린 캐퍼닉이 직접 맡았으며 분량은 약 2분입니다. 조금 길지만 전문을 소개합니다.

만약 사람들이 네 꿈이 미친 짓이라고 말하거나
네가 할 수 있다고 생각하는 것들을 비웃는다면
괜찮아
그렇게 하라고 해
믿지 않는 사람들은 이해하지 못해
네 꿈이 미쳤다고 말하는 것은 욕이 아니야
칭찬이야
학교에서 가장 빠른 선수가 되려고 하지 마
세계에서 가장 빠른 선수가 되려고도 하지 마
지금껏 본 적이 없는 가장 빠른 선수가 돼 버려
잘나가는 OBJ 이름이 적힌 운동복을 입고 있는 자신을
상상하지 마
OBJ가 네 이름이 적힌 운동복을 입고 있다고 상상해 봐
학교에서 퀸이 되거나 수비수가 되는 걸로 만족하지 마

둘 다 해 버려

120파운드를 빼고 뇌종양을 극복한 아이언맨이 되어 봐

누군가가 되기 위해 누군가처럼 되어야 한다고 믿지 마

네가 난민으로 태어났다고 축구를 할 수 없다는 생각은 하지 마

16살에 대표팀 선수가 되기 위해

지구상에서 가장 뛰어난 농구 선수가 되려고 하지 마

농구 선수보다 더 대단한 사람이 돼 버려

신념을 가져 봐

모든 것을 희생해야 한다고 해도 말이야

사람들이 스포츠 역사에서 가장 위대한 팀을 말할 때

그 팀이 너의 팀이 될 수 있게 만들어

너의 손이 하나뿐이라도

축구를 그저 지켜보기만 하지 마

축구를 직접 해 버려

가장 높은 수준에서

만약 네가 콤프턴 출신 여자라도

평범한 테니스 선수가 되지 마

역사상 가장 위대한 선수가 돼 버려

그래, 그렇게 말이야

그러니 너의 꿈이 미친 건지 아닌지 물어보지 마

충분히 미쳤는지 물어봐

※ OBJ는 오델 베컴 주니어 Odell Beckham Jr를 말함

어떠신가요? 이것이 미국 전역에 강렬한 반감과 강렬한 찬사를 가

져온 나이키가 만든 메시지입니다.

　나이키 창업자 필 나이트는 2018년에 패스트 컴퍼니Fast Company(테크놀로지와 비즈니스 뉴스 잡지 사이트)와의 인터뷰에서 "충분히 많은 사람이 당신의 브랜드를 사랑한다면 몇 명이 당신의 브랜드를 싫어하는지는 중요하지 않습니다."라고 말했습니다. 그리고 스탠퍼드 GSB(경영대학원) 강연에서도 같은 취지로 발언했습니다. 필 나이트는 일부러 정치적, 사회적 논쟁을 불러일으킬 수 있다는 것을 알면서도 이 광고를 승인한 것입니다.

　하지만 이런 방법은 기업의 입장에서는 매우 위험한 줄타기로, 많은 기업이 기피하는 민감한 문제를 포함한 마케팅 방법입니다. 자칫하면 보이콧 운동이 일어나 브랜드 가치가 크게 훼손될 수 있습니다. 실제로 미국의 스포츠 용품 기업 언더아머의 CEO 케빈 플랭크Kevin Plank는 2017년에 나이키와는 반대로 트럼프를 옹호하며 CNBC 방송에서 "트럼프가 대통령이라는 것은 미국 국민에게 진정한 자산이다"라고 말했는데, 이 말에 인터넷에서 비방 댓글이 쇄도했습니다. 더 최악인 것은 이 회사가 계약한 최고의 NBA 선수 스테판 커리Stephen Curry 등 많은 선수가 케빈 플랭크의 발언에 반발했다는 것입니다. 이를 계기로 언더아머의 실적과 주가가 모두 하락해 2019년에는 창업자가 사임해야 하는 사태에까지 이르렀습니다. 케빈 플랭크의 이러한 실패는 미국의 프로 스포츠를 지탱하고 있는 선수들 대부분이 흑인 선수라는 것을 잊고 있었기 때문입니다.

　한편, 필 나이트의 전망대로 많은 흑인 선수의 지지를 얻은 'Dream Crazy'는 백인층 일부에게는 반감을 샀지만 결국 매출과 주가가 모두 상승했고, 이 동영상의 확산 효과에 따라 미디어에서 활발하게 거론되면서 그 홍보 효과는 1억 6,300만 달러의 광고비에 상응한다고 합니다.

'Black Lives Matter'과 인종 차별에 대한 메시지

2020년은 미국 사회의 분단뿐만 아니라 팬데믹이라는 초유의 위기가 닥친 대혼란의 해였습니다. 도시는 봉쇄되고 점포는 폐쇄되었으며 사회적 불안이 커지고 있었습니다. 그런 가운데 또다시 흑인 남성이 경관에게 살해당하는 사건이 발생합니다.

5월 25일, 미네소타주에서 백인 경찰관에 의해 조지 플로이드George Floyd라는 흑인 청년이 폭행을 당해 사망했습니다. 플로이드가 "숨을 못 쉬겠어"라고 호소하는데도 경찰은 목을 8분 46초나 압박했고, 결국 그는 사망했습니다. 이 사건은 현장에 있던 일반인들이 스마트폰으로 동영상으로 촬영해서 지금도 볼 수 있습니다. "숨을 못 쉬겠어"라는 말이 너무 고통스럽게 들리는 동영상입니다. 이 동영상은 뉴스로 방송되면서 순식간에 미국 전역으로 확산되어 각지에서 항의 시위가 일어났습니다. 그리고 이른바 'Black Lives Matter(흑인의 목숨도 소중하다)'라는 운동으로 확대되었습니다.

이 운동에는 과격한 행동에 나서는 사람들도 끼어들어 경찰서가 습격당하고 상점이 파괴되었으며 도둑질이 횡행했습니다. 뉴욕 5번가에 있는 많은 슈퍼 브랜드 매장이 습격을 우려해 매장을 판자로 둘러싸는 등의 조치가 취해지기도 했습니다. 트럼프 대통령은 이에 대해 "군대를 동원할 수도 있다"라고 위협했고, 친트럼프 시위대는 'Black Lives Matter' 시위대와 수시로 폭력적인 격돌을 일으켜 미국 전역은 혼란의 극치에 달했습니다.

나이키는 조지 플로이드 사건이 있은 지 불과 6일 만에 "For once, Don't Do It(이번만은 하지 마세요)"이라는 60초 동영상을 인터넷에 공개했습니다. 조용한 피아노를 배경으로 검은 화면에 흰 글씨로 메시지가 나타나는 이 동영상은 2017년의 'Equality', 'Dream Crazy' 광고와 마찬가지로 인종 차별에 반대하는 나이키의 메시지가 담긴 동영상입니다. 메시지는 다음과 같습니다.

> 이번만은 하지 마세요
> 미국에는 아무 문제가 없는 척하지 마세요
> 인종 차별을 외면하지 마세요
> 무고한 생명을 앗아 가는 것을 용납하지 마세요
> 더 이상 어떤 변명도 하지 마세요
> 이 일이 당신에게는 아무런 상관이 없다고 생각하지 마세요
> 그냥 쳐다보고만 있지 마세요
> 당신이 변화의 일부가 되지 못할 거라고 생각하지 마세요
> 우리 모두 변화의 일부가 됩시다

이 동영상은 유튜브에서 128만 회 이상, 트위터에서 800만 회 이상, 인스타그램에서는 1,640만 회 이상 재생되었으며 많은 사람이 나이키 메시지에 동의하는 댓글을 달았습니다.

나이키는 6월 5일, 미국의 흑인 커뮤니티를 지원하기 위해 향후 4년간 4,000만 달러를 기부하겠다고 발표했습니다. 이러한 움직임은 많은 기업에 확산되어 디즈니는 차별 문제를 다루는 단체에 500만 달러를 기부하겠다고 발표했고, 페이스북은 1,000만 달러를 기부하겠다고 발표했습니다.

그런데 'Black Lives Matter' 운동과 관련해서 가장 강경한 자세를 보인 기업은 버몬트주의 아이스크림 제조업체로, 유닐레버Unilever 자회사인 '벤 & 제리스Ben & Jerry's'였습니다. 이 회사는 "우리는 백인우월주의를 해체해야 한다"고 선언했고, 이듬해 1월에 발생한 미국 국회의사당 폭동에서는 트럼프 대통령의 탄핵을 촉구하는 소셜 미디어 게시물을 지지했습니다. 벤 & 제리스에 비하면 나이키는 정치적 색채가 옅고, 어디까지나 보편적인 평등사상을 바탕으로 인종 차별에 반대하는 것처럼 보입니다.

주로 인스타그램에서 확산되어 간 이 운동을 지지하는 것은 기업 이미지에 도움이 되지만, 인권 문제에 대한 발언을 이유로 해고된 계약 모델 먼로 버그도프Munroe Bergdorf로부터 "위선적이다"는 비난을 받은 프랑스의 로레알처럼 역효과를 가져온 사례도 있습니다. 나이키에 대해서도 SNS에서는 기업으로서 나이키의 다양성을 문제로 삼았는데, 2019년에는 이 회사의 글로벌 부사장 300명 중 흑인은 10% 미만이라는 지적도 게시물에 많이 올라왔습니다.

하지만 나이키에게 압도적으로 유리한 점은 마이클 조던과의 계약 이후 줄곧 흑인 운동선수 편에 서서 인종 차별에 관대하는 입장을 고수해 왔음을 소비자들이 잘 알고 있다는 것입니다. 이러한 악플 리스크에도 운동선수라는 자산이 힘을 발휘하고 있는 것입니다.

팬데믹에 대하여

팬데믹이 시작된 이후 나이키가 가장 먼저 내보낸 메시지는 NTC

앱의 이용을 권장하는 'Play Inside, Play for the World'라는 동영상입니다.

　이 메시지는 팬데믹이라는 역경을 긍정적으로 받아들이면서, "전 세계의 수백만 명 앞에서 운동하는 것을 꿈꿔 본 적이 있다면 지금이 바로 기회입니다. 나와 이웃을 위해 실내에서 운동하세요"라는 메시지를 내보냈습니다. 이 동영상은 'You Can't Stop Us(누구도 우리를 막을 수 없다)' 캠페인 제1탄이며, 제2탄은 5월 23일에 인터넷에 공개된 'Never Too Far down'입니다.

　이 동영상에는 르브론 제임스, 세레나 윌리엄스, 타이거 우즈, 오사카 나오미, 크리스티아누 호날두 등 많은 히어로 선수가 등장합니다. 주로 스포츠 선수들이 컴백하는 스토리를 그렸지만 그 속에는 인류가 팬데믹에서 일상적인 생활로 컴백하는 것에 대한 메시지가 담겨 있습니다. 내레이션은 NBA의 스타 선수 르브론 제임스가 맡았으며 유튜브와 그 외 소셜 미디어에 업로드되면서 동시에 텔레비전에서도 방송되었습니다. 메시지는 다음과 같습니다.

　　우리는 모두 한 번쯤 과소평가되거나 소외된 적이 있습니다
　　그 순간
　　우리는 이제 끝났다고 생각합니다
　　하지만 우리는 낭떠러지에 섰을 때
　　마지막 힘을 어떻게든 쥐어짜서
　　싸움을 계속했습니다
　　그리고 아무도 할 수 없다고 생각했던 일도 해냈습니다
　　모두가, 심지어 우리조차도 불가능하다고 생각했지만
　　우리는 밑바닥에서, 만신창이가 된 상태에서

다시 돌아왔습니다.
절망의 세계에서 방법을 찾아냈습니다
'오랫동안 잊힌 사람'이었지만 우리는 다시 일어섰습니다.
그것도 몇 번이나 반복해서
지금 우리는 승리나 우승을 쟁취하는 것보다
더 강력한 적과 싸우고 있습니다
우리가 스포츠에서 배운 것이 있다면
아무리 절망적이어도
우리는 반드시 부활한다는 것입니다

이어서 7월 30일에는, 시리즈 제3탄의 본편 영상이 출시되었습니다. 이 90초짜리 동영상은 4,000시간이나 되는 스포츠 영상에서 소재를 잘라서 만든 것으로, 흑인, 백인, 아시아인 등 다양한 배경을 가진 운동선수들의 영상을 좌우 두 개의 분할 화면으로 연결한 독특한 영상입니다. 여러 종목의 선수들이 등장하는데 화면의 반쪽에 있는 운동선수들이 움직이면서 반대편 화면으로 이동하면 다른 선수가 그 움직임을 이어받아 마치 한 사람이 움직이는 것처럼 보여 감상하는 즐거움이 있는 영상으로 완성되었습니다. 팬데믹으로부터의 부활을 시사하듯 화학 방호복을 입은 작업자가 경기장 좌석에 소독액을 뿌리는 장면도 등장하고, 그 뒤에는 경찰의 잔혹 행위와 인종 차별에 항의하는 여러 운동선수들의 장면이 이어집니다. 이 동영상의 메시지는 다음과 같습니다.

우리는 혼자가 아닙니다
그리고 그것이 우리의 강점입니다

우리가 의심받을 때

우리는 하나가 되어 플레이할 것입니다

가로막히면 더 멀리

더 강하게 밀어붙여 봅시다

우리가 스포츠에 맞지 않다면

스포츠를 바꾸면 됩니다

생각처럼 되지 않는다는 것은 알고 있습니다

그것이 무엇이든 우리는 헤쳐 나갈 수 있습니다

공정하지 못한 것도 함께 바꿔 나갑시다

상황이 아무리 안 좋다고 해도

우리는 더 강해져서 돌아올 거예요

우리가 하나가 된다면

아무도 우리를 막을 수 없습니다

    CNN은 7월 31일 이 동영상을 거론하면서 트위터에서만 2,000만 회 시청, 유튜브에서 1,100만 회 이상 시청되었으며 많은 댓글이 다양성, 사회 정의, 협동에 대한 주제를 칭찬했다고 보도했습니다. 내레이션은 여자 축구의 스타이자 사회 운동가인 메건 라피노Megan Rapinoe가 맡았는데, 그녀는 "우리는 결코 혼자가 아닙니다. 그것이 우리의 강점입니다"라고 하면서 "우리가 하는 일이 항상 잘 될 수는 없다는 것을 우리는 알고 있습니다. 하지만 그것이 무엇이든 우리는 길을 찾을 것입니다. 그리고 공평하지 않은 일이 있다면, 우리는 변화를 위해 모일 것입니다"라고 말했습니다.

    물론 앞에서 언급한 '스웨트숍' 문제나 중국의 인권 침해에 대해 말하지 않은 것이 위선적이라는 의견도 인터넷상에 많이 올라왔습니다.

나이키 자신의 문제는 언급하지 않고 사회 정의를 말하는 것은 공정하지 않다는 것입니다. 하지만 그런 비판도 제2탄과 마찬가지로 나이키의 메시지에 대한 공감의 힘에 사라져 버렸습니다.

일본을 다룬 광고는 왜 악플이 쇄도했을까

운동선수를 주축으로 한 나이키의 기반은 흑인 커뮤니티에 있습니다. 그것은 마이클 조던과의 오랜 연대의 역사가 만들어 낸 것이며, 그 뒤를 이은 코비 브라이언트Kobe Bryant와 르브론 제임스, 타이거 우즈 등 많은 흑인 운동선수가 이를 뒷받침합니다.

지금까지 살펴본 것처럼 나이키의 메시지 광고에 아무리 비판이 있더라도 많은 소비자가 지지한 이유는 나이키가 일관되게 이 흑인 운동선수들의 편에 서 있기 때문입니다. 이는 과거의 운동화 모델을 리셀함으로써 나이키에게 반복적으로 매출과 이익을 가져다줄 뿐만 아니라 나이키의 인종 차별에 대한 메시지를 진정성 있게 만듭니다. 그리고 메시지를 진짜라고 믿는 사람이 늘어날수록 나이키의 브랜드 가치는 상승하고 나이키 운동화와 의류를 동경하는 소비자가 늘어납니다. '사회 문제를 마케팅 전략으로 너무 자주 사용한다'는 비판도 있지만 소비자들은 나이키의 메시지를 자사의 마케팅이라는 경영 전략을 넘어 브랜드의 정신을 나타낸 것으로 받아들이고 있습니다.

'For once, Don't Do It'이 출시된 뒤 CEO 도나호는 온라인 회의에서 "흑인 문화는 조던 브랜드, 컨버스 브랜드, 나이키 브랜드 어느 것이든 모두 나이키의 브랜드와 정체성의 핵심 부분입니다. 그리고 우리의 소비자 기반은 인구 통계학적으로 말하면 흑인 공동체에 치우쳐 있습니다"라고 말했습니다. 하지만 한편으로 그는 나이키가 회사 내에서 인종의 다양성에 관한 문제를 안고 있다는 것을 인식하고 있다며 다음과 같이 말했습니다.

"흑인 동료뿐만 아니라 라틴계 동료, 아시아계 동료, 아메리카계 원주민 동료, 성 소수자LGBTQ+, 퇴역 군인, 장애인들을 위해 행동해 왔지만, 결코 훌륭한 수준에 이르렀다고는 할 수 없습니다."

하지만 미국의 흑인 차별 문제와 여성 문제의 메시지 광고로 성공한 경험을, 문화가 다른 나라의 차별 문제까지 확대해서 파고드는 것은 주요 운동선수에게 의지할 수 없다는 의미에서 더 큰 위험성도 내포하고 있습니다.

도쿄 올림픽을 의식하여 나이키는 2020년 11월에 '차별'과 '괴롭힘'을 주제로 한 'The Future Isn't Waiting(계속 움직여라. 자신을, 미래를)'이라는 동영상을 올렸습니다. 이 동영상은 아프리카계 일본인, 재일 한국인, 일본인, 3명의 여고생이 출신에 따른 차별과 괴롭힘을 당하는 가운데 축구로 역경을 극복해 나가는 모습을 각각의 드라마를 통해 그려 냈습니다. 일본 사회는 이런 문제를 기업이 메시지로 다루는 경우가 거의 없습니다. 하지만 나이키는 굳이 글로벌 'You Can't Stop Us' 캠페인의 일환으로 이 동영상을 올린 것입니다. 나이키 재팬의 수석 마케팅 디렉터인 바바라 기네Barbara Guinet는 이 동영상에 대해 이렇게 말했습니다.

"나이키는 오랫동안 소수의 목소리에 귀를 기울이고 지지하며 나이키의 가치관에 맞는 대의를 위해 의견을 말해 왔습니다. 스포츠에는 더 나은 세상이 어떤 것인지 보여 주고, 사람들의 힘을 합치고, 각 지역 사회에서 행동을 하도록 장려하는 힘이 있다고 생각합니다."

동영상에는 프로축구 선수 나가사토 유키 선수와 프로 테니스 선수 오사카 나오미 선수도 등장해 운동선수의 힘을 빌리려고 했지만, 미국의 흑인 커뮤니티처럼 두터운 지원이 없는 일본에서는 메시지에 대한 강력한 지지의 목소리를 기대할 수 없었습니다.

결과적으로 많은 매체가 동영상에 반발하는 댓글을 달았고, "일본에 인종 차별은 없다"라는 식의 댓글이 인터넷에 확산되면서 악플 소동으로 발전했습니다. 하지만 12월 뉴스위크 일본판은 '나이키 광고가 마케팅 전략으로 올바른 이유'라는 제목으로 이 동영상을 거론하며 "광고를 만들기 위해서는 확고한 마케팅 전략이 반드시 필요하다. 나이키 재팬의 메시지가 브랜드의 가치관에 공감하는 구매층에는 닿아 있다"라는 기사를 올렸습니다. 또 BBC도 12월에 '나이키의 다양성을 보여 주는 광고, 일본에서 큰 반발, 왜?'라는 제목으로 이 동영상을 거론하며 '일본에서의 인종 차별을 다룬 동영상 광고가 일본에서 반발을 일으키고 있다'고 보도했습니다.

하지만 결과적으로 이 동영상은 비판을 받았기 때문에 나이키 재팬이 출시했던 동영상의 조회수 기록을 크게 갱신해 소셜 미디어에서 2,500만 회 이상 재생되었으며 8만 회 이상 공유되었습니다.

나이키의 메시지 광고에는 당연히 브랜드 가치를 높이고 비즈니스를 확대한다는 궁극적인 미션이 있습니다. 하지만 영리 단체라고 해서 일본의 인종 차별이나 집단 따돌림을 거론해서는 안 된다는 것은 상당히 신경질적인 반응입니다. 일본에도 분명 차별이 여전히 존재합니다. 다만 사회가 못 본 척하는 것에 불과합니다. 기업은 더욱 그렇습니다. 소비자의 반감을 두려워한 나머지 어떤 회사도 차별 문제를 주제로 삼으려고 하지 않을 뿐입니다.

일본에서의 악플에 대한 해외 미디어의 반응

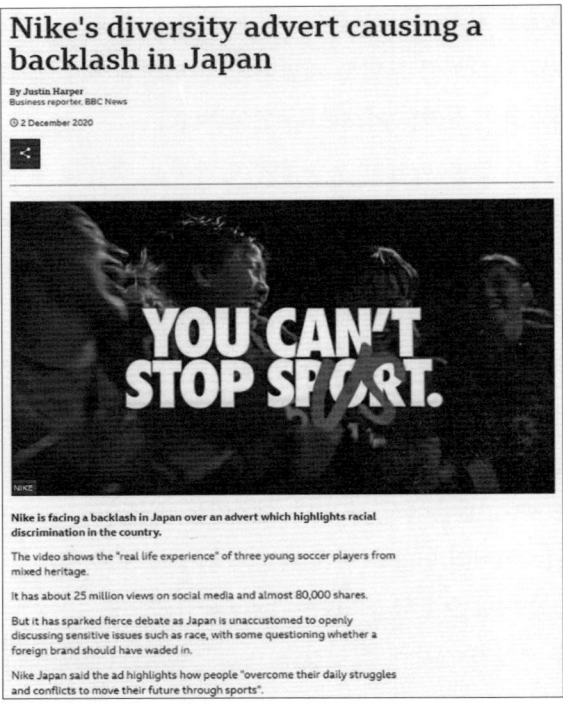

도쿄 올림픽을 앞두고 나이키는 차별과 집단 따돌림을 주제로 한 동영상 'The Future Isn't Waiting'을 공개했다. 이 메시지 동영상은 '일본에 차별은 없다'는 반발을 불러일으켰다. 사진은 '나이키의 다양성을 보여 주는 광고, 일본에서 큰 반발'이라는 제목의 영국 BBC 보도

(https://www.bbc.com/news/business-55140846)

나이키가 세계 브랜드로서 사회 문제를 주제로 메시지를 내보내는 것은 그것이 디지털 시대에 가장 효과적인 브랜딩임을 인식하고 있기 때문입니다. 참고로 2021년 5월 27일에 구글은 유튜브를 가장 효과적으로 활용한 캠페인에 수여되는 '유튜브 웍스 어워드YouTube Works

Awards 2021'에서 이 동영상을 최고상으로 선정했습니다. 수상 이유에 대해 심사위원인 카와무라 신지는 다음과 같이 말했습니다.

"일본에서 별로 크게 다루어지지 않았던 국적 차별에 대해 나이키 같은 브랜드가 비판을 두려워하지 않고 직구로 메시지를 던진 것을 높이 평가합니다."

하지만 도쿄 올림픽이 눈앞에 다가온 2021년 5월이 되자 'Play New(새로운 것에 도전해 봐)' 캠페인의 일환으로 출시된 'New Girl'이라는 동영상은 매우 부정적인 결과를 보였습니다.

이 동영상은 '여자의 탄생을 기뻐할 수 없는 일본인'이라는 발상으로 제작되었습니다. "지금까지는 여성스러워지려고 했어. 하지만 이제는 무엇이든 될 수 있는 시대. 너는 무엇이 되고 싶니?"라는 것이 이 동영상의 메시지입니다. 영상은 임신 중인 어머니를 비추는 것으로 시작해서, 뱃속 아이가 여자아이라는 것을 부모가 알게 되는 장면으로 이어집니다. 부모는 잠시 기뻐하다가 여자아이라서 받게 될 다양한 사회적 차별을 상상하고 표정이 어두워집니다. 이어지는 영상은 야구팀에서 플레이하는 시마노 아유리 선수, 고등학교 스모에서 플레이하는 카사이 리즈무 선수 외에, 유명한 오사카 나오미 선수, 피겨 스케이팅의 혼다 마린 선수, 레슬링의 나카무라 미유 선수 등이 등장해 여성도 다양한 스포츠에서 활약하고 있다는 것을 보여 줍니다. 그리고 도쿄 올림픽 조직위원회 회장 모리 요시로의 여성 비하 발언에 항의해 재발 방지와 처분을 호소하는 서명을 모은 노죠 모모코(젊은이들의 정치 참여를 촉진하는 단체 'NO YOUTH NO JAPAN'의 대표)도 출연해 젠더 불평등에 맞서는 모습을 그립니다.

나이키는 이 동영상을 통해 세계 경제 포럼의 2020년 성 불평등 지수Gender Gap Index에서 일본이 153개국 중 121위임을 알려 줍니다. 일본인 여성의 평균 수입이 일본인 남성의 평균 수입보다 43.7% 낮다고 하면서 여성의 지위가 현저히 낮다는 메시지를 보냈습니다.

세간의 주목을 끈다는 의미에서는 이 동영상도 이전 동영상과 같은 효과가 있었는데, 야후 뉴스는 〈허프포스트HuffPost〉 일본판 기사를 다시 게재하면서 "나이키, 일본의 남녀 격차에 파고드는 동영상에 다양한 목소리, 태어날 '여자아이'를 기다리는 장면으로 현재 상황을 보여 준다"는 제목으로 보도했습니다(현재는 삭제됨). 이 기사에 대한 댓글은 1만 건을 넘어 높은 관심도를 보였으며 유튜브 조회수도 1,100만 회를 돌파했습니다. 하지만 주로 부정적인 의견이 많이 달렸는데 '좋아요'가 2,500개, '싫어요'가 7,800개나 되었습니다. 유튜브 댓글란에는 다음과 같은 부정적인 의견이 올라왔습니다(원문 그대로).

"여자로 태어나는 것이 불행하다는 듯한 표현은 받아들이기 어렵다. 좀 더 긍정적인 꿈을 팔았으면 좋겠다."

"이런 광고를 보고 나이키를 사고 싶을까?"

"기업 이미지 상승을 노렸겠지만 NIKE는 이미 신장 위구르 자치구에서 강제노동에 관여했다. 차별을 하는 회사가 차별 철폐 광고를 내보내고 있으니 도무지 신뢰가 가지 않는다."

"NIKE는 언제부터 스포츠 용품 회사에서 사회 활동가가 된 걸까?"

"나는 스위스 여성입니다. NIKE는 언제부터 타국 성차별에 대한 간섭을 시작했나요? 나는 여자아이가 태어나서 기뻐하는 일본 남녀 부부를 많이 알고 있고, 남자아이가 태어나 실망한 남편도 알고 있습니다. NIKE는 먼저 낡은 틀에 박힌 생각으로 일본인을 차별하는 것을 사과하고, 이런 영상을 멈춰야 합니다."

"여성 입장에서도 이 광고는 싫은 것을 넘어 슬픈 마음이 들었다. 아이가 태어날 때 여자아이라고 해서 주변에서 싫은 소리를 하는 게 지금의 일반적인 모습인 것처럼 말하네. 갑자기 흘러나와 시청자의 마음을 상하게 하는 광고를 대기업이 만들어 냈다니 슬픈 일이다."

이와 같은 반발의 댓글이 끝없이 이어졌습니다. 이 동영상에 대한 반감의 핵심은 일본 나이키가 여성 차별을 문제 제기한 것이 아니라, 딸을 가진 것에 부모가 과도한 불안감을 느끼는 것처럼 묘사한 점입니다. 여자아이가 태어나는 것에 이렇게까지 부정적인 반응을 보이는 것은 현재의 일본에서는 일반적인 느낌으로 대중의 마음에 꽂히지는 않았을 것입니다. 결과적으로 나이키는 일본 자체를 이해하지 못한다는 반감을 사게 되었습니다.

나이키는 도나호의 전략대로 여성 제품을 확대하는 데 힘을 쏟아 왔으며, 업로드된 동영상도 여성에게 초점을 맞춘 것이 눈에 띕니다. 임산부용 스포츠웨어를 컬렉션에 추가하고, 스포츠를 하는 임산부들을 그린 메시지 광고도 제작되었습니다. 그런데 3월에 발표된 세계경제포럼 통계(성 불평등 지수)가 일본 언론에서 떠들썩했기 때문에, 이를 기반으로 일본 여성에게 응원을 보내는 테마로 동영상을 제작한 것입니다.

하지만 통계라는 것은 위험성이 상당히 많고, 어디에서 착안하느냐에 따라 결과가 전혀 달라집니다. 참고로 2020년 12월에 유엔개발계획이 발표한 인간개발보고서의 성 불평등 지수에 따르면 일본의 불평등 지수는 0.094로 세계 162개국 중 24위이며, 1위는 0.025인 스위스입니다. 이 지수는 '생식 건강reproductive health(성과 생식에 관한 건강), 여성 권한empowerment, 노동 참여'의 3개 부문에서 불평등을 측정하는 지표로, 여성과 남성이 완전히 평등한 경우는 지수가 0이고 완전히 불평등한 경우는 지수가 1이 됩니다. 소득 격차에 관해서는 하위인 것이 분명하지만, 이것만으로 반드시 여자아이의 탄생이 비관적인 문제라고는 생각하지 않습니다.

이 메시지 광고는 일본의 여성 차별 문제를 과장한 것으로 받아들여져, 필 나이트가 말하는 '일부 사람들의 반발'이 아니라 '많은 이들의 반감'을 샀습니다. 이 광고에는 다른 사회, 다른 문화권의 나라에 메시지를 전달하는 데 대한 위험성이 숨어 있습니다.

참고로 같은 시기에 한국에서는 같은 여성 스포츠를 주제로 한 'Play New' 캠페인의 'A new day(새로운 미래)'라는 동영상이 공개되어 떠들썩했습니다. 하지만 한국은 일본과는 대조적인 반응을 보였습니다. 동영상은 군대식으로 고함 소리가 난무하는 체육 장면 등 고압적인 지도 하에 스포츠가 진행되는 상황을 처음부터 그렸는데, 아이들의 어두운 표정과 긴장된 표정이 비춰집니다. 하지만 스포츠는 즐기는 것이라는 이미지가 삽입되면서, 이후 고함을 지르는 지도자에게 여학생이 일어나 동료들과 항의의 목소리를 내고 달리기 시작한다는 내용입니다.

이는 극단적인 권력형 갑질과 성희롱이 만연한 한국 스포츠계의 현상에 의문을 제기하며 많은 소비자의 지지를 받았습니다. 이 동영상은 공개 일주일 만에 조회수 550만 회를 기록했습니다. 높은 평가는 5,700건, 낮은 평가는 겨우 140건으로, 분명 성공적인 사회적 메시지 광고였습니다.

사회적 메시지와 중국 문제

나이키는 도나호가 말하는 것처럼 미국의 흑인 커뮤니티에 의존하는 부분이 커서 흑인 차별에 반대한다는 사회적 메시지를 통해 큰 성과를 거두어 왔습니다. 이 방식은 역시 코틀러의 사고방식에 가까운 면이 있습니다.

코틀러는 《필립 코틀러의 마케팅 3.0》에서 인간 중심의 마케팅과 브랜딩에 대해 말하면서 "마케터는 사람들을 단순히 소비자로 간주하는 것이 아니라 심장과 정신을 가진 전인적 존재라고 생각하고 소비자에게 다가가야 한다"라고 했습니다. 이런 사고방식은 《필립 코틀러의 마케팅 4.0》에도 그대로 이어져, 디지털 시대일수록 언제나 독립적인 소비자의 비판에 노출될 위험이 있으므로 "마케터는 브랜드의 인간적인 측면을 구축해야 한다"라고 말합니다.

나이키는 흑인 차별 문제에 대해서는 모든 브랜드를 압도해 성공을 거두었습니다. 어쨌든 조지 플로이드 사건(흑인 청년이 백인 경찰관에게 폭행을 당해 사망)의 동영상은 라이벌인 아디다스도 공유했을 정도이므로 그 공감의 크기를 이해할 수 있습니다. 나이키의 '인간적 측면'이 많은 사람을 감동시킨 것입니다.

하지만 다른 문화권에서 사회적 메시지를 내보내는 것은 앞서 일본의 사례처럼 위험이 따릅니다. 경우에 따라서는 미국적 가치관을 일방적으로 강요하는 것이 될 수도 때문입니다. 상품은 쉽게 세계화할 수 있지만, 문화나 사회의 세계화는 어렵다는 것을 다시 한번 생각하게 하는 사례였습니다. 게다가 앞서 유튜브 댓글에서도 소개했듯이 나이키의 사회적 메시지는 때때로 비즈니스 활동과의 사이에 간극을 발생시킵니다. 예를 들면, 중국의 신장 위구르 문제를 들 수 있습니다. 물론

제5장 스포츠 마케팅과 메시지 전략   243

중국에서는 나이키가 위구르인의 인권 문제를 파고드는 '사회적 메시지 광고'는 절대 내보낼 수 없습니다. 이것은 나이키에게 상당히 고민스러운 문제입니다.

중국 같은 공산당 일당 독재 국가에서 인권이나 인도에 호소하는 사회적 메시지 광고가 불가능하다는 것은 명백합니다. 만약 광고를 내보낸다고 해도 그 동영상은 즉시 삭제될 것이며, 나이키는 중국 정부로부터 반 중국이라는 낙인이 찍힐 것입니다. 공산당 정권하의 중국에서 토지는 국가의 소유이며 사적 소유권은 없고 단순히 사용권이 인정될 뿐이므로, 중국 전역에 진출해 있는 나이키의 매장을 중국 정부가 명령 하나로 모두 폐쇄시키는 것은 어려운 일이 아닙니다. 어쨌든 총매출의 20%가 중국에서 발생하는 나이키로서는 그런 사태는 절대로 피해야 할 악몽의 시나리오입니다. 코틀러의 '인간 중심 마케팅'은 민주주의 국가에서는 통용되지만 공산주의 독재 국가에서는 통용되지 않습니다.

도나호는 중국에서의 보이콧에 직면하여 2021년 6월 결산 발표에서 이렇게 말했습니다.

"우리는 중국 최대의 스포츠 브랜드이자 중국의 브랜드이며 중국을 위한 브랜드입니다. 중국의 소비자들은 중국의 나이키, 조던, 컨버스와 강한 유대감을 느끼고 있습니다."

큰 사업의 위기를 앞두고 도나호는 나이키 CEO로서 이렇게 말할 수밖에 없었을 것입니다. 이 문제는 매우 무겁고 어려운 문제입니다.

하지만 다른 방법도 있습니다. 그것은 제품을 통해 문제를 해결하는 방법입니다. 예를 들면 2018년에 출시된 '나이키 프로 히잡Nike Pro

나이키 브랜드의 전 세계 지역별 매출

지역	금액(달러)	구성비	컨버스(나이키 자회사)를 합산한 구성비
북미	171억 7,900만	38.5%	41%
EMEA(유럽, 중동, 아프리카)	114억 5,600만	25.7%	27%
중국	82억 9,000만	18.6%	19%
APLA(아시아태평양, 라틴아메리카)	53억 4,300만	11.9%	13%

중국 시장이 전체의 20%를 차지하고 있다

출처: FORM 10-K(2021년 7월 20일)

Hijab'은 머리를 포함한 전신을 덮는 타입의 스포츠웨어로, 이슬람교도 여성들이 안심하고 스포츠를 할 수 있는 제품입니다. 나이키는 종교적 복장 규정 때문에 스포츠에 참가할 수 없는 이슬람 여성들에게 제품이라는 형태로 "스포츠에 참가하자"는 메시지를 보냈습니다.

물론 그 배경에는 경제적인 이유도 있습니다. 리서치 기업 스탠다드 다이너Standard Diner에 따르면 전 세계 이슬람교도의 구매력이 지난 몇 년간 증가하고 있으며, 이슬람교도가 의류에 지출하는 금액이 2024년에는 4,020억 달러에 이를 것이라고 했습니다. 중동을 포함한 이슬람권은 어마어마한 블루오션이기 때문에, 여기에 참가할 수 있다면 나이키에게는 성장에 큰 뒷받침이 됩니다. '나이키 프로 히잡'의 론칭에 앞서 나이키는 메시지 동영상을 만들었는데, 종교 문제는 언급하지 않고 이슬람교를 존중하면서 여성이 스포츠에 참여할 수 있도록 호소하는 동영상이었습니다. 물론 소셜 미디어에서는 나이키에 대해 '여성의 억압'을 지지한다는 비판도 있었지만, 결국 여성들의 지지가 높아 호의적인 댓글이 수없이 달렸습니다.

앞으로도 나이키는 사회적 메시지 전달을 멈추지 않을 것입니다. 전달 방식에는 시행착오가 있을 수 있겠지만, 디지털 시대에 소비자와의 정서적인 유대를 맺기 위해서 스포츠를 통해 사회적 메시지를 전달하는 것은 매우 효과적인 방식입니다. 위험할 수는 있지만 사회적 메시지가 논쟁을 불러일으켜 충성도 높은 소비자를 많이 확보할 수 있기 때문입니다.

마치며

　팬데믹으로 인하여 연기되었다가 2021년 여름에 간신히 개최된 2020년 도쿄 올림픽에서 나이키의 많은 선수와 대표팀이 활약했지만, 비상사태가 선포된 상황이었기 때문에 리우 올림픽 같은 화려한 마케팅 캠페인은 볼 수 없었습니다.
　하지만 올림픽의 꽃인 남자 마라톤에서 나이키의 계약 선수인 케냐의 엘리우드 킵초게 선수는 2개 대회 연속 금메달을 획득했고, 그를 포함해서 시상대에 선 3명은 나이키의 최신 통굽 러닝화 '줌X 베이퍼플라이 넥스트% 2ZoomX VaporFly Next% 2'를 착용하고 있었습니다. 언론은 나이키의 통굽 운동화라는 것만으로도 이것을 화제로 삼았습니다.
　또 남자 중장거리 달리기 트랙 경기에서는 '줌X 드래곤플라이ZoomX Dragonfly'라는 스파이크 슈즈를 신은 선수가 1만 미터 달리기에서 금·은·동메달을 독식했고, 남자 100미터 달리기 금메달리스트인 이탈리아의 라몬트 마르셀 제이콥스와 여자 100미터 달리기 금메달리스트인 자메이카의 일레인 톰슨은 모두 '줌 맥스플라이Zoom Maxfly'라는 '슈퍼 스파이크 슈즈'를 신고 있었습니다.
　육상 경기는 그야말로 나이키의 독무대가 되어 버렸고, 유니폼 브랜드는 다르더라도 신발은 나이키를 신은 선수들이 많았습니다. 한편, 농구에서 우승한 미국 대표팀에서는 유일하게 아디다스와 계약한 데미안 릴라드 선수가 대표 규정으로 전신 나이키 브랜드를 입은 기묘한 모습을 볼 수 있었는데, 나이키의 지배력이 인상적이었습니다. 혁신적인 제품과 두터운 선수 자산으로 인해 이 대회 동안 나이키는 브랜드 위상을 충분히 발휘할 수 있었습니다.

올림픽 기간에 나이키는 주로 자사 앱과 인스타그램을 중심으로 디지털 캠페인을 벌였습니다. 인스타그램의 #niketokyo에서 일본인 선수 이야기나 장애인 선수 이야기부터 시작해서, 패션이나 뮤지션, 크리에이터들의 동영상과 인터뷰를 활발하게 알리며 거기서 나이키 앱으로 유도하려고 했습니다. 하지만 이 전략은 별로 인기를 끌지 못해서 그 당시 #niketokyo는 21만 명 정도의 팔로워만 확보했습니다.

그런데 세계적으로 보면 올림픽이 시작된 7월 1주간의 세계 쇼핑 카테고리 앱의 다운로드 랭킹에서 나이키 앱은 iOS에서 무려 3위, 안드로이드에서 5위에 올랐습니다. 센서타워SensorTower(미국의 모바일 시장 분석업체)에 따르면 올림픽 기간 중인 8월에는 나이키의 iOS용 앱인 '나이키 앱'이 200만 건, 'SNKRS 앱'은 70만 건, '나이키 런 클럽NRC 앱'은 60만 건, '나이키 트레이닝 클럽NTC 앱'은 20만 건으로 이 4개 주요 앱에서만 월간 총 350만 건의 다운로드를 기록했습니다. 안드로이드용 앱을 더하면 올림픽 기간 중 앱의 총 다운로드 수는 700만 건에 달합니다.

따라서 세계적인 수준에서 볼 때 도쿄 올림픽이 나이키의 앱 전략을 가속화시킨 것은 분명하며, 이 다운로드 수는 그대로 나이키 회원의 증가를 의미합니다. 그러므로 나이키의 도쿄 올림픽 캠페인은 지금까지처럼 막대한 광고 예산을 사용하지 않고도 새롭게 700만 명의 고객을 확보한 셈입니다.

도쿄 올림픽 개최 직후 1주일간의 앱 다운로드 랭킹

	iOS			안드로이드	
1		아마존 AMZN Mobile LLC	1		쉬인 Shein Group Ltd
2		쉬인 Shein Group Ltd	2		쇼피파이 Shopify Inc.
3		나이키 Nike,Inc	3		아마존 AMZN Mobile LLC
4		월마트 Walmart	4		월마트 Walmart
5		쇼피파이 Shopify Inc.	5		나이키 Nike,Inc
6		페치 리워즈 Fetch Rewards	6		페치 리워즈 Fetch Rewards

도쿄 올림픽은 2021년 7월 23일에 막을 열었다. 앱 다운로드 수로 쇼핑 카테고리 순위를 보면 나이키는 iOS, 안드로이드 모두 상위 5위 이상의 순위라는 것을 알 수 있다. 또 위의 표에서, 쉬인SHEIN은 중국발 미국인용 패스트 패션, 페치 리워즈는 영수증을 스캔하면 캐시백을 받을 수 있는 앱이다. 쉬인은 앱에 따라 운영 주체가 다르다.

출처 : apptopia.com 2021년 7월 31일

앱 제작도 앱의 게이미피케이션(게임화)도 자금만 있으면 어느 회사에서나 할 수 있습니다. 그것은 기술적인 문제일 뿐 기업의 성공 비밀이 아닙니다. 나이키의 디지털 전환 전략이 성공한 비결은 50년 이상에 걸쳐 축적해 온 운동선수 기반 마케팅 전략, 과거의 제품군, 그리고 거기서 생기는 스토리와 메시지, 사회적 메시지 활용과 혁신적인 제품

개발에 있습니다. 그런 것이 바로 디지털에서 유례가 드문 나이키의 성공을 만들고 있는 것입니다.

코틀러는 저서에서 "디지털 마케팅은 전통적인 마케팅을 대체하는 것이 아니다"라고 말하고 있는데, 이는 디지털 전환을 도입하기만 해도 매출이 비약적으로 향상된다는 착각을 바로잡는 말로 중요한 지적입니다. 그의 생각에 따르면, 우수한 전통적 마케팅이 있어야 디지털 마케팅이 비약적으로 작동해서 기업 성장으로 이어지게 된다는 것입니다.

디지털 시대 이전에는 나이키의 전통적인 마케팅과 제품 개발이 소비자나 운동선수들과 정서적인 유대감을 형성하는 우수한 마케팅이었습니다. 그리고 그것들이 디지털 혁명에 의해 증폭되어 이제는 강력한 소비자의 공감과 추천을 이끌어 내고 있습니다.

일반적으로는 앱을 만들거나 소셜 미디어에 진출하거나 클라우드 서비스 도입을 통한 업무 효율화를 도모하는 것이 디지털 전환이라고 생각합니다. 물론 이러한 새로운 디지털 기술의 도입은 현대에서는 필수 항목이지만, 코틀러의 말처럼 그 이전의 전통적인 마케팅이 제대로 이루어지고 있는지 여부가 기업 성장의 진정한 열쇠가 됩니다.

이 책을 읽고 나이키의 디지털 전환에 대한 본질을 이해했다면 디지털 시대이므로 더욱 더 전통적인 마케팅이 중요하다는 것을 깨달았으리라 생각합니다. 소비자와의 감정적인 유대관계를 만들지 못하면 아무리 비용을 들여도 소셜 미디어에서 '좋아요'를 받지 못하고 팔로워도 얻을 수 없습니다. 더욱이 앱 다운로드라는 귀찮은 행위를 하도록 소비자를 몰아붙일 수도 없습니다. 또 쿠폰이나 돈을 뿌려서 소비자들이 다운로드를 많이 했다고 해도, 지속적으로 고객 생애 가치(1회성 구입이 아니라 장기적이고 지속적인 구매액 전체)를 최대화하기는 어려울 것이며, 브랜드를 빛나게 할 수도 없습니다.

앞으로 더욱 진화할 디지털화는 디지털 리터러시(디지털 문해력)가 높은 사람과 그렇지 않은 사람 사이에 큰 단절을 낳을 것입니다. 그리고 리터러시가 낮은 사람이 결정 권한을 가지면, 문제를 자주 일으키는 시스템이 만들어지거나, 근거 없는 엄청난 가격으로 앱 제작을 의뢰하는 일이 발생할 것입니다. 정부나 지자체, 은행에서도 이러한 일이 빈번하게 일어나고 있습니다. 이것은 종종 사회적 지위는 높은데 리터러시가 낮은 사람들(주로 고령자)이 결정 권한을 가지고 있기 때문입니다.

만약 디지털 혁명을 일으키고 싶다면 사회와 회사의 전면적인 혁신이 필요합니다. 디지털 리터러시가 높은 인재를 결정권자로 만들고, 리터러시가 낮은 사람들은 현역에서 물러나게 할 각오가 필요합니다. 그것을 할 수 있을지 어떨지는 기업뿐만 아니라, 국가의 미래에도 영향을 줄 것입니다. 나이키의 디지털 전환 전략에서 그런 점을 배울 수 있기를 바랍니다.

나이키의 위기 돌파 경영 전략

세계 최대 스포츠 브랜드, 디지털 전환의 기록

초판 발행일 2024년 12월 31일
펴낸곳 현익출판
발행인 현호영
지은이 시라쓰치 다카시
옮긴이 박유미
편 집 심미정, 황현아
디자인 강지연
주 소 서울특별시 마포구 월드컵북로58길 10, 더팬빌딩 9층
팩 스 070.8224.4322

ISBN 979-11-93217-88-7

NIKE SAIKYO NO DX SENRYAKU by Takashi Shiratsuchi
Copyright © Takashi Shiratsuchi 2022
All rights reserved.

Original Japanese edition published by SHODENSHA Publishing Co., Ltd., Tokyo.
This Korean edition is published by arrangement with SHODENSHA Publishing Co., Ltd., Tokyo
in care of Tuttle-Mori Agency, Inc., Tokyo, through ERIC YANG AGENCY, Seoul.

이 책의 한국어판 저작권은 에릭양 에이전시를 통해 SHODENSHA Publishing Co., Ltd. 사와
독점계약한 골드스미스에 있습니다.
저작권법에 의하여 한국 내에서 보호를 받는 저작물이므로 무단전재 및 복제를 금합니다.

* 현익출판은 골드스미스 출판그룹의 일반 단행본 출판 브랜드입니다.
* 잘못 만든 책은 구입하신 서점에서 바꿔 드립니다.

> 좋은 아이디어와 제안이 있으시면 출판을 통해 가치를 나누시길 바랍니다.
> uxreviewkorea@gmail.com